财经类专业"十四五"规划新形态教材

智能管理会计应用

刘东辉 吴 脊 ◎主 编
贺 妍 陈 林 张国君 ◎副主编

立信会计出版社

图书在版编目(CIP)数据

智能管理会计应用 / 刘东辉，吴脊主编. --上海：立信会计出版社，2025.5. -- ISBN 978-7-5429-7758-8

Ⅰ. F234.3-39

中国国家版本馆 CIP 数据核字第 2024NV6041 号

策划编辑　　王斯龙　　郑文婧
责任编辑　　王斯龙
助理编辑　　郑文婧
美术编辑　　吴博闻

智能管理会计应用

ZHINENG GUANLI KUAIJI YINGYONG

出版发行	立信会计出版社			
地　　址	上海市中山西路 2230 号	邮政编码	200235	
电　　话	(021)64411389	传　　真	(021)64411325	
网　　址	www.lixinph.com	电子邮箱	lixinaph2019@126.com	
网上书店	http://lixin.jd.com		http://lxkjcbs.tmall.com	
经　　销	各地新华书店			
印　　刷	常熟市人民印刷有限公司			
开　　本	787 毫米×1092 毫米　　1/16			
印　　张	12.75			
字　　数	310 千字			
版　　次	2025 年 5 月第 1 版			
印　　次	2025 年 5 月第 1 次			
书　　号	ISBN 978-7-5429-7758-8/F			
定　　价	45.00 元			

如有印订差错，请与本社联系调换

前　　言

本教材是以习近平新时代中国特色社会主义思想、党的二十大精神为理论指导,以《企业会计准则》《管理会计基本指引》为主要依据,以培养高职学生管理会计思维、掌握智能化管理会计工具为目标,遵循高技能人才的认知特点和学习规律,以典型工作任务为载体,校企合作双元开发的工作手册式教材。

本教材以战略管理会计主要职能为逻辑线索,内容包括战略规划、分析预测、决策制定、预算编制、成本控制、绩效评价六大模块,战略工具分析、绘制战略地图等十八个典型工作任务。

本教材主要特点如下:

(1) 立德树人、思想引领。本教材设计有独特的思政驿站版块,以二维码形式呈现于教材中。思政素材包括案例、常识、故事等多种形式,借助图片、视频等载体宣传国家方针政策、战略规划等。

(2) 任务驱动、理实结合。本教材融合理实一体化的教材编写理念进行编写,每个模块采用任务驱动方式,依据案例企业背景资料,抛出任务问题,借助理论进行任务解析,借助财经大数据应用服务平台和办公自动化软件完成任务操作,实现理论与实践的结合。

(3) 目标清晰、结构严谨。本教材对战略管理会计最主要的职能进行梳理,将教学内容提炼为六大模块、十八个典型工作任务,每个任务包括任务目标、案例背景、任务要求、任务解析、工作流程、实践操作、思政驿站、知识拓展八个版块,层次分明、条理清楚、结构严谨、循序渐进。

(4) 融入新技术、新规范。本教材借助财经大数据应用服务平台,以管理会计实务工具和业务数据为主要内容,模拟管理会计决策过程,引导学生通过数字化、智能化专业分析工具,处理典型工作任务,培养学生运用管理会计专业知识解决实际问题、运用管理会计模型分析和处理数据、根据财务结果进行分析和评价等能力。

本教材编写团队由重庆开放大学、重庆工商职业学院教师、行业专家及企业教师组成,刘东辉、吴脊担任主编,贺妍、陈林、张国君担任副主编。具体分工为:刘东辉编写导语并对全书进行总撰,吴脊编写模块一、模块三、模块六,贺妍编写模块二,张国君编写模块四,陈林编写模块五。在本教材的编写过程中，企业专家全程参与，沈阳跃客教育科技有限公司杨海山提供技术支持并对相关内容进行把关。

本教材配有PPT、习题、操作视频等数字教学资源，好学易教，既可作为院校财会类专业的教学用书，也可作为企业管理人员的参考书。由于本教材为工作手册式新形态教材，可供借鉴的资料有限，难免存在不足之处，敬请读者提出宝贵意见和建议。

编者

2024年12月

目　录

导语 …………………………………………………………………………… 001

模块一　战略规划 ………………………………………………………… 008
　　任务一　战略工具分析 ………………………………………………… 008
　　　　任务目标 ………………………………………………………… 008
　　　　案例背景 ………………………………………………………… 008
　　　　任务要求 ………………………………………………………… 010
　　　　任务解析 ………………………………………………………… 010
　　　　工作流程 ………………………………………………………… 012
　　　　实践操作 ………………………………………………………… 014
　　任务二　绘制战略地图 ………………………………………………… 017
　　　　任务目标 ………………………………………………………… 017
　　　　案例背景 ………………………………………………………… 017
　　　　任务要求 ………………………………………………………… 019
　　　　任务解析 ………………………………………………………… 019
　　　　工作流程 ………………………………………………………… 019
　　　　实践操作 ………………………………………………………… 020

模块二　分析预测 ………………………………………………………… 023
　　任务一　销售预测 ……………………………………………………… 023
　　　　任务目标 ………………………………………………………… 023
　　　　案例背景 ………………………………………………………… 023
　　　　任务要求 ………………………………………………………… 024
　　　　任务解析 ………………………………………………………… 024
　　　　工作流程 ………………………………………………………… 026
　　　　实践操作 ………………………………………………………… 029
　　任务二　成本预测 ……………………………………………………… 032
　　　　任务目标 ………………………………………………………… 032
　　　　案例背景 ………………………………………………………… 033
　　　　任务要求 ………………………………………………………… 034
　　　　任务解析 ………………………………………………………… 034

工作流程 ·· 035
　　　实践操作 ·· 037
　任务三　利润预测 ·· 040
　　　任务目标 ·· 040
　　　案例背景 ·· 041
　　　任务要求 ·· 041
　　　任务解析 ·· 042
　　　工作流程 ·· 043
　　　实践操作 ·· 045
　任务四　资金需求量预测 ·· 048
　　　任务目标 ·· 048
　　　案例背景 ·· 049
　　　任务要求 ·· 049
　　　任务解析 ·· 049
　　　工作流程 ·· 051
　　　实践操作 ·· 052

模块三　决策制定 ··· 057

　任务一　新产品生产决策 ·· 057
　　　任务目标 ·· 057
　　　案例背景 ·· 057
　　　任务要求 ·· 058
　　　任务解析 ·· 058
　　　工作流程 ·· 060
　　　实践操作 ·· 061
　任务二　亏损产品停产决策 ·· 064
　　　任务目标 ·· 064
　　　案例背景 ·· 065
　　　任务要求 ·· 065
　　　任务解析 ·· 066
　　　工作流程 ·· 068
　　　实践操作 ·· 069
　任务三　生产分配任务决策 ·· 074
　　　任务目标 ·· 074
　　　案例背景 ·· 074
　　　任务要求 ·· 075
　　　任务解析 ·· 075
　　　工作流程 ·· 078
　　　实践操作 ·· 079

任务四　固定资产购置决策 ……………………………………………… 081
　　　　任务目标 ………………………………………………………………… 081
　　　　案例背景 ………………………………………………………………… 081
　　　　任务要求 ………………………………………………………………… 082
　　　　任务解析 ………………………………………………………………… 082
　　　　工作流程 ………………………………………………………………… 085
　　　　实践操作 ………………………………………………………………… 086
　　任务五　设备更新改造决策 ……………………………………………… 089
　　　　任务目标 ………………………………………………………………… 089
　　　　案例背景 ………………………………………………………………… 089
　　　　任务要求 ………………………………………………………………… 091
　　　　任务解析 ………………………………………………………………… 091
　　　　工作流程 ………………………………………………………………… 093
　　　　实践操作 ………………………………………………………………… 095

模块四　预算编制 …………………………………………………………… 098
　　任务一　经营预算编制 …………………………………………………… 098
　　　　任务目标 ………………………………………………………………… 098
　　　　案例背景 ………………………………………………………………… 098
　　　　任务要求 ………………………………………………………………… 100
　　　　任务解析 ………………………………………………………………… 101
　　　　工作流程 ………………………………………………………………… 106
　　　　实践操作 ………………………………………………………………… 110
　　任务二　财务预算编制 …………………………………………………… 128
　　　　任务目标 ………………………………………………………………… 128
　　　　案例背景 ………………………………………………………………… 128
　　　　任务要求 ………………………………………………………………… 129
　　　　任务解析 ………………………………………………………………… 129
　　　　工作流程 ………………………………………………………………… 131
　　　　实践操作 ………………………………………………………………… 134

模块五　成本控制 …………………………………………………………… 138
　　任务一　变动成本法应用 ………………………………………………… 138
　　　　任务目标 ………………………………………………………………… 138
　　　　案例背景 ………………………………………………………………… 138
　　　　任务要求 ………………………………………………………………… 139
　　　　任务解析 ………………………………………………………………… 139
　　　　工作流程 ………………………………………………………………… 144
　　　　实践操作 ………………………………………………………………… 145

任务二 标准成本法应用 ··· 148
- 任务目标 ··· 148
- 案例背景 ··· 148
- 任务要求 ··· 149
- 任务解析 ··· 149
- 工作流程 ··· 155
- 实践操作 ··· 155

任务三 作业成本法应用 ··· 157
- 任务目标 ··· 157
- 案例背景 ··· 157
- 任务要求 ··· 158
- 任务解析 ··· 159
- 工作流程 ··· 161
- 实践操作 ··· 161

模块六 绩效评价 ··· 173

任务一 责任中心业绩评价 ··· 173
- 任务目标 ··· 173
- 案例背景 ··· 173
- 任务要求 ··· 176
- 任务解析 ··· 176
- 工作流程 ··· 180
- 实践操作 ··· 181

任务二 战略实施绩效评价 ··· 185
- 任务目标 ··· 185
- 案例背景 ··· 185
- 任务要求 ··· 187
- 任务解析 ··· 187
- 工作流程 ··· 189
- 实践操作 ··· 192

导　　语

一、管理会计

　　管理会计是为了适应社会经济和现代管理的客观要求,将现代管理科学和方法运用于会计领域,并逐渐从传统会计中派生出来的独立的新兴学科。因此,管理会计是会计发展到一定阶段的产物,也是社会经济发展和科学技术进步的必然结果。

　　管理会计从传统的会计系统中分离出来,成为企业进行最优决策、改善经营管理、提高经济效益的一个企业会计分支,而传统会计被称为"财务会计"。两者的最终目标都是提高企业的经济效益,实现企业价值的最大化。财务会计为企业外部利益相关者提供财务报告的同时,也为企业内部提供了准确可靠的信息,这将有助于决策者进行合理的决策,有助于强化企业内部管理,进而达到提高企业经济效益的目标。而管理会计则直接参与企业的经营管理决策,以帮助企业改善经营管理和提高经济效益。

　　管理会计需要针对企业管理部门编制计划、作出决策、控制经济活动,记录和分析经济业务,"捕捉"和呈报管理信息,并直接参与决策控制过程。管理会计既是实现管理现代化的重要手段,又是现代化管理的重要组成部分。它的形成和发展不但极大地丰富了会计学的内涵,而且使企业提升了经营管理水平。

　　管理会计与财务会计的区别主要体现在以下三个方面：

　　(1) 在服务对象方面。财务会计主要为企业外部利益相关者提供有助于决策的财务信息,因而属于"对外报告会计";而管理会计着重为企业管理部门有效地改善生产经营、进行最优化决策提供及时、有用的财务与管理信息,并参与企业经营管理,因而属于"对内报告会计"。

　　(2) 在工作重点方面。财务会计主要面向过去,提供并解释历史信息,因而属于"报账型会计";而管理会计则面向未来,能动地利用有关信息来预测前景、参与决策、规划未来、控制和评价经济活动,因而属于"经营型会计"。

　　(3) 在程序与方法方面。财务会计采用填制凭证、登记账簿、编制报表等比较固定的程序与方法,并受有关会计规范约束;而管理会计对企业自身服务,采用的程序与方法灵活多样,具有较大的可选择性。这种灵活性使得管理会计能够更好地适应企业特定的管理需求,提供定制化的管理信息,从而帮助企业优化决策、控制和评估过程。

二、现代管理会计

　　管理会计在企业实现管理现代化的进程中逐步发展为现代管理会计,它更加注重为企业内部的经营管理提供服务。传统管理会计以控制会计为核心,而现代管理会计的核心以企业现在和未来的资金运动为对象,以提高经济效益为目的。现代管理会计不仅包括对财务会计数据的灵活加工和改制,还包括应用现代管理理论,如预测学、控制论、信息理论和决策原理等。

现代管理会计将解析过去、控制现在、筹划未来这三个职能紧密结合在一起发挥作用,形成综合性职能。

1. 解析过去

现代管理会计解析过去,对财务会计提供的资料作进一步的加工、改制和延伸,使之更好地适应控制现在和筹划未来的需要。

2. 控制现在

现代管理会计控制现在,通过一系列的指标体系,及时修正在执行过程中出现的偏差,使企业的经济活动严格按照决策预定的轨道卓有成效地进行。

3. 筹划未来

预测与决策是筹划未来的主要形式,现代管理会计在这方面的作用在于充分利用所掌握的丰富资料,严密地进行定量分析,帮助管理部门客观地掌握情况,从而提高预测与决策的科学性。

三、战略管理会计

随着全球经济的迅猛发展,现代管理会计已难以满足企业战略管理的要求。战略管理会计以其长期性、全局性、外向性和综合性的特点,从战略的高度,满足企业发展需要,对现代管理会计和现代财务会计都将产生深远的影响。

随着战略管理的推广,战略管理会计已发展成为一种从战略的高度,收集、加工与企业相关各方面的经济信息,助力企业管理层对内进行战略审视,对外作出战略决策,最大限度地协调企业现实与经济环境之间的关系,保持并不断创新,维持其长期竞争优势的决策支持系统。战略管理会计是对现代管理会计的一次开拓性发展。

1. 战略管理会计着眼于长远目标和全局利益

现代管理会计以单个企业为服务对象,着眼于有限的会计期间,在"利润最大化"目标驱使下,追求企业当前的利益最大。现代管理会计提供的信息只对促进企业进行近期经营决策、改善经营管理起到作用,注重的是单个企业价值最大和短期利益最优。

战略管理会计则着眼于企业的长期发展和整体利益的最大化。当企业间的竞争已上升到高层次的全局性战略竞争时,抢占市场份额、扩大企业生存空间、追求长远的利益目标已成为企业家最为关注的问题。战略管理会计适应这一形势的要求,超越了单一会计期间的界限,着重从多期竞争地位的变化中把握企业未来的发展方向,并且以最终利益目标作为企业战略成败的标准,而不仅局限于某一个期间的利润达到最大。战略管理会计的信息分析完全基于整体利益,不在乎"一城一池"的得失,更不会用集团利益去交换某个成员企业的利益,有时甚至会为顾全大局而作出"弃车保帅"的决策。战略管理会计放眼长期经济利益,在会计主体和会计目标方面进行大胆的开拓,将现代管理会计带入了一个新境界。

2. 战略管理会计是外向型的信息系统

现代管理会计服务于企业内部管理,是一种内向型的信息系统。在市场竞争不十分激烈时,企业只要努力降低成本、提高劳动生产率,就能在市场立足。因而现代管理会计致力于企业内部信息的收集、分析和各种指标的纵向比较,不太关注外部环境和竞争对手的情况,它所提供的只是单个企业自身的绝对数据,而不是企业在市场中的相对优势。

战略管理会计则站在战略的高度,关注企业外部环境的变化,不局限于单一企业,而是研究整个产业价值链的信息,努力改善企业的经济环境,强调企业发展与环境变化的协调一致,以追求产业的最优效益。战略管理会计围绕本企业、顾客和竞争对手形成的"战略三角",收集、整理、比较、分析竞争对手有战略相关性的信息,向管理者提供关于本企业与竞争对手的信息,以保持和加强企业在市场上的相对竞争优势。战略管理会计强调比较优势,从相对成本到相对市场份额,它所关注的是相对指标的计算和分析,向管理者提供的是比较竞争成本和比较竞争优势的信息。战略管理会计通过对企业内外信息的比较分析,了解企业在市场中竞争地位的变动。战略管理会计拓展了会计对象的范围,是一种外向型的信息系统。

3. 战略管理会计对信息进行综合收集和全面分析

现代管理会计研究的是货币信息,很少涉足其他种类的信息,对于企业的决策只能提供从财务分析中获取的信息,忽略了其他信息对企业的影响,因而它是不够完整、不够充分的。

战略管理会计为适应企业战略管理的需要,将信息的范围扩展到各种与企业战略决策相关的信息,包括货币性质的、非货币性质的信息,数量的、质量的信息,物质层面的、非物质层面的信息,以及有关天时、地利、人和等方面的信息。信息来源除企业内部的财务部门以外,还包括市场、技术、人事等部门,以及企业外部的政府机关、金融机构、中介顾问、大众媒体等。多样的信息来源和信息种类需要多种信息分析方法,因此,战略管理会计采用的信息分析方法不仅是对财务指标的计算,还结合了环境分析法、对手分析法、价值链分析法、生命周期分析法、矩阵定位分析法、预警分析法、动因分析法、综合记分法等多种方法,这无疑是对现代管理会计方法的丰富。战略管理会计突破了现代管理会计财务信息的局限,在提供信息的内容和处理信息的方法上都进行了拓展,帮助企业管理层掌握更广泛、更深层次的信息,全面分析企业的相对竞争优势,作出正确的战略决策。

4. 战略管理会计拓展管理会计人员的职能范围和素质要求

在现代管理会计下,由于信息范围狭小,数据处理方法有限,管理会计人员难以从战略的高度提出决策建议,只是计算财务指标、传递财务数据,跳不出单个企业财务分析的范围。

战略管理会计对管理会计人员的要求已不仅限于财务信息的提供,而是要求管理会计人员能够运用多种方法对包括财务信息在内的各种信息进行综合分析与评价,向管理层提供全部信息的分析结论和决策建议。在战略管理会计中,管理会计人员将提供具有远见卓识的管理咨询服务作为其基本职能。随着管理会计人员职能的扩展,新型管理会计人员就总体素质而言,不仅应熟悉本企业所在行业的特征,还要通晓经济领域其他各个方面,具有战略的头脑、开阔的思路、高瞻远瞩的谋略和敏锐的洞察力以及准确的判断力,善于抓住机遇,从整体发展的战略高度来认识和处理问题,是具有高智能、高创造力的人才。

战略管理会计对现代管理会计的突破,不仅是管理会计本身的重大变革,也对现代财务会计产生深远的影响。因此,战略管理会计对整个现代会计体系都具有十分重要的意义。战略管理会计是对现代会计强有力的挑战,未来的会计可能不再是企业内部货币信息的代名词,而是对综合信息的收集、整理、加工、分析、使用和披露。

四、智能管理会计

智能技术是智能管理会计得以全面实现的底层技术和前提条件。智能管理会计涵盖对信息系统自动化、智能化、在线化、实时化和业务流程的数字化等多方面的要求。智能管理会计是对人工智能的全方位深入应用,其意义是全面应用以"大智移云物""区块链"为代表的数字化技术,对传统的管理会计模式,包括组织、流程、工作模式等进行全方位的变革,使管理会计体系能够更好地支撑企业业务发展。人工智能在管理会计中主要应用于三个方面,即运算智能、感知智能和认知智能。其中,运算智能让系统"能存会算";感知智能让系统"能听会说,能看会认";认知智能让系统"能理解,会思考"。

本教材借助财经大数据应用服务平台,以管理会计实务工具和业务数据为主要内容,模拟管理会计决策过程。通过数字化、智能化专业分析工具,处理绩效管理、战略管理、经营预测、经营决策、预算管理等管理会计任务。

学习者使用财经大数据应用服务平台的基本流程如下。

1. 注册账号

(1) 输入平台网址:http://vdc.pub。

(2) 点击进入注册学生账号页面,如图 0-1 所示。

(3) 在注册页面输入信息(使用"学号"注册;学校为自己所在学校),如图 0-2 所示。

(4) 输入验证码(点击"获取验证码",扫描二维码关注公众号,即可获取验证码),完成注册。

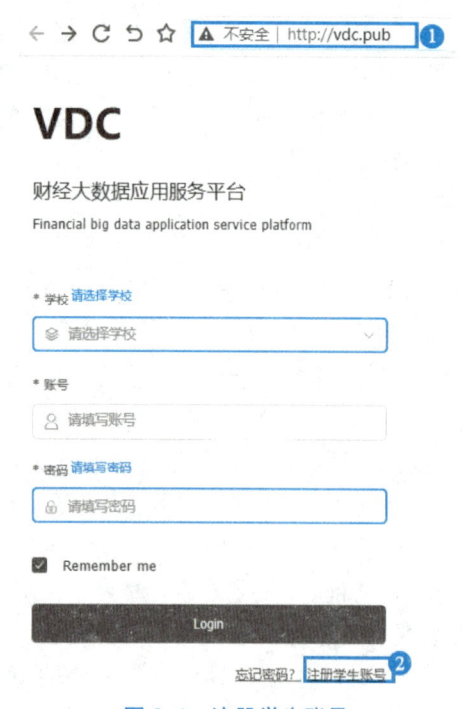

图 0-1　注册学生账号

图 0-2　填写信息完成注册

2. 加入班级

(1) 根据注册账号登录平台,在"实验教学"导航栏下,点击"核心课程平台"栏目中的"我的班级",如图 0-3 所示,进入核心课程平台班级列表。

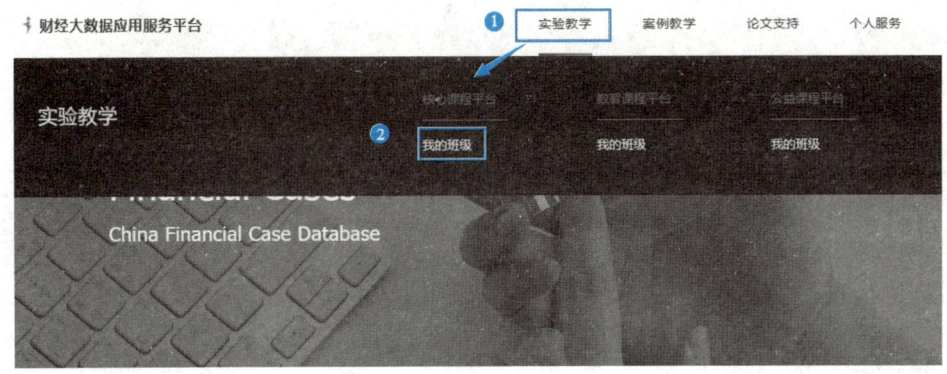

图 0-3 进入核心课程平台

(2) 找到班级列表并点击"加入班级",如图 0-4 所示。

图 0-4 加入班级

(3) 在弹出的"加入班级"对话框中输入对应课程的"注册码",点击"查询"进行信息确认,确认无误后点击"加入",如图 0-5 所示。

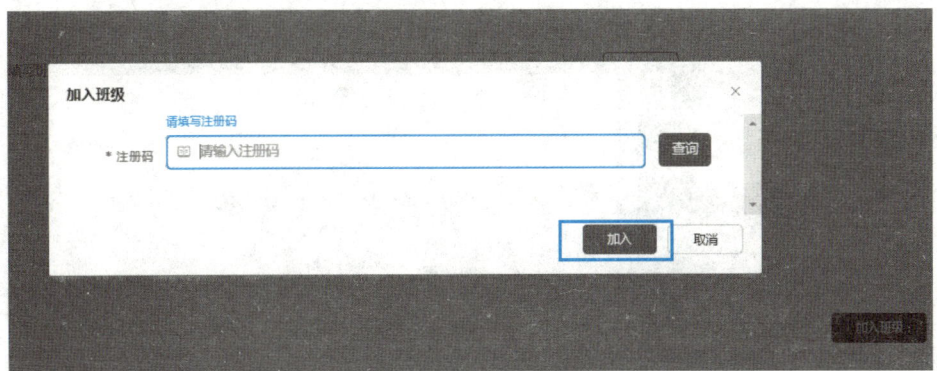

图 0-5 输入注册码

(4) 在“班级列表”中可以查看已加入的班级和课程。

3. 查看课程任务

(1) 在“班级列表”中点击“管理会计实验”课程的“任务列表”，如图 0-6 所示。

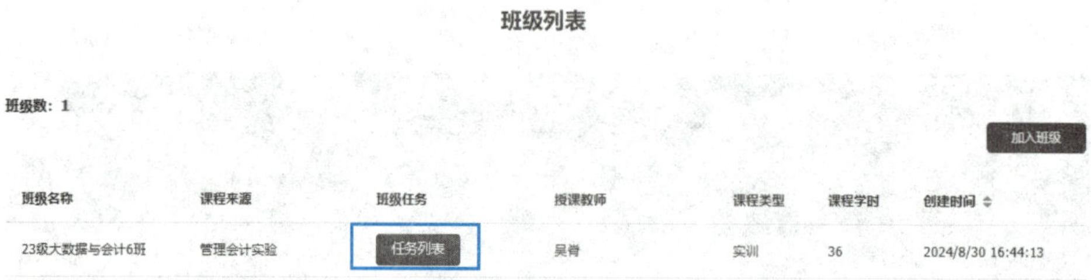

图 0-6　进入任务列表

(2) “任务列表”显示已发布的课程任务，选择要完成的实践任务，如图 0-7 所示。

任务名称	发布日期	截止日期	实践任务	任务状态
战略制定(难)	2024-09-12 09:57:47	2024-12-31 11:59:59	战略制定(难)	进行中
销售预测(难)	2024-09-15 11:35:09	2024-12-31 11:59:59	销售预测(难)	进行中
成本预测(难)	2024-09-15 11:35:09	2024-12-31 11:59:59	成本预测(难)	进行中
利润预测(难)	2024-09-15 11:35:09	2024-12-31 11:59:59	利润预测(难)	进行中
资金需求量预测(难)	2024-09-15 11:35:09	2024-12-31 11:59:59	资金需求量预测(难)	进行中
预算编制(难)	2024-09-12 09:58:11	2024-12-31 11:59:59	预算编制(难)	进行中

图 0-7　任务列表

4. 完成实务工具计算模型填制与任务明细客观题作答

(1) 查看案例资料，进入实践任务案例页面(即案例资料页面)，如图 0-8 所示。

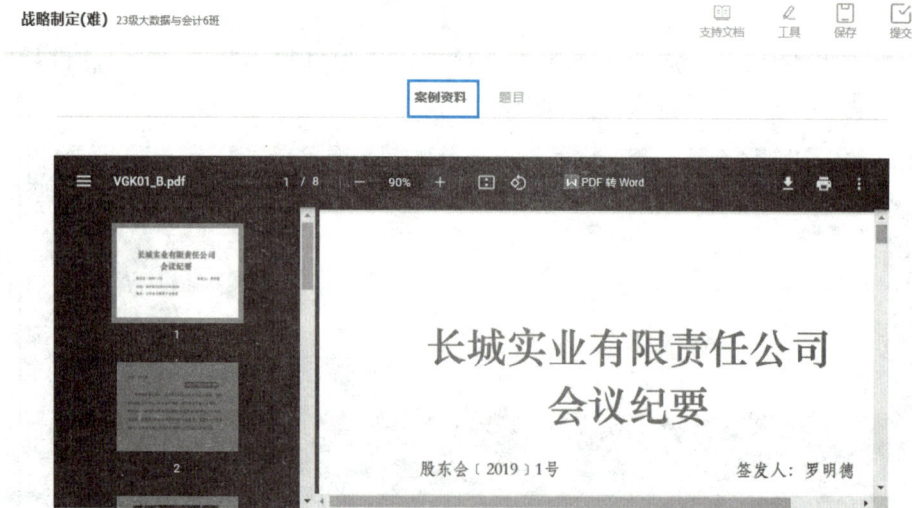

图 0-8　实践任务案例页面

(2) 完成实务工具计算模型填制。

(3) 进入题目页面,作答任务明细客观题。

5. 支持文档

当完成实践任务出现困难或问题时,可参考支持文档,协助理解项目完成内容及方法。

6. 提交完成

在实务工具计算模型填制与任务明细客观题作答期间,可以点击"保存",进行数据暂存。当全部内容完成后可点击"提交",完成任务。

模块一　战略规划

任务一　战略工具分析

任务目标

一、知识目标
1. 熟知战略工具的类别。
2. 熟知战略工具的应用方法。

二、技能目标
1. 能够运用战略管理的分析工具来分析、评价企业战略环境。
2. 能够依据战略工具分析结论绘制战略地图。

三、思政目标
1. 掌握战略制定技能,培养决策思维,具备职业素养。
2. 树立全局谋划意识。
3. 通过战略工具进行分析,培养分析问题能力。

案例背景

一、企业背景

1. 公司基本资料

渝之兴集团股份有限公司(以下简称渝之兴集团),2001年1月成立,是一家专业从事移动通信产品研发、生产、销售和服务的高新技术企业,经过多年的发展,现已成为国际新兴手机市场的中坚力量,是全球主要手机供应商之一,基本资料如表1-1所示。近年来,渝之兴集团在研发设计、生产制造、销售及售后服务等方面快速发展,积累了雄厚实力。同时,在高通、联发科、Opera、MTN、Airtel等合作伙伴的大力支持下,旗下各手机品牌市场份额不断扩大、销量持续增长、市场地位不断上升。

表 1-1　　　　　　　　　　公司基本资料

公司名称	渝之兴集团股份有限公司
纳税人识别号	230111742786639675
公司类型	有限责任公司
营业期限	2001 年 1 月 12 日起,无固定期限
人员规模	4 000 人
注册资金	10 亿元
公司法人	王兴波
公司地址	重庆市渝北区建设路 187 号
营业执照范围	移动互联网及手机软件的技术开发、技术咨询;电子产品的批发、进出口及相关配套业务
邮政编码	150045
电子邮箱	408066781@qq.com

渝之兴集团一贯秉承以人才为导向的发展理念,现已拥有一支在不同领域、不同国家有着丰富经验的专业团队。可以说,渝之兴集团全球化经营和本土化执行的完美组合有效地实现了企业的快速成长。渝之兴集团凭借"共创共享"的核心价值观,赢得了广大消费者的认可,为经济转型发展作出较大贡献。

2. 企业经营现状

渝之兴集团致力于向海内外新兴市场用户提供优质的智能终端设备,并基于自主研发的智能终端操作系统和流量入口,为用户提供互联网服务。经过多年的积累,渝之兴集团已在品牌影响力、用户规模、技术创新、销售网络、供应链管控、售后服务等领域具备优势,销售区域主要集中在国内以及东南亚、中东和南美等全球新兴市场国家。基于在新兴市场积累的领先优势,渝之兴集团积极实施多元化战略布局,在新兴市场开拓了数码配件、蓝牙耳机、智能手环等扩品类业务并提供移动互联网产品及服务。

二、企业战略

近年来,渝之兴集团分析内外部环境,制定了合理的战略规划,但战略落地缺少一系列工作支持,具体表现在:精益管理体系虽已基本成型,但研发、制造、物流、质量、采购之间的逻辑性、贯通性还需进一步完善;与标杆企业比较,管理体系的"标准化、专业化、细致化、数字化"水平还有较大差距;现有的战略细化、落实能力不足,战略牵引能力还需要进一步加强。

制定合理的战略是企业创造价值的起点。2024 年 2 月 1 日,渝之兴集团召开董事会,针对公司目前经营状况和整个行业发展情况对公司战略进行分析。

1. 内部环境

财务优势:2024 年,渝之兴集团资产负债率为 40%,同行业资产负债率为 50%;流动比率为 3,现金比率为 0.55,比同行业流动比率高 1%;2024 年收入较 2023 年增加 4%。

竞争优势：渝之兴集团创造的收入多来源于国内以及东南亚、中东和南美等全球新兴市场国家，占据一定的市场份额；营业收入位列行业中位；产品质量过关，性价比较高，用户忠诚度高；专业技术方面需要突破，技术创新达到行业一般水平。

2. 外部环境

环境稳定性：根据近几年区域销售情况可知，客户需求变化虽然大，销售额稳定度较好，需求价格弹性为93%，公司战略管理对外部环境的动态适应能力有所欠缺，无法及时作出相应调整。公司战略管理应在对内外部环境进行分析的基础上，针对可能发生重大变化的环境因素进行及时调整。

产业优势：政府大力支持高新技术产业，手机行业具备领先的信息技术，技术更迭迅速，与时代契合，2024年渝之兴集团的销售净利率为9%，较2023年增长1.2%；受众群体广，需求量大；在中国，手机行业具备成熟稳定的产业链。

 任务要求

1. 采用SPACE工具完成战略分析。
2. 绘制企业战略态势。
3. 判断企业战略类型。

 任务解析

企业战略管理中常用的战略分析工具包括SPACE矩阵分析法、PEST分析法、波士顿矩阵分析法、SWOT分析法等。

1. SPACE矩阵分析法

SPACE矩阵分析法从内部环境与外部环境分析企业战略。内部环境包含财务优势与竞争优势两个维度，外部环境包含环境稳定性与产业优势两个维度，每个维度均有其考量指标。

财务优势通常用字母"FS"表示，考量指标包括企业现金周转能力和偿债能力等，如投资收益、营业收入、杠杆比率、资产负债率、流动比率、现金比率等。

竞争优势通常用字母"CA"表示，考量指标包括企业市场份额、产品质量、用户忠诚度、专业技术等。

环境稳定性通常用字母"ES"表示，考量指标包括竞争环境、客户需求、通货膨胀率、需求价格弹性等。

产业优势通常用字母"IS"表示，考量指标包括增长潜力、盈利能力、销售净利率、财务稳定性、技术领先性等。

2. PEST分析法

PEST分析法是对企业宏观环境（主要包括政治和法律、经济、社会和文化以及技术四大环境因素）的分析。通过对这四大环境因素的分析，企业面临的重要发展机遇和主要生存威胁可以被揭示出来，从而为企业战略的制定奠定基础。

（1）政治和法律环境。政治和法律环境是指制约和影响企业的各种政治和法律要素及其运行所形成的环境系统，包括地区和国家的政治制度、法律法规和政策方针等。

(2) 经济环境。经济环境是指构成企业生存和发展的社会经济状况及国家经济政策，包括社会经济结构、经济体制、经济发展速度和经济运行情况等。

(3) 社会和文化环境。社会和文化环境是指企业所处的一定时期整个社会文化发展的一般状况，主要包括社会结构、社会风俗习惯、价值观念和生活方式等。

(4) 技术环境。技术环境是指企业所处的国家和地区与经营业务相关的技术水平和技术发展动向等。技术进步可以提高企业的生产效率，降低企业经营成本，对行业竞争态势和格局具有一定的影响。

3. 波士顿矩阵分析法

波士顿矩阵分析法是指在坐标图上，以纵轴表示销售增长率、横轴表示市场占有率，将坐标图划分为四个象限，依次为"问题类产品""明星类产品""瘦狗类产品""金牛类产品"，如图 1-1 所示。明星类产品是指销售增长率和市场占有率"双高"的产品群；问题类产品是指销售增长率高、市场占有率低的产品群；瘦狗类产品是指销售增长率和市场占有率"双低"的产品群；金牛类产品是指销售增长率低、市场占有率高的产品群。

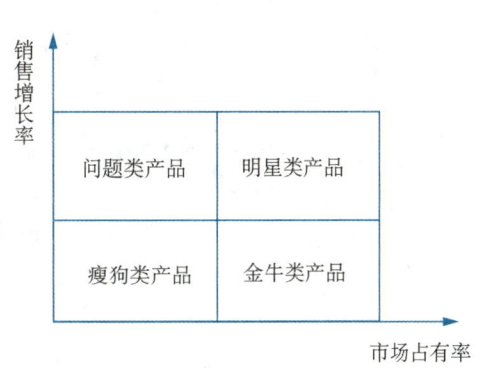

图 1-1 波士顿矩阵分析的示意图

波士顿矩阵分析法通过对产品所处象限的划分，帮助企业对不同产品采取不同决策，淘汰无发展前景的产品，保持"问题类产品""明星类产品""瘦狗类产品""金牛类产品"的合理组合，实现产品及资源分配结构的良性循环。

4. SWOT 分析法

SWOT 分析法从优势（strengths）、劣势（weaknesses）、机会（opportunities）、威胁（threats）四个维度进行分析。其中，优势和劣势主要用来分析内部环境，机会和威胁主要用来分析外部环境，如图 1-2 所示。利用 SWOT 分析法可以从中找出对自己有利的、值得发扬的因素，以及对自己不利的、存在的问题，找出解决办法，并明确未来的发展方向。

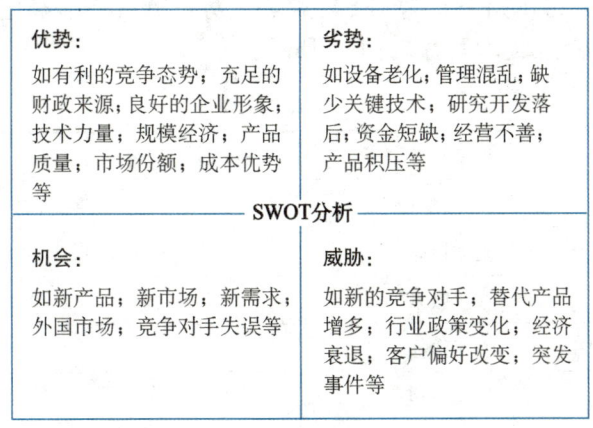

图 1-2 SWOT 分析示意图

SWOT 分析法可以用来评价企业的优势和劣势、判断企业所面临的机会和威胁并作出决策,即在企业现有的内外部环境下,如何最优地运用资源,建立公司的未来资源,以便确定最优的战略方向。根据SWOT分析法,战略目标应该是一个企业"能够做的"(企业的强项和弱项)和"可能做的"(环境的机会和威胁)的有机组合。

现将常用战略分析工具归纳总结,如图1-3所示。

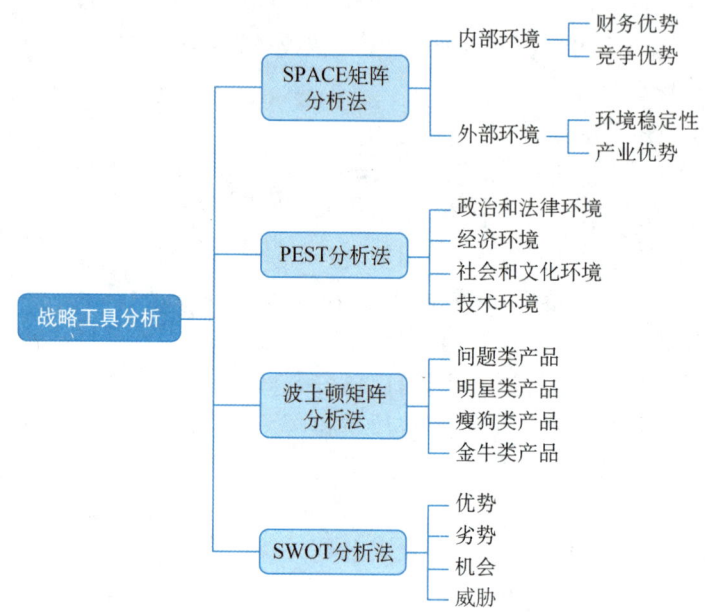

图1-3　常用战略分析工具思维导图

 工作流程

1. 完善渝之兴集团SPACE矩阵分析表格

采用SPACE矩阵工具分析渝之兴集团的战略,将各数轴所有变量的评分相加,再分别除以各数轴变量总数,得出财务优势(FS)、竞争优势(CA)、环境稳定性(ES)、产业优势(IS)各自的均值,完成表格的填写,如表1-2所示。

表1-2　　　　　　　　　　　　SPACE矩阵分析

战略分析维度	指标	评分	均值计算
财务优势(FS)	资产负债率	4	
	流动比率	5	
	营业收入	3	
竞争优势(CA)	市场份额	－3	
	产品质量	－2	
	用户忠诚度	－2	
	专业技术	－1	

(续表)

战略分析维度	指标	评分	均值计算
环境稳定性(ES)	竞争环境	−5	
	客户需求	−3	
	需求价格弹性	−1	
产业优势(IS)	销售净利率	5	
	技术领先性	3	
	盈利能力	4	

注：FS 和 IS 的各变量指标给予1(最差)到5(最好)的评分值，ES 和 CA 的各变量给予−1(最好)到−5(最差)的评分值。

2. 绘制渝之兴集团战略态势

将财务优势(FS)、竞争优势(CA)、环境稳定性(ES)、产业优势(IS)各维度均值在各自数轴上标记出来；将横轴上的两个分数相加，结果标在横轴上；将纵轴上的两个分数相加，结果标在纵轴上，标出横轴与纵轴数值的交点。例如，假设 FS、CA、IS、ES 维度均值为 4、−5、3、−3，战略态势图如图 1-4 所示。请根据表 1-2 计算的均值绘制并完善渝之兴集团战略态势图，体现在图 1-5 中。

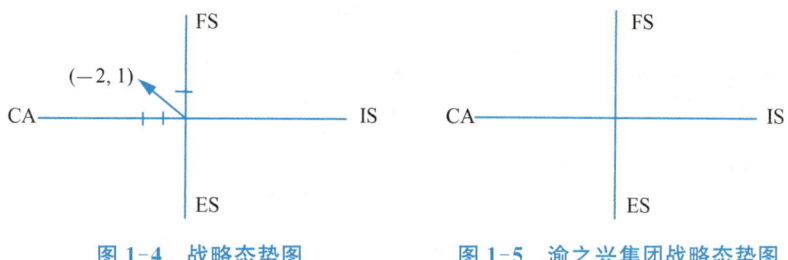

图 1-4　战略态势图　　　　图 1-5　渝之兴集团战略态势图

3. 判断渝之兴集团战略类型

根据财务优势(FS)、竞争优势(CA)、环境稳定性(ES)和产业优势(IS)四个维度指标，可以将战略态势划分为四个区域，如图 1-6 所示。其中，A 是保守战略区，企业战略态势位于该区域时，应当采取市场渗透、市场开发、集中化多元经营战略；B 是进攻战略区，企业战略态势处于该区域时，应当采取市场渗透、市场开发、产品开发、后向一体化、前向一体化、横向一体化、混合式多元经营、集中式多元经营、横向多元经营或结合式战略；C 是防御战略区，企业战略态势位于该区域时，应当采用紧缩、剥离、结业清算战略；D 是竞争战略区，企业战略态势位于该区域时，应当采取竞争性战略，包括后向与前向一体化、横向一体化、市场渗透、市场开发、产品开发及组建合资企业。请根据图 1-5 绘制的战略态势图判断渝之兴集团未来应该采取的战略类型。

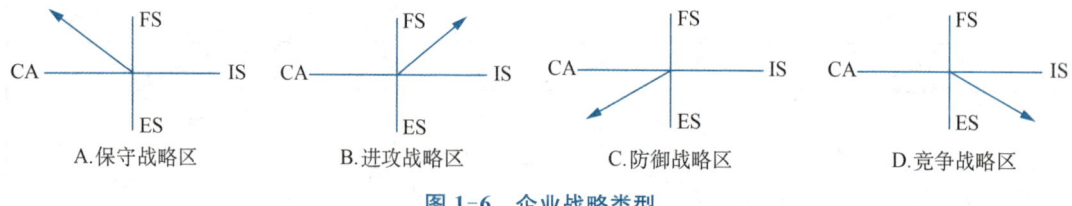

图 1-6　企业战略类型

 实践操作

进入财经大数据应用服务平台,在管理会计实验课程页面选择"战略制定"任务,如图 1-7 所示。按操作步骤完成任务。

	任务名称	发布状态	发布日期	截止日期	实践任务	操作
☐	战略制定	未发布	2024-08-29 05:20:...	2024-12-31 23:59:...	战略制定	维护
☐	战略制定(难)	未发布	2024-08-29 05:20:...	2024-12-31 23:59:...	战略制定(难)	维护
☐	销售预测	未发布	2024-08-29 05:20:...	2024-12-31 23:59:...	销售预测	维护
☐	销售预测(难)	未发布	2024-08-29 05:20:...	2024-12-31 23:59:...	销售预测(难)	维护

图 1-7　选择任务

1. 阅读案例

点击"案例资料"阅读长城实业有限责任公司会议纪要,如图 1-8 所示,掌握案例企业战略分析维度,即财务优势(FS)、竞争优势(CA)、环境稳定性(ES)、产业优势(IS)四个维度的指标统计情况。

图 1-8　阅读案例

2. 计算指标

点击"工具",根据案例背景资料选取反映财务优势、竞争优势、环境稳定性、产业优势的关键指标。在"SPACE矩阵指标计算——关键指标选取法"中,根据任务案例资料,计算关键指标的指标分值,如图1-9所示。

SPACE矩阵指标计算——关键指标选取法

1、财务优势指标计算

选取反映财务优势指标的关键指标名称: 资产负债率

根据关键指标对比计算公司的指标分值

公司名称	财务优势关键指标值	排序	指标分值
迪卡电子	31.00%	1	0.5
东路实业	41.00%	2	1
长城实业	43.01%	3	1.5
巴林电子	44.00%	4	2
意林电子	46.00%	5	2.5
滕丽配件	46.00%	6	3
尚图实业	46.00%	7	3.5
快一配件	47.00%	8	4
西苑电子	48.00%	9	4.5
北向发展	58.00%	10	5

图1-9 计算指标分值

3. 智能获取指标

系统将"SPACE矩阵指标计算——关键指标选取法"中计算的指标分值自动填入"SPACE战略选择"工作表"2018年战略实施"区域,如图1-10所示。

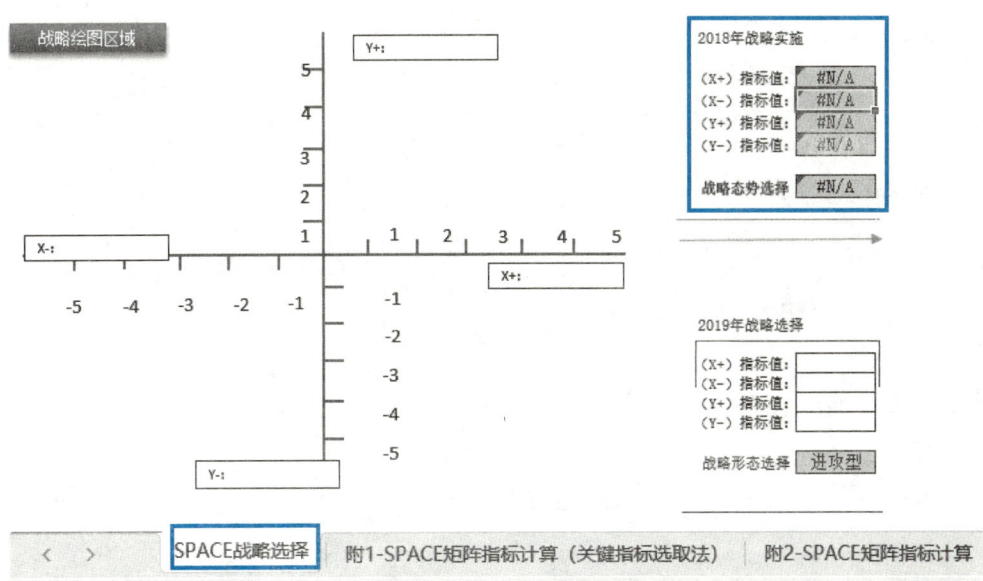

图1-10 SPACE战略选择

4. 绘制战略态势

将 X 轴的两个分数相加，结果标在 X 轴上；将 Y 轴的两个分数相加，结果标在 Y 轴上；标出 X 轴、Y 轴的交叉点；绘制战略态势向量，2018 年的战略态势选择为"防御型"，完成战略态势绘图，如图 1-11 所示。

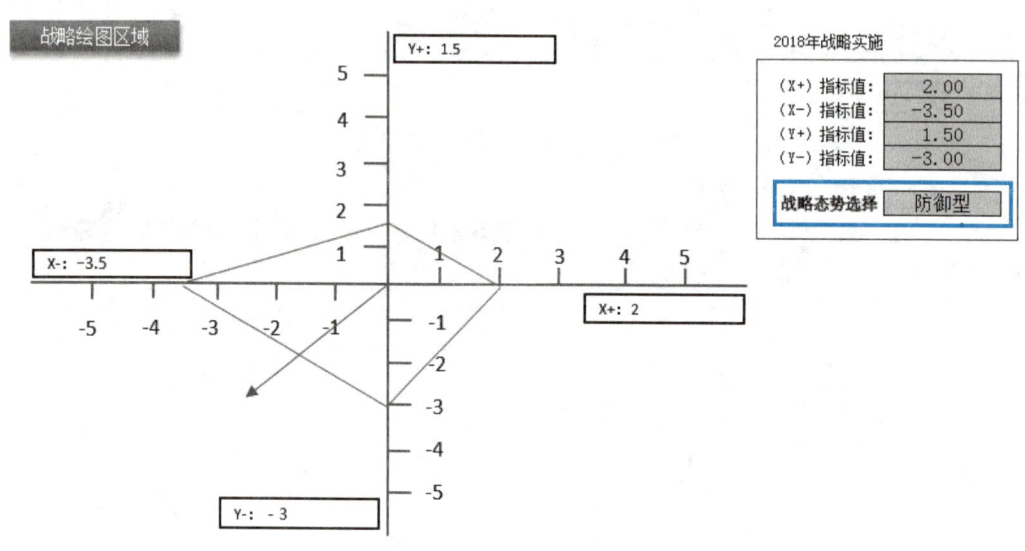

图 1-11　绘制战略态势

5. 形成结论

判断企业近几年战略形态，根据绘制的战略态势图，在"题目"栏中作出选择，如图 1-12 所示。

思政驿站

知识拓展

知识拓展

图 1-12　战略制定结论

任务二　绘制战略地图

任务目标

一、知识目标
1. 熟知战略地图维度。
2. 了解战略地图维度的行动计划归类。

二、技能目标
1. 能够概括战略地图的维度。
2. 能够读懂企业战略地图,并绘制战略地图。

三、思政目标
1. 掌握战略管理技能,培养战略性思维,具备职业素养。
2. 理解国家的战略性政策和战略规划,培养家国情怀。
3. 通过独立分析企业战略环境、绘制战略地图,培养独立思考能力和实践能力。

案例背景

一、企业战略目标

渝之兴集团在全球手机市场的占有率为20.6%,在全球手机品牌厂商中排名第四,旗下智能机在全球智能机市场的占有率为14.7%,排名第七。渝之兴集团的愿景是"让尽可能多的人尽早享受科技和创新带来的美好生活"。当前,渝之兴集团的战略目标是市场占有率增长110%,实现年销售收入每年稳步增长5%,净利润稳步增长3%,成本费用降低率2%;在东南亚的市场份额持续提升,智能机市场占有率超过40%;力争旗下手机品牌能够入选"最受消费者喜爱的品牌"百强榜。渝之兴集团致力于成为可持续发展企业,使公司在未来的经营环境中努力保持持续的盈利增长和能力提升,让员工、客户、股东、社会公众以及业务所在地区的民众满意。

二、企业未来战略规划

渝之兴集团就目前战略规划存在的问题,根据使命与愿景,结合自身具体情况,召集销售部、生产部、研发部、人力资源部、财务部等部门召开会议,各部门就战略规划问题积极出谋划策,最终形成四个维度的战略目标和具体行动计划。

渝之兴集团战略目标如下:

(1) 财务维度。渝之兴集团财务维度战略目标是提高效益:①扩大销售规模,实现年销售收入稳步增长5%;②提高盈利能力,实现净利润稳步增长3%;③成本费用降低率2%,保持资金链畅通。

（2）客户维度。客户维度战略目标是市场占有率增长110%，在东南亚的市场份额持续提升，智能机市场占有率超过40%；力争旗下手机品牌能够入选"最受消费者喜爱的品牌"百强榜，客户满意度达100%；客户人流量增长7%。

（3）内部流程维度。内部业务流程维度战略目标是支撑公司财务维度战略目标及客户维度战略目标，优化供产销环节，具体如下：①考虑提升供应商管控能力；②制订生产计划，合理规划生产流程，提高产品质量；③新建配送中心，实行市场推广，提高销售业绩；实现产能利用率达到80%，产品合格率达到100%，生产及时率达到100%。

（4）学习与成长维度。学习与成长维度战略目标重点关注优化组织设计、变革用工机制、激发员工活力；关注强化人力开发、提高员工素质；关注文化建设，促进文化落地；强化企业组织、人力、团队、文化等无形资产在战略中的作用；年度员工培训次数达到13次、员工满意度达到100%、员工流失率为10%、招聘员工达10人。

渝之兴集团制订的具体行动计划如下：

A. 对于手机行业而言，品牌是综合实力的体现。品牌的树立是手机行业的重要壁垒。对于新进入者而言，树立公司品牌需要提升消费者的信任度，提高市场占有率，具体包括增加门店数量、优化门店选址、改善客户体验服务。

B. 公司的销售模式以经销为主，销售渠道已形成覆盖国内、东南亚、中东和南美等全球主要新兴市场的销售网络。在建立覆盖广泛的一级经销渠道的同时，加强与一级经销商、下游分销商甚至终端零售渠道的合作。对于重点市场及重点经销商客户，公司坚持渠道下沉策略，配备销售专员与经销商、分销商和零售商保持长期稳定的日常沟通，以及时获取一手市场反馈和需求信息，与渠道商共同成长，使得产品竞争力不断提高。

C. 以标准化为目标的精细化管理模式建设，必须建立在岗位责任标准化的基础上，以PDCA循环（"Plan-Do-Check-Act"循环，是一种持续改进的管理方法论，通过不断循环，进行计划、执行、检查和处理，以达到不断完善过程和提高结果的目标）为原则，形成《部门（岗位）工作手册》，实现"事事有人管、人人有权责、办事有标准、工作有检查、奖惩有规定"的精细化管理。

D. 通过客户价值来保证在销售上的定价能力，增加收入；提高资产的使用效率，提高资金的周转率；优化生产采购环节，节约采购成本。

E. 加强供应商管理，规范采购流程，实行统一采购；扩大销售，注重应收账款管理，缩短资金回收期，缩短交货期。

F. 提高员工素质，加强培训；关注强化"星级班组"建设、夯实管理基础。

G. 加强资金管理，适应形势变化，积极拓宽筹资渠道；对资金实行集中管理，合理统筹安排，拓宽融资渠道，优化资金结构，充裕现金流。

H. 增加市场门店数量，打造"明星"门店；完善客户满意度评价体系，提升客户满意度；将客户满意度纳入关键绩效指标（key performance indicator，KPI）中。

I. 加强激励、约束机制。通过对公司员工的激励，提高员工的积极性和创造性，增加员工对企业的信任度、归属感；通过对员工的约束，提升员工业务素质。

 **任务要求**

1. 制订企业战略行动计划。
2. 绘制企业战略地图。

 **任务解析**

战略地图,是指为描述企业各维度战略目标的因果关系而绘制的可视化的战略因果关系图。战略地图通常以财务、客户、内部流程、学习与成长四个维度为核心,通过描述指标间的因果关系,形象地表示驱动企业绩效的关键目标以及它们之间的重要关系,为企业战略的贯彻执行指明方向。

财务维度是战略地图的出发点,企业战略地图必须清晰地表达企业的愿景和战略目标,并与财务维度的战略主题和 KPI 衔接;在激烈的市场环境下,如何实现财务维度指标,需要创造客户价值,满足客户需求,即客户维度;为了创造客户价值,需要优化内部流程,包括优化供应流程、生产流程、销售流程等,而这些都需要企业足够的文化支撑和人力资源的支撑作为保障,即学习与成长维度。

例如,公司制订的具体行动计划中,"通过客户价值来保证在销售上的定价能力,增加收入;提高资产的使用效率,提高资金的周转率;优化生产采购环节,节约采购成本"就属于财务维度指标,应填入财务维度的行动计划中。

现将绘制战略地图的相关概念归纳总结,如图 1-13 所示。

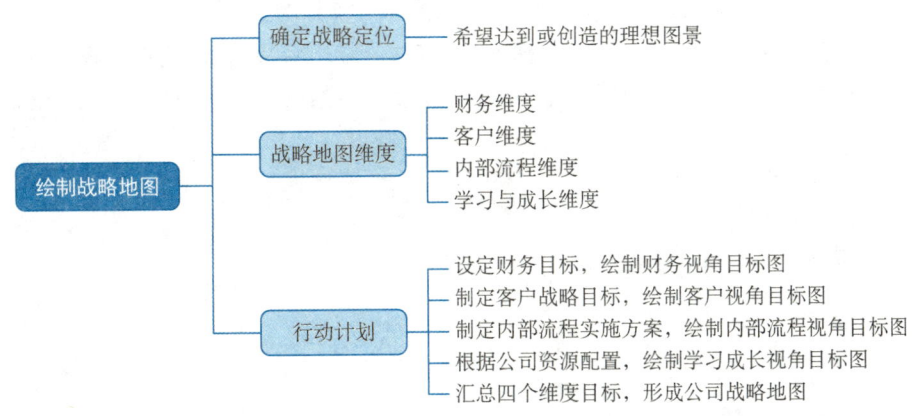

图 1-13　战略地图思维导图

 工作流程

(1)完善企业战略行动计划表,根据渝之兴集团的任务背景,完善战略维度目标描述。同时,企业战略规划中的行动建议归属于不同战略维度中,并与具体指标对应。

（2）绘制企业战略地图（包含财务、客户、内部流程、学习与成长四个维度）。

实践操作

进入财经大数据应用服务平台，在管理会计实验课程页面选择"战略制定"任务。按操作步骤完成任务。

1. 完成企业战略行动计划表格

（1）增设表格。打开"工具"，增设工作表，重命名为"企业战略行动计划表"，如图 1-14 所示。

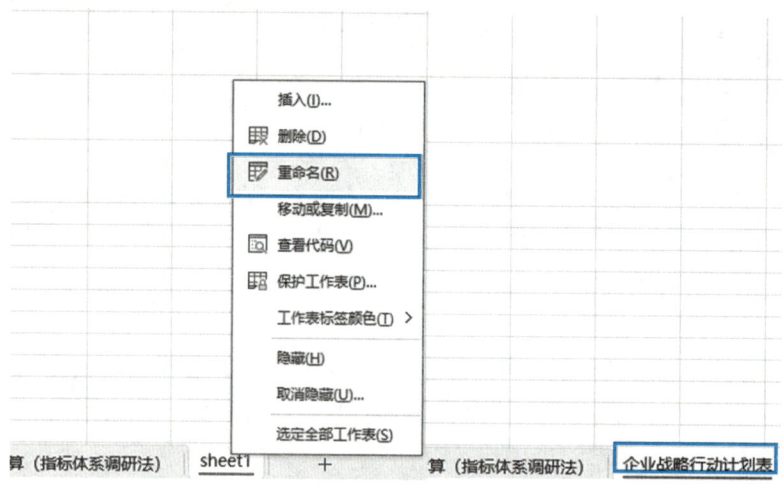

图 1-14　新建企业战略行动计划表

（2）填写企业战略行动计划表。根据任务流程，对应填写战略维度、目标描述、指标以及行动计划。其中，纵向表示四个维度，横向表示与维度对应的层次目标，如图 1-15 所示。

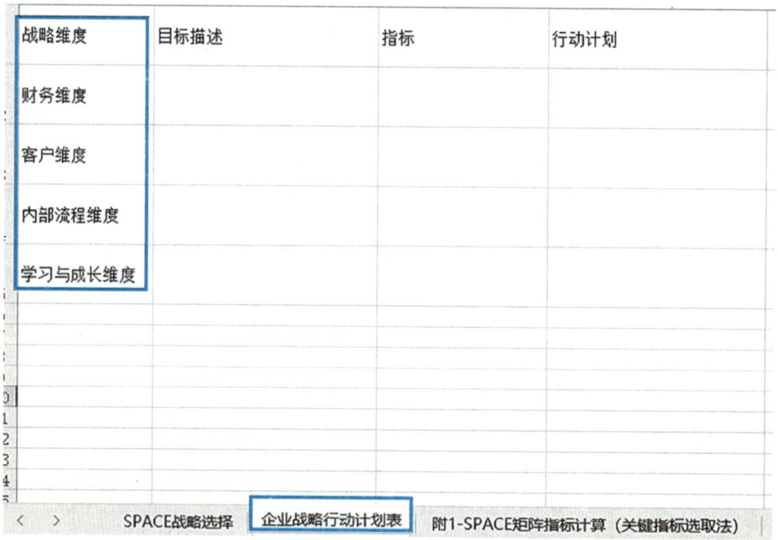

图 1-15　填写企业战略行动计划表

将战略维度对应的行动计划按字母形式填写在对应位置,如图 1-16 所示。

战略维度	目标描述	指标	行动计划
财务维度	1. 年销售收入稳步增5%	销售收入增长率	DEG
	2. 净利润稳步增长3%	净利润增长率	
	3. 成本费用降低率2%	成本费用降低率	
客户维度	1. 达到目前市场占有率110%	市场占有率	ABH
	2. 客户满意度达100%	客户满意度	
	3. 客户人流量增长7%	客户人流量增长率	
内部流程维度	1. 提升供应商管控能力	生产及时率	CE
	2. 合理规划生产流程	产品合格率	
	3. 新建配送中心	产能利用率	
学习与成长维度	1. 优化组织设计	员工满意度	FI
	2. 提高员工素质	员工培训次数	
	3. 关注文化建设	人员流失率、招聘员工数	

图 1-16 完成企业战略行动计划表

2. 绘制战略地图

以财务维度的战略地图为例,通过企业战略行动计划表,明确各维度的目标、指标与行动计划,实现一一对应。

(1) 打开"工具",增设工作表,重命名为"绘制战略地图"。点击主菜单"插入",选择"形状"或"SmartArt"生成图形,绘制流程图,如图 1-17 所示。

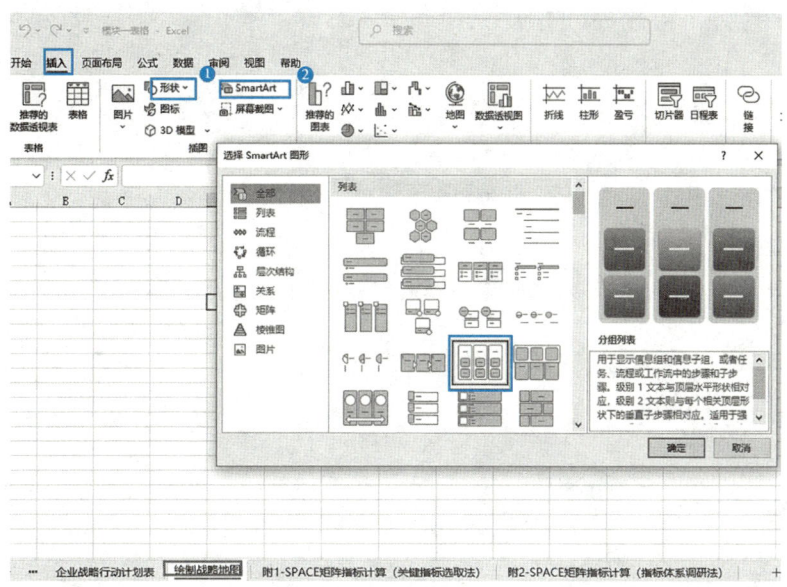

图 1-17 插入流程图

（2）依次点击"插入"—"形状"，选择长方形、线条、括号等元素，绘制财务维度的战略地图，如图1-18所示。

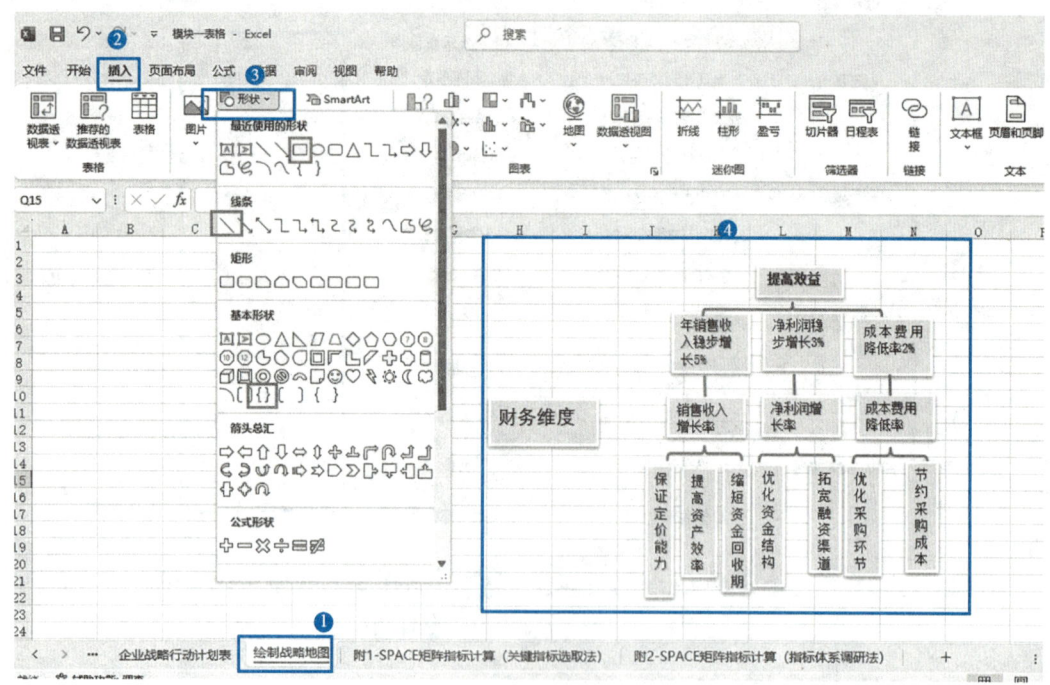

图1-18　财务维度战略地图

（3）根据上述方法完成案例企业所有维度的战略地图。

思政驿站

知识拓展

模块二　分析预测

任务一　销售预测

任务目标

一、知识目标
1. 熟知销售预测的作用。
2. 熟知销售预测的方法。

二、技能目标
1. 能够辨析定量销售预测方法和定性销售预测方法。
2. 能够运用销售预测分析方法进行销售预测。

三、思政目标
1. 掌握销售预测管理技能，培养预测思维，具备职业精神。
2. 培养严谨细致、独立思考的能力。

案例背景

手机行业是当前市场上最为繁荣的领域之一，随着技术的不断进步和人们对手机的需求不断增加，手机行业的前景十分广阔。

渝之兴集团管理层为了预测 2025 年闪亮、智星两个系列手机销售量，汇总 2019—2024 年产品销售数据，如表 2-1 所示。

表 2-1　2019—2024 年产品销售量统计表　　　　　　　　单位：部

年份	闪亮系列	智星系列
2019 年	6 500	4 500
2020 年	6 300	4 700
2021 年	6 400	4 950
2022 年	6 750	5 200
2023 年	6 600	5 150
2024 年	6 550	5 350

任务要求

1. 采用算术平均法进行销售预测。
2. 采用移动平均法进行销售预测。
3. 采用指数平滑法进行销售预测。
4. 采用个人判断法进行销售预测。
5. 采用调查分析法进行销售预测。

任务解析

一、认知销售预测

销售预测是根据企业销售的历史资料和市场需求的变化情况，运用科学的预测方法，对产品在未来一段时期内的销售量、价格和销售额进行的预计和测算。在实行"以销定产"的条件下，企业的全部经营活动与产品销售是密切相关的。销售预测是制定企业经营决策最重要的依据，现实和科学的销售预测对企业的整个生产经营活动具有如下作用。

1. 销售预测是企业各项经营预测的起点

经营预测包括销售预测、成本预测、利润预测、资金需求量预测等，在"以销定产"的方式下，销售预测是其他预测的起点。例如，企业对销售数量、规格和品种方面的预测决定着企业生产产品的数量、规格和品种，从而影响生产预测、成本预测，再进一步影响企业的利润预测、投资预测及资金需求量预测等各方面。

2. 销售预测是进行经营决策的依据

在企业的生产经营过程中，许多决策都要以销售预测为依据。例如，根据销售预测的产品销售数量、规格和品种，进行产品品种决策、生产规模决策、生产成本决策和投资决策等。企业的投资、采购、生产、销售、售后等环节紧密相连，科学、准确的销售预测是生产经营决策最重要的依据。

3. 销售预测是企业编制各项计划的前提

销售预测决定了企业的销售计划，企业应根据销售计划对整个生产经营活动进行组织和协调。销售计划包含销售数量、结构、品种、规格、生产所需的财力和物力等，这是企业编制其他计划（如生产计划、成本计划、采购计划等）的依据。因此，企业计划的编制一般都从销售计划开始，而销售预测的准确性决定了销售计划的科学性和合理性。

二、销售预测的方法

（一）定量销售预测

定量销售预测是以数值或比例为基本表现形式，对产品在未来一定时期内的销售趋势进行预测的方法。定量销售预测包括算术平均法、移动平均法、指数平滑法等。

1. 算术平均法

算术平均法把历史时期的销售量或销售额作为观察值,求出其简单平均数,并将平均数作为下期销售的预测值。其计算公式如下:

$$预测销售量 = (X_1 + X_2 + X_3 + \cdots + X_n) \div n$$

其中,X_1,X_2,$\cdots$,X_n 分别代表过去各期的销售量;n 表示期数。

2. 移动平均法

移动平均法是一种简单且有效的时间序列分析技术,它通过平滑历史数据中的短期波动来识别长期趋势。本模块将介绍一次移动平均法(SMA)和二次移动平均法(DMA)。

1) 一次移动平均法

一次移动平均法是基于过去 n 个观测值的算术平均数来预测下一个时期数值的方法。这种方法假设最近的数据点比更远的数据点更能反映当前的趋势或水平,并以最后一个 n 期平均数作为未来($t+1$)期预测销售量。因此,一次移动平均法能够较好地去除短期波动,揭示数据的基本趋势。

如果需要预测第 t 期的数据,以过去 n 个数据点来计算平均值,假设 Y 为实际值,一次移动平均法的计算公式为:

$$SMA_t = (X_{t-1} + X_{t-2} + \cdots + X_{t-n}) \div n$$

其中,X_{t-1},X_{t-2},$\cdots$,X_{t-n} 分别代表最近的 n 个实际观测值;n 表示选择的周期长度,即用来计算平均值的历史数据点的数量。

2) 二次移动平均法

当时间序列数据呈现出明显的线性趋势时,仅使用一次移动平均法可能不足以捕捉到这种趋势。此时,可以通过对一次移动平均法得到的结果再进行一次移动平均来进一步平滑数据,这就是二次移动平均法。二次移动平均法不仅考虑了历史数据的平均值,还考虑了数据的变化率,可以更好地预测未来的趋势。

根据计算出的一次移动平均数 SMA_t,再次计算移动平均,记作 DMA_t,计算公式为:

$$DMA_t = (SMA_t + SMA_{t-1} + \cdots + SMA_{t-n+1}) \div n$$

最终,使用下面的公式来预测未来的值:

$$F_{t+1} = 2SMA_t - DMA_t$$

其中,F_{t+1} 是对下一个时期($t+1$)的预测值。

3. 指数平滑法

指数平滑法是加权平均法的一种变化,要计算指数平滑平均数,即通过上期的实际销售量和上期的预测销售量以平滑系数 a 和($1-a$)为权数计算加权平均数作为下一期销售预测值的一种预测方法。

假设 Y 代表预测值,X 代表实际值,计算公式为:

$$Y_t = aX_{t-1} + (1-a)Y_{t-1}$$

其中,Y_t 为 t 期的销售预测值;Y_{t-1} 为 t 期上一期的销售预测值;X_{t-1} 为 t 期上一期的销售实际值；a 为满足 $0<a<1$ 条件的常数，也称指数平滑系数。a 的取值越大，近期实际销售量对预测结果的影响越大，常用于短期预测；a 的取值越小，则近期实际销售量对预测结果的影响也越小，常用于长期预测。

（二）定性销售预测

定性销售预测是主要依靠预测人员丰富的实践经验和知识以及主观的分析判断能力，在考虑政治经济形势、市场变化、经济政策、消费倾向等各项因素对经营影响的前提下，对事物的性质和发展趋势进行预测和推测的分析方法。当预测者对预测对象的历史和现实数据资料掌握不充分，或影响因素复杂，难以用定量方法加以描述时，可以采用定性销售预测。定性销售预测包括个人判断法和调查分析法。

1. 个人判断法

个人判断法是指销售人员根据经验或直觉进行判断和预估，由销售经理加以综合，得出企业总体的销售预测的一种方法。

2. 调查分析法

调查分析法是指通过调查有代表性顾客的消费意向，了解市场需求的变化趋势，进行销售预测的一种方法。通过对顾客的消费意向进行调查分析，特别是顾客对企业产品的需求量、客户的财务状况、产品的选择标准等，可以为企业的销售预测提供最有价值的信息。

现将销售预测方法归纳总结，如图 2-1 所示。

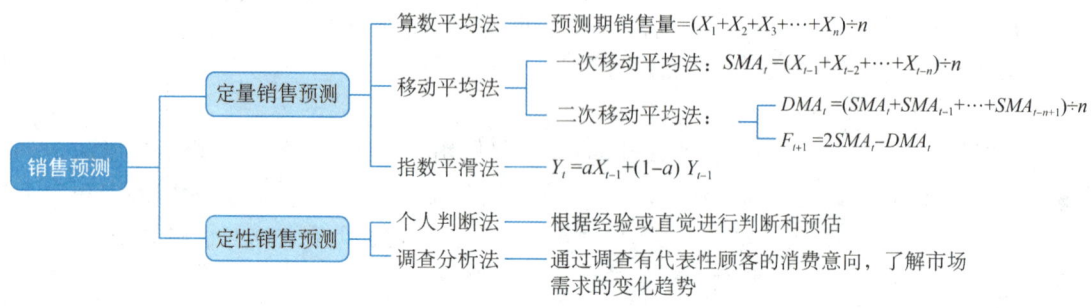

图 2-1　销售预测方法思维导图

工作流程

1. 采用算术平均法进行销售预测

根据渝之兴集团历年销售数据（表 2-1），用算术平均法预测渝之兴集团 2025 年闪亮系列手机销售量，计算如下。请同学们用算术平均法计算 2025 年智星系列的销售量。

渝之兴集团 2025 年闪亮系列手机的预测销售量 ＝ 过去各期销售量之和 ÷ 期数 ＝（6 500 ＋ 6 300 ＋ 6 400 ＋ 6 750 ＋ 6 600 ＋ 6 550）÷ 6 ≈ 6 517（部）

渝之兴集团 2025 年智星系列手机的预测销售量 ＝ 过去各期销售量之和 ÷ 期数 ＝（　　　　　　　　　　）÷（　　　）≈（　　　）（部）

算术平均法在应用中默认每个观察值权重相同，因此无法反映数据的增减趋势变化。如果产品的销售额或销售量在选定的历史时期中呈现某种上升或下降的趋势，则不宜采用算术平均法进行预测销售。渝之兴集团智星系列手机的销售量从 2019—2024 年都呈现上升趋势,因此不宜采用算术平均法进行销售预测。

2. 采用移动平均法进行销售预测

根据渝之兴集团历年销售数据(表 2-1),假设 $n=3$,X 表示实际销售量。采用一次移动平均法预测渝之兴集团 2025 年闪亮系列手机销售量,计算如下:

2025 年闪亮系列手机(一次平均)$SMA_{2025} = (X_{2022} + X_{2023} + X_{2024}) \div 3 = (6\,750 + 6\,600 + 6\,550) \div 3 \approx 6\,633$(部)

假设 $n=3$,采用二次移动平均法预测渝之兴集团 2025 年闪亮系列手机销售量:

2023 年闪亮系列手机(一次平均)$SMA_{2023} = (X_{2020} + X_{2021} + X_{2022}) \div 3 = (6\,300 + 6\,400 + 6\,750) \div 3 \approx 6\,483$(部)

2024 年闪亮系列手机(一次平均)$SMA_{2024} = (X_{2021} + X_{2022} + X_{2023}) \div 3 = (6\,400 + 6\,750 + 6\,600) \div 3 \approx 6\,583$(部)

2025 年闪亮系列手机(二次平均)$DMA_{2025} = (SMA_{2023} + SMA_{2024} + SMA_{2025}) \div 3 = (6\,483 + 6\,583 + 6\,633) \div 3 \approx 6\,566$(部)

2025 年闪亮系列手机销售量预测值 $= 2SMA_{2025} - DMA_{2025} = 2 \times 6\,633 - 6\,566 = 6\,700$(部)

请同学们采用一次移动平均法计算 2025 年智星系列的销售量:

2025 年智星系列手机(一次平均)$SMA_{2025} = ($ $) \div 3 = ($ $)$(部)

请同学们采用二次移动平均法计算 2025 年智星系列的销售量:

2023 年智星系列手机(一次平均)$SMA_{2023} = ($ $) \div 3 = ($ $)$(部)

2024 年智星系列手机(一次平均)$SMA_{2024} = ($ $) \div 3 = ($ $)$(部)

2025 年智星系列手机(二次平均)$DMA_{2025} = ($ $) \div 3 = ($ $)$(部)

2025 年智星系列手机销售量预测值 $= 2SMA_{2025} - DMA_{2025} = ($ $)$(部)

3. 采用指数平滑法进行销售预测

假设 a 为 0.7,渝之兴集团 2019 年闪亮系列手机销售量的预测值为 6\,550 部,2019 年智星系列手机销售量的预测值为 4\,600 部。根据表 2-1 预测渝之兴集团 2025 年闪亮系列、智星系列手机的销售量,结果如表 2-2 和表 2-3 所示。

表 2-2   渝之兴集团闪亮系列手机 2025 年的销售量预测值   单位:部

年份	aX_{t-1} ①	$(1-a)Y_{t-1}$ ②	Y_t ③=①+②
2019 年	—	—	6 550
2020 年	0.7×6 500	(1−0.7)×6 550	6 515
2021 年	0.7×6 300	(1−0.7)×6 515	6 365
2022 年	0.7×6 400	(1−0.7)×6 365	6 390
2023 年	0.7×6 750	(1−0.7)×6 390	6 642
2024 年	0.7×6 600	(1−0.7)×6 642	6 613
2025 年	0.7×6 550	(1−0.7)×6 613	6 569

表 2-3　　　　　　渝之兴集团智星系列手机 2025 年的销售量预测值　　　　　单位：部

年份	aX_{t-1} ①	$(1-a)Y_{t-1}$ ②	Y_t ③＝①＋②
2019 年	—	—	4 600
2020 年	0.7×4 500	(1－0.7)×4 600	4 530
2021 年	0.7×4 700	(1－0.7)×4 530	4 649
2022 年	0.7×4 950	(1－0.7)×4 649	4 860
2023 年	0.7×5 200	(1－0.7)×4 860	5 098
2024 年	0.7×5 150	(1－0.7)×5 098	5 134
2025 年	0.7×5 350	(1－0.7)×5 134	5 285

与移动平均法相比，指数平滑法有以下两个优点：一是 a 的值可以任意设定，灵活方便；二是在不同程度上考虑了以往所有各期的观察值，比较全面。

4. 采用个人判断法进行销售预测

渝之兴集团甲、乙、丙三名销售人员和一名销售经理根据历年销售数据对 2025 年智星系列手机销售量进行预测，每个预测者预计其销售量、概率及各自权重如表 2-4 所示。请同学们先按照个人判断法计算乙销售员、丙销售员、销售经理的期望值，再根据甲销售员、乙销售员、丙销售员、销售经理的权重，计算渝之兴集团 2025 年智星系列手机的综合预测销售量。

表 2-4　　　　　　2025 年智星系列手机销售量预测表（个人判断法）　　　　　单位：部

人员	最高		正常		最低		权重
	销量	概率	销量	概率	销量	概率	
甲销售员	6 200	0.2	5 800	0.6	4 800	0.2	1
乙销售员	6 500	0.2	6 200	0.5	5 200	0.3	1
丙销售员	5 400	0.2	5 100	0.5	4 500	0.3	1
销售经理	5 900	0.3	5 500	0.5	4 700	0.2	2

请同学们根据概率计算 2025 年智星系列手机每位预测者的销量期望值：

甲销售员预测的销量期望值＝6 200×0.2＋5 800×0.6＋4 800×0.2＝5 680(部)

乙销售员预测的销量期望值＝(　　)×(　　)＋(　　)×(　　)＋(　　)×(　　)＝(　　)(部)

丙销售员预测的销量期望值＝(　　)×(　　)＋(　　)×(　　)＋(　　)×(　　)＝(　　)(部)

销售经理预测的销量期望值＝(　　)×(　　)＋(　　)×(　　)＋(　　)×(　　)＝(　　)(部)

2025 年智星系列手机综合的预测销售量＝(　　)×(　　)＋(　　)×(　　)＋(　　)×(　　)＋(　　)×(　　)＝(　　)(部)

由于渝之兴集团销售人员更加了解和熟悉手机市场，用这种方法得出的预测数据比较接近实际。同时，这种预测方法也有利于制定恰当的销售目标，发挥各销售人员的积极性，激励他们完成各自的销售任务。但由于各种因素的影响，销售人员的预测也会出现偏差，往往需要对销售人员的预测进行修正。

5. 采用调查分析法进行销售预测

渝之兴集团生产的手机属于快消品,可以通过对产品、消费者、行业、经济趋势进行调研,从而对销售量进行预测。

1)对产品的调查

每一种工业产品都有其产生、发展与衰亡的过程,称为产品的生命周期。根据产品生命周期理论,产品的生命周期大致可以分为四个阶段:投入期、成长期、成熟期和衰退期。产品生命周期的不同阶段,产品的销售量和销售价格是不同的,如图2-2所示。

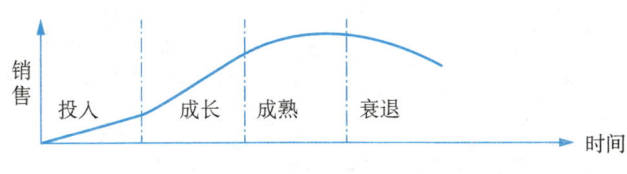

图2-2 产品的生命周期与销售量

一般来说,手机行业在投入期和成长期,其产品的销售量是快速增长的,销售价格也比较高。进入成熟期后,产品的销售量趋于稳定,由于手机市场更新迭代快,人们热衷于选择新款手机,产品的价格也会随之下降。进入衰退期后,产品的销售量和销售价格都会有所下降。因此,对于渝之兴集团来说,需要不断开发新产品,如开发闪亮系列第一代、第二代……,才能占领手机市场,不被行业淘汰。

2)对消费者的调查

对消费者的调查主要是了解消费者的消费倾向,如不同消费群体的爱好、风俗、习惯、文化水平以及购买力等。消费者的消费意向是销售预测中最有价值的信息。通过调查,可以了解消费者的购买量,消费者的财务状况和经营成果,消费者的爱好、习惯和购买力的变化,消费者购买本公司产品占其总需求量的比重和选择供应商的标准,如此销售预测将更贴合实际。

3)对同行业的调查

对同行业的调查主要是了解竞争对手的产品设计情况、产品功能和质量、生产规模、价格和销售情况、售后服务等,以做到知己知彼,调整自己的经营方针,占领更多的市场份额。

4)对经济趋势的调查

对经济趋势的调查主要是为了了解国际、国内及本地区的经济发展趋势,包括国民收入、各行业经济增长情况、社会购买力、消费动向、生产规模等,这些因素都会影响市场的需求。

 **实践操作**

进入财经大数据应用服务平台,在管理会计实验课程页面选择"销售预测"任务,如图2-3所示。按操作步骤完成任务。

图2-3 选择销售预测任务

1. 阅读案例

点击"案例资料"阅读长城实业有限责任公司2007—2018年电脑显示屏底座、电视底座、电视壁挂件的销售统计表,获取销售量和销售额数据,如图 2-4 所示。

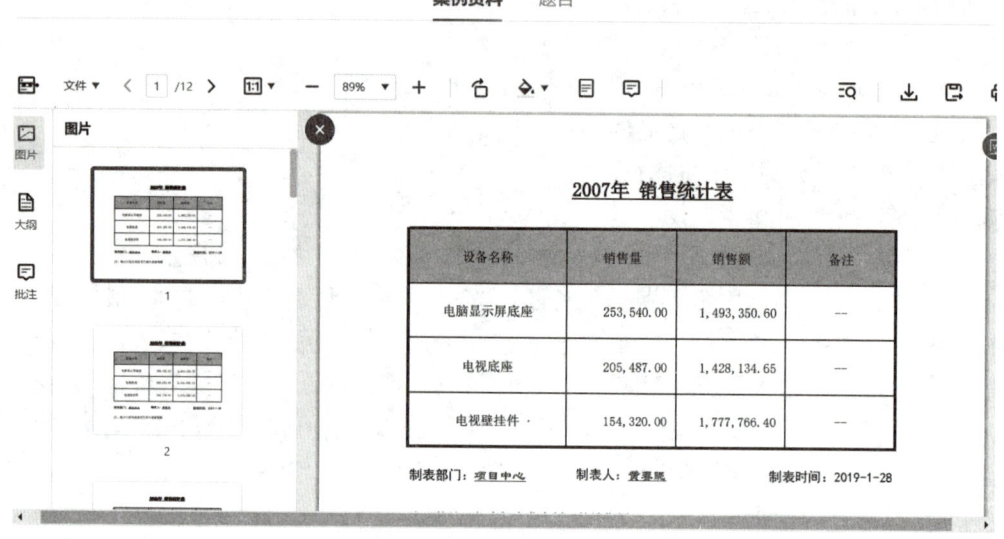

图 2-4　阅读案例

2. 获取基础财务数据

点击"工具",根据案例资料填写 2007—2018 年电脑显示屏底座、电视底座、电视壁挂件的销售量数据,如图 2-5 所示。

年份	电脑显示屏底座销售量	电视底座销售量	电视壁挂件销售量
2007年	253,540	205,487	154,320
2008年	358,471	296,854	194,778
2009年	495,410	401,984	251,008
2010年	654,881	584,710	351,448
2011年	794,510	685,411	451,268
2012年	895,410	794,150	541,890
2013年	1,005,102	887,493	600,196
2014年	1,158,410	905,014	679,584
2015年	1,208,590	1,045,810	701,589
2016年	1,299,200	1,177,000	801,000
2017年	1,364,160	1,248,080	841,050
2018年	1,459,651	1,407,765	891,513

图 2-5　获取基础财务数据

3. 采用算术平均法进行销售预测

在 Excel 中运用 SUM 函数预测 2019 年电脑显示屏底座、电视底座、电视壁挂件的销售量。例如,预测 2019 年电脑显示屏底座的销售量时,根据公式"预测期销售量=历年各期销售之和÷期数",在对应单元格中填写公式"=SUM(C7:C18)/12",如图 2-6 所示。

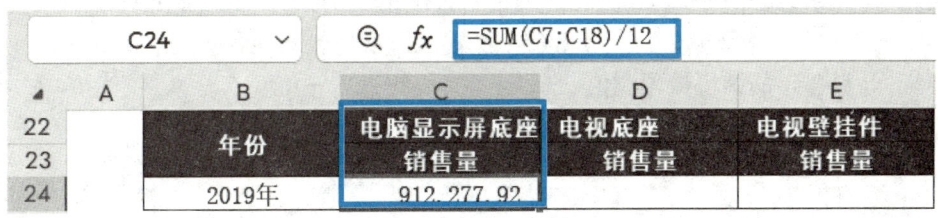

图 2-6　采用算术平均法进行销售预测

4. 采用移动平均法进行销售预测

1) 一次移动平均法

假设 X 代表销售量实际值,SMA 代表一次移动平均销售量预测值,设定一次移动平均数期数为 n,运用一次移动平均值 SUM 函数进行预测。

假设 $n=5$,则根据公式"$SMA_{2019}=(X_{2014}+X_{2015}+X_{2018}+X_{2019}+X_{2018})÷5$",在对应单元格中输入公式"=SUM(C14:C18)/5",如图 2-7 所示。

图 2-7　采用一次移动平均法进行销售预测

2) 二次移动平均法

假设 DMA 代表二次移动平均销售量预测值。设定二次移动平均数期数为 n,假设 $n=4$,则根据一次移动平均值公式"$SMA_{2018}=(X_{2014}+X_{2015}+X_{2018}+X_{2019})÷4$"和二次移动平均值公式"$DMA_{2018}=(SMA_{2014}+SMA_{2015}+SMA_{2018}+SMA_{2019})÷4$",在 G50 单元格中输入公式"=SUM(D47:D50)/4",如图 2-8 所示。

图 2-8　采用二次移动平均法进行销售预测

5. 指数平滑法进行销售预测

可根据标准差判断各期波动幅度的大小,来确定平滑指数的选定,设定平滑指数为 a,根据公式"$Y_t=aX_{t-1}+(1-a)Y_{t-1}$",填列销售预测值。例如,在 C66 单元格中输入公式"=0.2*C7+(1-0.2)*C65",得出 2008 年电脑显示屏底座销售量的预测值,如图 2-9 所示。以此类推,计算各年的销售量预测值。

思政驿站

知识拓展

知识拓展

	A	B	C	D	E
60					
61		a=	0.20	a——平滑常数,其取值范围为[0,1]	
62					
63		年份	电脑显示屏底座销售量	电视底座销售量	电视壁挂件销售量
64					
65		2007年	369,140	301,442	200,035
66		2008年	346,020		
67		2009年			
68		2010年			
69		2011年			
70		2012年			
71		2013年			
72		2014年			
73		2015年			
74		2016年			
75		2017年			
76		2018年			
77		2019年			

图 2-9　指数平滑法进行销售预测

任务二　成本预测

任务目标

一、知识目标
1. 理解成本预测的作用。
2. 熟知成本预测的方法。

二、技能目标
1. 能够运用成本预测分析方法进行销售预测。
2. 能够运用 Excel 函数按照回归分析法进行成本预测。

三、思政目标
1. 掌握成本预测管理技能,培养预测思维,具备职业精神。
2. 培养严谨细致、独立思考的能力。

案例背景

渝之兴集团2019—2024年闪亮系列、智星系列手机历史成本统计、经营目标测算、成本项目预测、产销影响因素统计如表2-5至表2-8所示。

表2-5　　　　　　　　　　2019—2024年手机成本统计表

年份	闪亮系列		智星系列	
	生产量（部）	单位生产成本（元）	生产量（部）	单位生产成本（元）
2019年	6 800	3 000	4 800	3 600
2020年	7 000	3 200	5 000	3 700
2021年	6 000	3 400	4 800	3 900
2022年	6 300	3 300	5 000	4 100
2023年	6 600	3 450	5 200	4 300
2024年	6 800	3 500	5 500	4 250

表2-6　　　　　　　　　　2025年经营目标测算

系列	目标利润（元）	预测销售量（部）	预测单价（元）
闪亮系列	9 000 000	6 569	5 000
智星系列	1 000 000	5 508	6 000

表2-7　　　　　　　　　　2025年成本项目预测

系列	产量变化幅度（"+"为增加，"−"为减少）	单位生产成本变化幅度（"+"为增加，"−"为减少）	备注
闪亮系列	−5%	+2%	无其他因素影响
智星系列	+7%	−2%	无其他因素影响

表2-8　　　　　　　　　　2025年产销影响因素统计表

产销影响因素	影响指标	影响幅度	备注
闪亮系列市场上出现同质产品		−8%	—
闪亮系列人工成本增加		+3%	—
智星系列产品功能提升		+5%	—
智能系列主要原材料降价		−2%	—

任务要求

1. 按照倒挤法进行成本预测。
2. 按照基数法进行成本预测。
3. 按照因素变动法进行成本预测。
4. 按照回归分析法进行成本预测。

任务解析

成本预测，是指根据企业未来发展目标和有关资料，对企业未来一定时期内的成本水平及其发展趋势进行的科学预计和推测。通过成本预测，掌握未来的成本水平及其变动趋势，有助于减少决策的盲目性，使经营管理者易于选择最优方案，作出正确决策。随着生产日益社会化和现代化，企业规模不断扩大，生产工艺愈加复杂，生产过程中某一环节或是某一时期内的生产耗费一旦失去控制，都有可能给企业造成无可挽回的经济损失。鉴于此，为了防止成本费用管理出现失控，必须科学地预见生产耗费的趋势和程度，以便在此基础上采取有效措施，从而做好成本管理工作。

成本预测常见的方法有以下几种。

1. 倒挤法

倒挤法又称目标成本法，是指在产品价格、销售量、目标利润既定的基础上，倒算出目标成本的一种方法。其计算公式为：

$$目标成本 = 预计单价 \times 预测销售量 - 目标利润$$

2. 基数法

基数法是一种常见的成本预测方法，它基于已知的基础数据，如历史成本数据或标准成本数据，通过对基数的分析和比较，来推断未来成本的变化情况。

3. 因素变动法

因素变动法基于对成本与其影响因素之间关系的分析，通过调整这些影响因素来预测成本的变化。

4. 回归分析法

成本预测的回归分析法基于成本与其相关因素之间的统计关系进行预测。回归分析法可以帮助确定成本与影响因素之间的线性或非线性关系，并据此进行成本的预测。当企业历史成本资料中的单位产品成本忽高忽低、变动幅度较大时，采用回归分析法较为合适。

现将成本预测方法归纳总结，如图 2-10 所示。

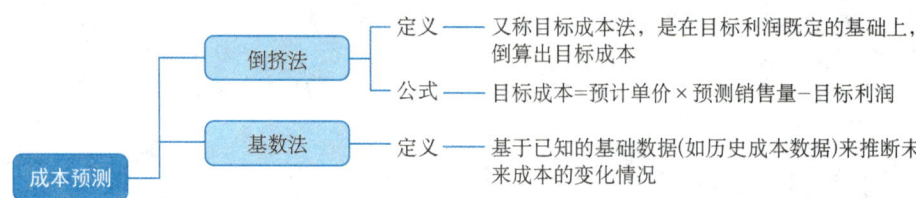

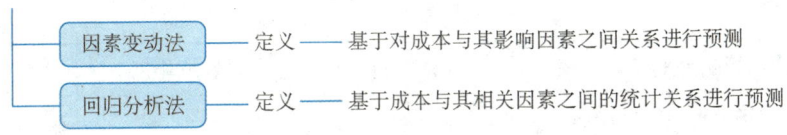

图 2-10　成本预测方法思维导图

工作流程

1. 按照倒挤法进行成本预测

倒挤法以市场为导向,根据客户认可的价值和竞争者的预期反应,估计出在未来某一市场上的目标售价,减去企业的目标利润,从而得到目标成本。

根据案例资料(表 2-6)的相关数据,渝之兴集团选用倒挤法进行成本预测,请根据目标成本公式,补充填写表 2-9。

表 2-9　2025 年目标成本测算

系列	目标利润(元)①	预测销售量(部)②	预测单价(元)③	目标成本(元)④=②×③-①
闪亮系列	9 000 000	6 569	5 000	
智星系列	1 000 000	5 508	6 000	

倒挤法可将目标成本与目标利润衔接起来,但它无法直接确定目标固定成本和目标单位变动成本。

2. 按照基数法进行成本预测

根据案例资料(表 2-5、表 2-7)的相关数据,渝之兴集团选用基数法进行成本预测,请根据"产量变化幅度"和"单位生产成本变化幅度"填列"2025 年(预测值)",补充填写表 2-10,并写出计算步骤。

表 2-10　基数法成本预测

年份	闪亮系列		智星系列	
	生产量(部)	单位生产成本(元)	生产量(部)	单位生产成本(元)
2024 年	6 800	3 500	5 500	4 250
2025 年(预测值)				

2025 年闪亮系列手机预测生产量＝
2025 年闪亮系列手机预测单位生产成本＝
2025 年智星系列手机预测生产量＝
2025 年智星系列手机预测单位生产成本＝

3. 按照因素变动法进行成本预测

(1)根据案例资料(表 2-8),将影响指标填列在 2025 年产销影响因素统计表中,如表 2-11 所示。

表 2-11　　　　　　　　　2025 年产销影响因素统计表

产销影响因素	影响指标	影响幅度	备注
闪亮系列市场上出现同质产品		-8%	—
闪亮系列人工成本增高		+3%	—
智星系列提升产品功能		+5%	—
智能系列主要原材料降价		-2%	—

（2）假定产量与销量相等，根据 2024 年生产量和单位生产成本，同时结合影响指标的影响幅度，计算 2025 年预测生产量和单位生产成本，补充填写表 2-12，并写出计算步骤。

表 2-12　　　　　　　　　因素变动法成本预测

年份	闪亮系列		智星系列	
	生产量（部）	单位生产成本（元）	生产量（部）	单位生产成本（元）
2024 年	6 800	3 500	5 500	4 300
2025 年（预测值）				

2025 年闪亮系列预测生产量＝
2025 年闪亮系列预测单位生产成本＝
2025 年智星系列预测生产量＝
2025 年智星系列预测单位生产成本＝

4. 按照回归分析法进行成本预测

根据近年手机成本统计表（表 2-13）的相关数据，按照回归分析法进行成本预测。

表 2-13　　　　　　　　　近年手机成本统计表

年份	闪亮系列		智星系列	
	生产量（部）	总成本（元）	生产量（部）	总成本（元）
2019 年	6 800	20 400 000	4 800	17 280 000
2020 年	7 000	22 400 000	5 000	18 500 000
2021 年	6 000	20 400 000	4 800	18 720 000
2022 年	6 300	20 790 000	5 000	20 500 000
2023 年	6 600	22 770 000	5 200	22 360 000
2024 年	6 800	23 800 000	5 500	23 375 000
2025 年				

回归分析法可以借助 Excel，使用函数 FORECAST(x, known_ y's, known_ x's)进行成本预测，其中：

x 为需要进行预测的数据点的 X 坐标(自变量值)。

known_y's 是从满足线性拟合直线 $y=kx+b$ 的点集合中选出的一组已知的 y 值。

known_x's 是从满足线性拟合直线 $y=kx+b$ 的点集合中选出的一组已知的 x 值。

如图 2-11 所示,以年份为 x 值,分别以闪亮系列手机生产量、闪亮系列手机总成本、智星系列手机生产量、智星系列手机总成本为 y 值,进行成本预测,即:

在 B9 中输入"=FORECAST($A$9,B3:B8,$A$3:$A$8)",得出 2025 年生产量预测值 6 493 台。

在 C9 中输入"=FORECAST($A$9,C3:C8,$A$3:$A$8)"。

在 D9 中输入"=FORECAST($A$9,D3:D8,$A$3:$A$8)"。

在 E9 中输入"=FORECAST($A$9,E3:E8,$A$3:$A$8)"。

	A	B	C	D	E
1		闪亮系列		智星系列	
2	年份(x)	生产量（y1）	总成本（y2）	生产量（y3）	总成本（y4）
3	2019年	6800	20400000	4800	17280000
4	2020年	7000	22400000	5000	18500000
5	2021年	6000	20400000	4800	18720000
6	2022年	6300	20790000	5000	20500000
7	2023年	6600	22770000	5200	22360000
8	2024年	6800	23800000	5500	23375000
9	2025年	6493			

图 2-11 用 Excel 计算 2025 年手机成本

实践操作

进入财经大数据应用服务平台,在管理会计实验课程页面选择"成本预测"任务。按操作步骤完成任务。

1. 阅读案例

点击"案例资料"阅读长城实业有限责任公司 2007—2018 年电脑显示屏底座、电视底座、电视壁挂件的成本统计表,以及 2019 年经营目标测算表、成本项目预测表、产销影响因素统计表,熟知相关指标,如图 2-12 至图 2-15 所示。

2. 获取原始成本数据

点击"工具",根据案例背景资料填写电脑显示屏底座、电视底座、电视壁挂件 2007—2018 年的生产量和生产成本数据,如图 2-16 所示。

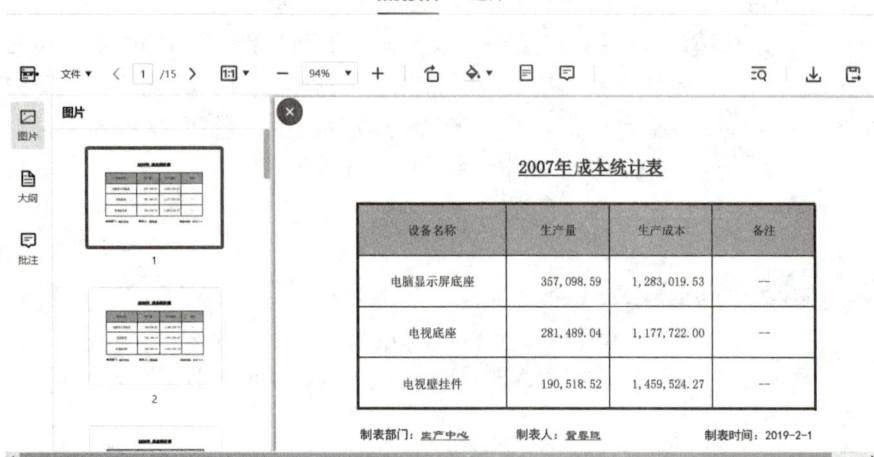

图 2-12 历史成本统计表

2019年经营目标测算

设备名称	目标毛利额	目标销量	目标单价
电脑显示屏底座	6,080,484.48	1,564,152.00	8.28
电视底座	7,768,770.06	1,531,124.00	10.12
电视壁挂件	7,230,717.95	912,451.00	16.57

制表部门：财务中心　　制表人：廖晓晓　　制表时间：2019-2-1

图 2-13 经营目标测算表

2019年成本项目预测

设备名称	产量变化幅度（"+"为增加，"-"为减少）	单位生产成本变化幅度（"+"为增加，"-"为减少）	备注
电脑显示屏底座	+6%	-3%	预计新投产一台生产设备
电视底座	-2%	+2%	无新设备投产
电视壁挂件	+12%	-5%	预计新投产两台生产设备

制表部门：生产中心　　制表人：黄蓉晓　　制表时间：2019-2-1

图 2-14 成本项目预测表

2019年产销影响因素统计表

产销影响因素	影响指标	影响幅度	备注
新工艺提高产品质量	产量	8.0%	—
主要生产材料降价	单位成本	-5.0%	—
人工成本提高	单位成本	2.0%	—

制表部门：生产中心　　制表人：费春晓　　制表时间：2019-2-1

图 2-15　产销影响因素统计表

年份	电脑显示屏底座		电视底座		电视壁挂件	
	产量	生产成本	产量	生产成本	产量	生产成本
2007年	357,098.59	1,283,019.53	281,489.04	1,177,722.00	190,518.52	1,459,524.27
2008年	356,019.61	1,386,126.76	342,102.18	1,601,394.01	190,287.53	1,605,920.18
2009年	420,377.01	1,557,580.88	375,026.32	1,595,980.75	263,595.48	2,213,611.60
2010年	693,575.24	2,470,861.79	593,601.57	2,444,475.03	374,094.95	2,970,182.94
2011年	859,080.39	3,069,253.68	666,940.60	2,910,855.59	445,862.07	3,695,425.21
2012年	865,561.16	3,081,432.36	920,539.45	4,270,345.67	554,247.55	5,050,857.88
2013年	1,069,233.26	3,844,107.40	972,220.84	4,516,675.50	624,008.23	5,640,410.43
2014年	1,266,514.55	5,056,939.28	756,510.76	3,929,741.06	701,804.26	6,380,916.64
2015年	1,150,144.79	4,644,629.69	1,128,050.19	5,766,287.99	677,333.64	5,816,196.23
2016年	1,278,581.41	5,344,470.30	1,239,736.95	6,347,453.19	826,338.77	7,147,830.38
2017年	1,380,000.00	5,727,000.00	1,250,000.00	6,450,000.00	845,000.00	7,359,950.00
2018年	1,480,000.00	6,674,800.00	1,440,000.00	7,790,400.00	900,000.00	7,965,000.00

图 2-16　获取原始成本数据

3. 运用倒挤法进行成本预测

根据案例资料中 2019 年经营目标测算表中的数据，填列"目标毛利额""目标销量及销售额"数据。按照公式"成本＝预计单价×预测销售量－（利润）÷毛利"，计算填列"倒挤成本"，如图 2-17 所示。

项目	电脑显示屏底座		电视底座		电视壁挂件	
	数量	金额	数量	金额	数量	金额
目标毛利额						
目标销量及销售额						
倒挤成本		预计单价×预测销售量-利润/毛利				

图 2-17　运用倒挤法进行成本预测

4. 运用基数法进行成本预测

假设产量与销量相等，以案例资料 2018 年成本统计表中的数据填列电脑显示屏底座、电视底座、电视壁挂件的销量和销售成本，作为基期数据；再根据 2019 年成本项目预测表中"产量变化幅度"和"单位生产成本变化幅度"数据填列"目标销量较基期增减幅度"和"目标单位成本较基期增加幅度";最后根据 2018 年基期数据与增减幅度计算填列 2019 年预测的"销量"和"销售成本",如图 2-18 所示。

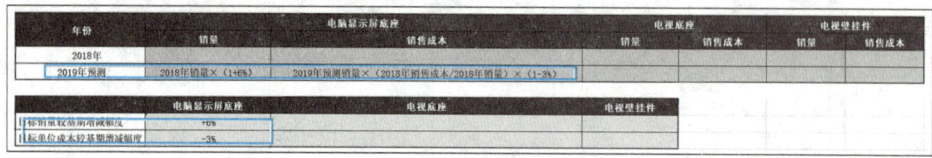

图 2-18 运用基数法进行成本预测

5. 运用因素变动法进行成本预测

根据案例资料 2019 年产销影响因素统计表,将影响指标和影响幅度填列在工作表中;再根据 2018 年销量和销售成本,同时结合影响指标的影响幅度,计算 2019 年预测的"销量"和"销售成本",如图 2-19 所示。

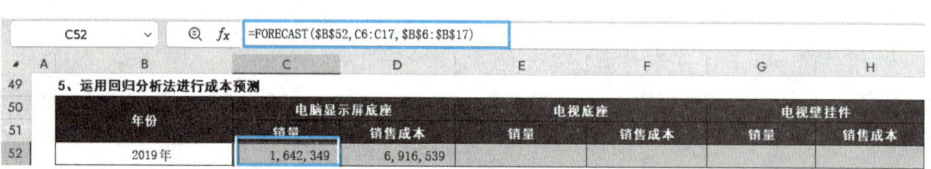

图 2-19 运用因素变动法进行成本预测

6. 运用回归分析法进行成本预测

使用函数 FORECAST(x, known_y's, known_x's)进行成本预测。

以年份为 x 值,根据 FORECAST 函数,在 C52(2019 年电脑显示屏底座销量)单元格中输入公式"=FORECAST($B$52,C6:C17,$B$6:$B$17)",在 D52(2019 年电脑显示屏底座销量成本)单元格中输入公式"=FORECAST($B$52,D6:D17,$B$6:$B$17)",其他同理,如图 2-20 所示。

图 2-20 运用回归分析法进行成本预测

任务三 利润预测

任务目标

一、知识目标

1. 理解利润预测的程序。

思政驿站

知识拓展

2. 熟知利润预测的方法。
3. 熟知利润预测的公式。

二、技能目标

能够运用不同的利润预测方法进行利润预测。

三、思政目标

1. 掌握利润预测管理技能,培养预测思维,具备职业精神。
2. 培养严谨细致、独立思考的能力。

案例背景

渝之兴集团为实现目标利润而有效地进行生产经营活动,在前期销售预测、成本预测的基础上,进行利润预测,分析整理 2024 年销售统计表、成本统计表、销售预测表等相关资料,如表 2-14 至表 2-16 所示。

表 2-14　　　　　　　　　　2024 年销售统计表

系列	销售量(部)	销售单价(元)
闪亮系列	6 550	5 000
智星系列	5 350	6 000

表 2-15　　　　　　　　　　2024 年成本统计表　　　　　　　　　　单位:元

系列	单位变动成本	单位销售税金	固定成本总额
闪亮系列	3 000	80	3 400 000
智星系列	3 550	100	3 850 000

表 2-16　　　　　　　　　　2024 年销售预测表　　　　　　　　　　单位:部

系列	2024 年销售量	2025 年预测销售量
闪亮系列	6 550	6 569
智星系列	5 350	5 508

任务要求

1. 运用直接预测法进行利润预测。
2. 运用比率预测法进行利润预测。
3. 运用经营杠杆预测法进行利润预测。

任务解析

一、认知利润预测

　　利润预测是指按照企业经营目标的要求,通过对影响利润变化的成本、产销量等因素的综合分析,对未来一定时间内可能达到的利润水平和变化趋势所进行的科学预计和推测。利润预测是在销售预测和成本预测的基础上进行的,它既是公司生产经营的一项重要目标,又是确定公司计划期销售收入和目标成本的主要依据。正确的目标利润预测,可促使公司为实现目标利润而有效地进行生产经营活动,并根据目标利润对公司经营效果进行考核。

　　对企业利润的预测,可根据利润总额的构成方式分项进行,计算公式为:

$$利润总额 = 营业利润 + 投资净收益 + 营业外收支净额$$

二、利润预测的方法

1. 直接预测法

　　直接预测法,是指根据利润的构成及相关数据,直接推算出预测期的利润数额的方法。其计算公式为:

$$预测产品销售利润 = 预计产品销售收入 - 预计产品销售成本 - 预计产品销售税金$$
$$= 预计产品销售数量 \times (预计产品销售单价 - 预计单位产品成本$$
$$- 预计单位产品销售税金)$$
$$利润总额 = 营业利润 + 投资净收益 + 营业外收支净额$$

2. 比率预测法

　　比率预测法是根据利润与有关指标之间的内在关系,对计划期间的利润进行预测的一种方法。常用的相关比率主要有销售利润率、资金利润率和产值利润率等。其中,销售利润率预测的计算公式如下:

$$销售利润率 = 营业利润 \div 销售收入 \times 100\%$$
$$目标利润 = 预计销售收入 \times 销售利润率$$

3. 经营杠杆预测法

　　根据成本性态分析原理可知,在一定范围内,产销量的增加一般不会影响固定成本总额,但会降低单位产品的固定成本,从而提高单位产品的利润,使利润增长率大于产销量增长率。相反,产销量的减少则会提高单位产品的固定成本,从而降低单位产品的利润,使利润下降率大于产销量下降率。只有当企业不存在固定成本时,即所有成本都是变动的,边际贡献总额正好等于利润,此时的利润变动率就等于产销量变动率。但一般企业都存在固定成本,所以这种利润与产销量同步增减的现象是不可能发生的。

　　在实务中,由于企业存在固定成本而出现的产销量较小幅度变动引起利润较大幅度变动(利润变动率大于产销量变动率)的现象就称为经营杠杆。经营杠杆能反映企业经营的风险,有利于管理部门进行科学的预测分析和决策分析。

经营杠杆系数(degree of operating leverage,DOL)是指在一定业务量基础上,利润变动率相当于产销变动率的倍数,其计算公式如下:

经营杠杆系数＝利润变动率÷产销变动率＝营业利润增长率÷销量增长率

为了便于实际工作的计算和预测分析,在实践中可以按以下简化公式计算:

经营杠杆系数＝基期边际贡献÷基期营业利润

现将利润预测方法归纳总结,如图 2-21 所示。

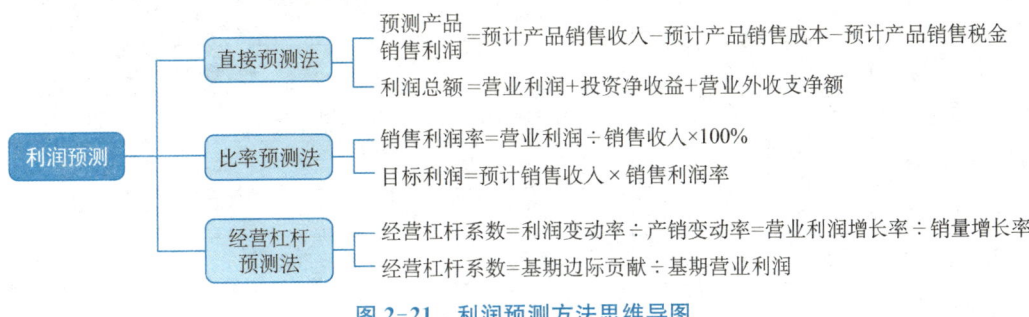

图 2-21　利润预测方法思维导图

 **工作流程**

1. 运用直接预测法进行利润预测

假设渝之兴集团 2025 年产品销售单价、成本水平、单位销售税金与 2024 年相同。假设 2025 年渝之兴集团只生产销售闪亮系列和智星系列,根据相关数据资料(表 2-14 至表 2-16),编制 2025 年利润预测表,并写出计算步骤,如表 2-17 所示。

表 2-17　　　　　　　　2025 年利润预测——直接预测法　　　　　金额单位:元

项目	闪亮系列	智星系列	合计
2025 年销售单价	5 000	6 000	11 000
2025 年销售量预测(部)	6 569	5 508	12 077
2025 年销售收入预测	32 845 000		
2025 年单位变动成本预测	3 000	3 550	6 550
2025 年单位销售税金	80	100	180
2025 年固定成本总额预测	3 400 000	3 850 000	7 250 000
2025 年营业利润预测	9 212 480		

2025 年闪亮系列销售收入预测＝5 000×6 569＝32 845 000(元)
2025 年智能系列销售收入预测＝(　　)×(　　)＝(　　)(元)
2025 年闪亮系列营业利润预测＝(5 000－3 000－80)×6 569－3 400 000＝9 212 480(元)

2025年智能系列营业利润预测＝（　　　）×（　　　）＝（　　　）（元）
2025年利润总额＝（　　　）×（　　　）＝（　　　）（元）

2. 运用比率预测法进行利润预测

假设渝之兴集团2025年产品销售单价、成本水平以及销售利润率与2024年相同。

假设2025年渝之兴集团只生产销售闪亮系列、智星系列，根据相关数据资料（表2-14至表2-16），编制2025年利润预测表，并写出计算步骤，如表2-18所示。

表2-18　　　　　2025年利润预测——比率预测法（销售利润率）　　　金额单位：元

项目	闪亮系列	智星系列	合计
2024年销售单价	5 000	6 000	11 000
2024年销售量（部）	6 550	5 350	11 900
2024年销售收入	32 750 000	32 100 000	
2024年营业利润	9 176 000		
2025年销售单价	5 000	6 000	11 000
2025年销售量预测（部）	6 569	5 508	12 077
2025年销售收入预测	32 845 000		
2025年营业利润预测	9 203 169		

2024年闪亮系列营业利润＝（5 000－3 000－80）×6 550－3 400 000＝9 176 000（元）

2024年智星系列营业利润＝（　　　）×（　　　）－（　　　）＝（　　　）（元）

2024年闪亮系列销售利润率＝$\dfrac{营业利润}{销售收入}$×100%≈9 176 000÷32 750 000×100%≈28.02%

2024年智星系列销售利润率＝$\dfrac{营业利润}{销售收入}$×100%＝（　　　）÷（　　　）×100%＝（　　　）

2025年闪亮系列营业利润预测值＝32 845 000×28.02%≈9 203 169（元）

2025年智星系列营业利润预测值＝（　　　）×（　　　）＝（　　　）（元）

3. 运用经营杠杆预测法进行利润预测

假设渝之兴集团2025年销售单价、成本水平以及销售利润率与2024年相同。假设2025年渝之兴集团只生产销售闪亮系列、智星系列，根据相关数据资料（表2-14至表2-16），编制2025年利润预测表，并写出计算步骤，如表2-19所示。

表2-19　　　　　2025年利润预测——经营杠杆预测法　　　金额单位：元

项目	闪亮系列	智星系列	合计
2024年销售单价	5 000	6 000	11 000
2024年销售量（部）	6 550	5 350	11 900
2024年边际贡献	12 576 000	12 572 500	25 148 500
2024年营业利润	9 176 000	8 722 500	17 898 500
2025年销售量预测（部）	6 569	5 508	12 077

(续表)

项目	闪亮系列	智星系列	合计
2025年销售量预测增长率	0.29%	2.95%	3.24%
2025年营业利润预测		9 212 704	

闪亮系列经营杠杆系数 $=\dfrac{2024年边际贡献}{2024年营业利润}=(5\,000-3\,000-80)\times 6\,550\div 9\,176\,000$

≈ 1.37

智星系列经营杠杆系数 $=\dfrac{2024年边际贡献}{2024年营业利润}=(\quad)\times(\quad)\div(\quad)=(\quad)$

2025年闪亮系列营业利润增长率＝闪亮系列销售量预测增长率×闪亮系列经营杠杆系数
$=0.29\%\times 1.37\approx 0.40\%$

2025年智星系列营业利润增长率＝智星系列销售量预测增长率×智星系列经营杠杆系数
$=(\quad)\times(\quad)=(\quad)$

2025年闪亮系列营业利润预测＝$9\,176\,000\times(1+0.40\%)=9\,212\,704$(元)

2025年智星系列营业利润预测＝$(\quad)\times(\quad)=(\quad)$(元)

实践操作

进入财经大数据应用服务平台，在管理会计实验课程页面选择"利润预测"任务，如图2-22所示，按操作步骤完成任务。

图2-22 选择利润预测任务

1. 阅读案例

点击"案例资料"阅读长城实业有限责任公司2018年的销售统计表、成本统计表以及

2019年销售预测表,熟知相关指标,如图2-23至图2-25所示。

2018年销售统计表

设备名称	销售量	销售额	备注
电脑显示屏底座	1,459,651.00	8,153,610.49	—
电视底座	1,407,765.00	9,330,666.42	—
电视壁挂件	891,513.00	9,762,958.86	—

制表部门:财务中心　　制表人:刘慧阻　　制表时间:2019-2-1

图 2-23　阅读销售统计表

2018年成本统计表

设备名称	变动成本总额	固定成本总额	备注
电脑显示屏底座	6,406,408.24	878,647.45	—
电视底座	7,109,917.13	1,279,782.12	—
电视壁挂件	7,704,009.59	1,130,195.36	—

制表部门:财务中心　　制表人:刘慧阻　　制表时间:2019-2-1

图 2-24　阅读成本统计表

2019年销售预测表

设备名称	2018年销售量	2019年预测销售量	备注
电脑显示屏底座	1,459,651.00	1,564,152.00	—
电视底座	1,407,765.00	1,531,124.00	—
电视壁挂件	891,513.00	912,451.00	—

制表部门:财务中心　　制表人:刘慧阻　　制表时间:2019-2-1

图 2-25　阅读销售预测表

2. 获取原始成本数据

点击"工具",根据案例背景资料填写电脑显示屏底座、电视底座、电视壁挂件的 2018 年销售量、2018 年销售额、2018 年变动成本总额、2018 年固定成本总额以及 2019 年销售量预测。同时,按照公式"边际贡献＝销售额－变动成本",计算填列"2018 年边际贡献总额";按照公式"营业利润＝边际贡献－固定成本",计算填列"2018 年营业利润总额";填列合计数,如图 2-26 所示。

项目	电脑显示屏底座	电视底座	电视壁挂件	合计
2018年销售量	1,459,651.00	1,407,765.00	891,513.00	
2018年销售额	8,153,610.49	9,330,666.42	9,762,958.86	
2018年变动成本总额	6,406,408.24	7,109,917.13	7,704,009.59	
2018年边际贡献总额	销售额-变动成本总额			
2018年固定成本总额	898,834.90	1,409,584.80	1,352,620.57	
2018年营业利润总额	边际贡献总额-固定成本总额			
2019年销售量预测	1,564,152.00	1,531,124.00	912,451.00	

图 2-26　填列原始成本数据

3. 运用直接预测法进行利润预测

预计售价与 2018 年相同,根据案例背景资料计算 2018 年销售单价,并填列"2019 年单价预测";按照公式"销售额＝单价×销售量",计算填列"2019 年销售额预测";预计成本水平保持 2018 年不变,计算 2018 年单位变动成本,并填列"2019 年单位变动成本预测"和"2019 年固定成本总额预测";按照公式"边际贡献＝(单价－单位变动成本)×销售量",计算填列"2019 年边际贡献总额预测";按照公式"营业利润＝边际贡献－固定成本",计算填列"2019 年营业利润总额预测";填列合计数,如图 2-27 所示。

项目	电脑显示屏底座	电视底座	电视壁挂件	合计
2019年单价预测	2018年销售额/2018年销售量			
2019年销售额预测	单价×销售量			
2019年单位变动成本预测	2018年变动成本总额/2018年销售量			
2019年边际贡献总额预测	(单价-单位变动成本)×销售量			
2019年固定成本总额预测				
2019年营业利润总额预测	边际贡献-固定成本			

图 2-27　运用直接预测法进行利润预测

4. 运用比率预测法(销售利润率)进行利润预测

假设售价与 2018 年相同,根据案例背景资料计算 2018 年单价,并填列"2019 年单价预测";按照公式"销售额＝单价×销售量",计算填列"2019 年销售额预测";按照公式"销售利润率＝营业利润÷销售额",计算填列"2018 年销售利润率";按照公式"营业利润＝销售额×销售利润率",计算填列"2019 年营业利润总额预测";填列合计数,如图 2-28 所示。

项目	电脑显示屏底座	电视底座	电视壁挂件	合计
2019年单价预测				
2019年销售额预测	单价×2019年预测销量			
2018年销售利润率	2018年营业利润/2018年销售额			
2019年营业利润总额预测	2019年预测销售额×销售利润率			

注：假设售价保持2018年不变；

图 2-28　运用比率预测法（销售利润率）进行利润预测

5. 运用经营杠杆预测法进行利润预测

根据2018年和2019年的预测销售量，计算填列"2019年销售量预测增长率"；按照公式"经营杠杆系数＝边际贡献÷营业利润"，计算填列"预测2019年经营杠杆系数"；按照公式"营业利润＝销量增长率×经营杠杆系数"，计算填列"2019年营业利润总额预测"；填列合计数，如图2-29所示。

项目	电脑显示屏底座	电视底座	电视壁挂件	合计
2018年销售量		1,459,651	1,407,765	891,513	3,758,929
2019年销售量预测		1,564,152	1,531,124	912,451	4,007,727
2019年销售量预测增长率	（2019年销售量预测−2018年销售量）/2018年销售量×100%			
2019年经营杠杆系数预测	2018年边际贡献总额/2018年营业利润总额			
2019年营业利润总额预测	（2019年销售量预测增长率×2019年经营杠杆系数预测+1）×2018年营业利润总额			

图 2-29　运用经营杠杆预测法进行利润预测

任务四　资金需求量预测

任务目标

一、知识目标
1. 熟知资金需求量的作用。
2. 熟知资金需求量预测的方法。

二、技能目标
1. 能够辨别资产负债表的敏感项目和非敏感项目。
2. 能够运用销售百分比法进行资金需求量预测。

三、思政目标
1. 掌握资金需求量预测管理技能，培养预测思维，具备职业精神。
2. 培养严谨细致、独立思考的能力。

案例背景

企业筹资是企业进行生产、偿还债务和对外投资等经营活动的资金保障。2024年12月，渝之兴集团要求财务中心结合集团经营情况预测渝之兴集团2025年资金需求量，以便尽快落实公司2025年的融资方案，确保公司经营和投资事项的顺利实施。

渝之兴集团2024年销售收入统计表、资产负债表（简表），如表2-20和表2-21所示，2024年实现净利润1 200万元，股利发放率为75%，工厂设备利用已呈饱和状态。

表2-20　　　　　　　　　　2024年销售收入统计表

系列	销售量（部）	销售单价（元）	销售收入（元）
闪亮系列	6 550	5 000	32 750 000
智星系列	5 350	6 000	32 100 000
销售收入合计	—	—	64 850 000

表2-21　　　　　　　　　　2024年资产负债表（简表）　　　　　　　　　　单位：万元

资产	金额	负债和所有者权益	金额
货币资金	600	应付账款	600
应收账款	1 200	应交税费	500
存货	1 800	短期借款	1 000
无形资产	1 400	长期负债	1 000
		普通股	1 500
		留存收益	400
资产合计	5 000	负债和所有者权益合计	5 000

任务要求

1. 确定销售百分比。
2. 计算预计销售额下的资产和负债。
3. 预计留存收益增加额。
4. 计算追加资金需求量。

任务解析

一、认知资金需求量预测

当企业的销售量、成本预测完成后，企业就要为计划期的生产、销售筹集所需要的资金，以保证企业的经营活动顺利完成。资金需求量预测是指根据企业的发展规划和相关历史资料,运用一定的预测方法,对预测期资金需求量进行预计和测算。

资金是保证企业正常运行的最重要的因素之一,一旦资金链发生断裂,将使企业的生产经营活动停止,甚至产生财务风险,最终导致破产。因此,资金需求量的准确预测在提高企业经济管理水平和企业经济效益方面有着十分重要的作用,主要体现为以下两个方面:

(1) 资金需求量预测为企业的经营决策提供依据。准确的资金需求量预测可以为企业使用资金确定客观的标准,企业可在此基础上合理地筹措资金,并有效地组织运用资金,从而达到减少资金耗费,增加营业收入,提高经济效益的目的。

(2) 资金需求量预测是编制资金预算的必要步骤。预算是被广泛使用的一种经营管理方式,资金预算是预算的一个重要组成部分,准确预测资金需求量可为编制资金预算提供数据,从而保证预算的现实意义。

二、销售百分比法

销售百分比法也称资产负债表法,即根据资金各项目与销售收入总额之间的依存关系,按照未来一定期间销售额增长的情况,通过编制预计资产负债表来预计预测期资产、负债和留存收益,从而测算计划期资金需求量的一种方法。

1) 确定销售百分比

使用销售百分比法预测资金需求量的计算公式为:

预测追加资金需求量＝预计资产－预计负债－预计所有者权益
　　　　　　　　＝预测期资产增加额－预测期负债增加额－预测期留存收益增加额

一般情况下,与资金需求量相关性最大的综合因素是计划期间的预测销售额。因此,资金需求量预测通常以科学的销售预测为基础。

2) 敏感性分析

销售百分比法要分析资产负债表各项目与销售收入总额之间的依存关系,找出敏感项目,即找出资产负债表中会随销售收入正比例变化的资产项目和负债项目。

具体内容如表 2-22 所示。

3) 预计留存收益增加额

留存收益是企业内部融资来源。只要企业有盈利,并且盈利不全部支付股利,所有者权益就会自然增长。留存收益可以满足或部分满足企业的资金需求。这部分资金的多少,取决于收益的多少和股利支付率的高低。计算公式如下:

$$销售净利率 = 净利润 \div 销售收入$$
$$留存收益增加额 = 预计销售额 \times 计划销售净利率 \times (1 - 股利支付率)$$

4) 计算追加资金需求量

$$追加资金需求量 = 预计资产 - 预计负债 - 预计所有者权益$$

表 2-22　　　　　　　　　　敏感项目与非敏感项目分析

项目类别	项目类型	特点	内容	备注
资产项目	敏感资产	因销售额的增加而增加	货币资金、应收账款、预付账款、其他应收款和存货等项目	固定资产项目则视其利用程度而定,固定资产在基期尚未充分利用,增加销售额与固定资产无关;基期固定资产的利用已达到饱和程度,增加销售就需要增加固定资产设备
资产项目	非敏感资产	一般不随销售额的增加而变化	应收票据、长期投资、无形资产等项目	
负债项目	敏感负债	随着销售额的增加而增加	应付账款、预收账款、其他应付款、应付职工薪酬、应交税费、短期借款等项目	—
负债项目	非敏感负债	一般不随销售额的增加而变化	应付票据、其他流动负债、非流动负债等项目	—

现将资金需求量预测方法归纳总结,如图 2-30 所示。

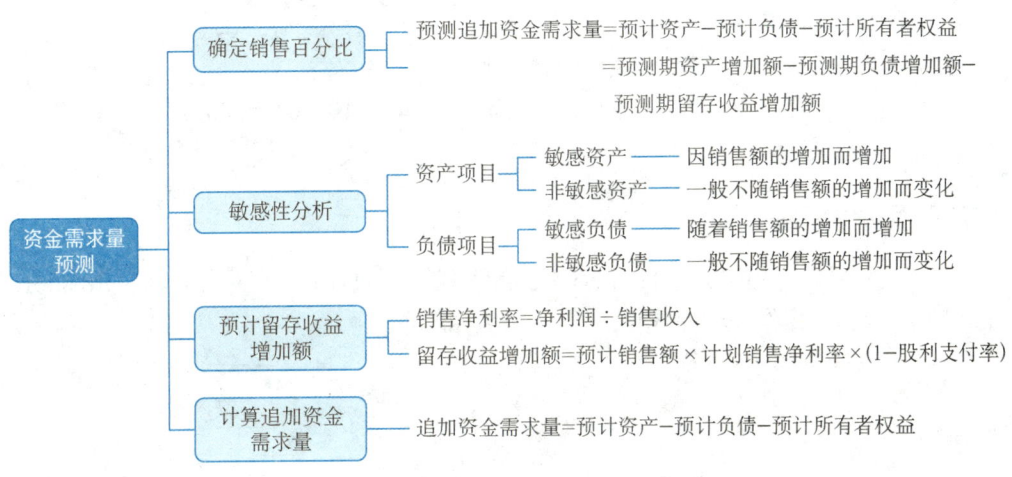

图 2-30　资金需求量预测方法思维导图

工作流程

预计渝之兴集团 2025 年引入新产品,销售收入将增至 9 000 万元,销售净利率与上年相同,按 2024 年股利发放率支付股利,现对 2025 年资金需求量进行预测。

1. 确定销售百分比

这一步骤的关键是将资产负债表中预计随销售额变动的项目分离出来,即区分敏感项目(直接随销售额变动的资产、负债项目)与非敏感项目(不随销售额变动的资产、负债项目)。从资产负债表中可以看出,货币资金、应收账款、存货属于敏感资产,无形资产属于非敏感资产；应付账款、应交税费、短期借款属于敏感负债，长期负债属于非敏感负债。根据表 2-20 和表 2-21 可知，渝之兴集团 2024 年销售收入合计 6 485 万元。

资产项目的销售百分比 $=(600+1\,200+1\,800)\div 6\,485\times 100\% \approx 55.51\%$

负债项目的销售百分比 $=(600+500+1\,000)\div 6\,485\times 100\% \approx 32.38\%$

2. 计算预计销售额下的资产和负债

预计资产(负债)＝预计销售额×资产(负债)项目的销售百分比＋不随销售额变动的资产(负债)项目的金额

预计资产 $=9\,000\times 55.51\%+1\,400=6\,395.9$(万元)

预计不增加借款情况下的负债 $=9\,000\times 32.38\%+1\,000=3\,914.2$(万元)

3. 预计留存收益增加额

留存收益是企业内部的融资来源。留存收益可以满足或部分满足企业的资金需求，这部分资金的多少，取决于收益的多少和股利支付率的高低。

根据任务背景资料，渝之兴集团 2024 年实现净利润 1 200 万元，股利发放率为 75%，2025 年销售净利率与上年相同。

销售净利率＝2024 年净利润÷2024 年销售收入×100%＝$1\,200\div 6\,485\times 100\% \approx 18.5\%$

留存收益增加额＝预计销售额×计划销售净利率×(1－股利支付率)
$=9\,000\times 18.5\%\times(1-75\%)=416.25$(万元)

4. 计算追加资金需求量

追加资金需求量＝预计资产－预计负债－预计所有者权益
$=6\,395.9-3\,914.2-(1\,500+400+416.25)=165.45$(万元)

实践操作

进入财经大数据应用服务平台，在管理会计实验课程页面选择"资金需求量预测"任务，如图 2-31 所示。按操作步骤完成任务。

任务名称	发布状态	发布日期	截止日期	实践任务	操作
战略制定	未发布	2024-08-30 04:44:54	2024-12-31 23:59:59	战略制定	维护
战略制定(难)	未发布	2024-08-30 04:44:54	2024-12-31 23:59:59	战略制定(难)	维护
销售预测	未发布	2024-08-30 04:44:54	2024-12-31 23:59:59	销售预测	维护
销售预测(难)	未发布	2024-08-30 04:44:54	2024-12-31 23:59:59	销售预测(难)	维护
成本预测	未发布	2024-08-30 04:44:54	2024-12-31 23:59:59	成本预测	维护
成本预测(难)	未发布	2024-08-30 04:44:54	2024-12-31 23:59:59	成本预测(难)	维护
利润预测	未发布	2024-08-30 04:44:54	2024-12-31 23:59:59	利润预测	维护
利润预测(难)	未发布	2024-08-30 04:44:54	2024-12-31 23:59:59	利润预测(难)	维护
资金需求量预测	未发布	2024-08-30 04:44:54	2024-12-31 23:59:59	资金需求量预测	维护
资金需求量预测(难)	未发布	2024-08-30 04:44:54	2024-12-31 23:59:59	资金需求量预测(难)	维护

图 2-31 选择资金需求量预测任务

1. 阅读案例

点击"案例资料"阅读长城实业有限责任公司投委会纪要、设备投资成本、设备产能情况、产品销售单价、产品产量库存、固定资产净值、收入敏感项目、资产负债表、利润表等资料,综合了解当前任务事项的相关信息,如图 2-32 所示。

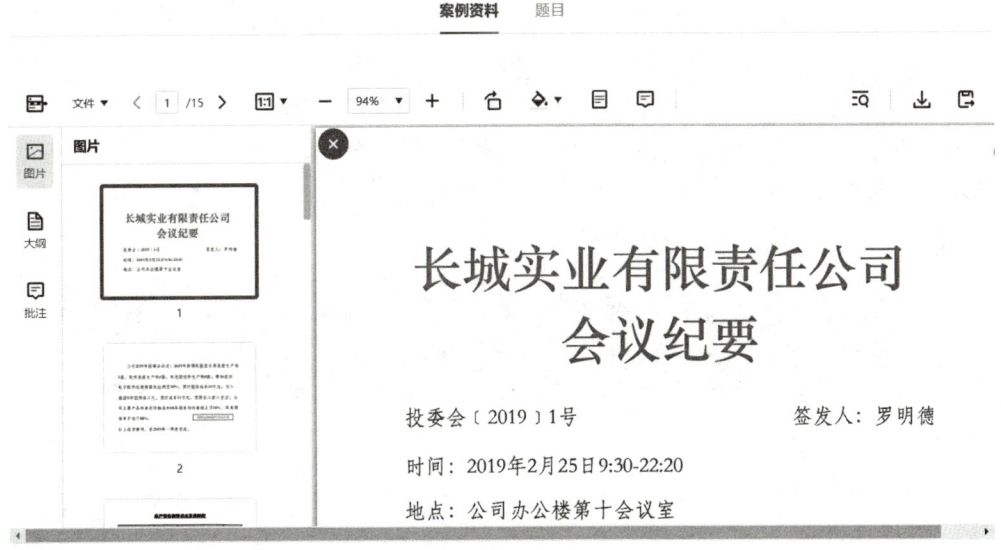

图 2-32 阅读案例资料

2. 预测营业收入增长

点击"工具",根据案例背景资料了解 2019 年投资及销售率预计情况,根据投委会会议纪要文件,了解 2019 年投资计划、影响售价变动情况及销售率情况,计算填列"销售率"指标;根据投委会会议纪要文件了解新增生产线套数;根据生产设备投资成本及进度表和单套生产设备投产后各年产能统计表信息了解 2019 年新增产能情况;根据 2018 年产品产量及库存统计表信息了解 2018 年期末库存及 2018 年产量情况;按照公式"2019 年市场投放量＝2018 年产量＋2019 年新增产量＋2018 年期末库存",计算填列"市场投放量"指标;根据公式"销售量＝市场投放量×销售率",计算填列"销售量"指标;根据公司主要产品销售单价统计表的相关信息及 2019 年售价变化情况,计算 2019 年各产品均价,填列"销售均价"指标;根据公式"销售金额＝销售量×销售均价",计算填列"金额"指标,如图 2-33 所示。

收入项目	2018年销售金额	2019年销售预测				
		市场投放量	销售率	销售量	销售均价	金额
一、营业收入						
电脑显示屏		2018年产量+2019年新增产量+2018年期末库存	88%	市场投放量×销售率	根据案例资料	销售量×销售均价
电视底座		1,953,585	88%			
电视壁挂件		1,348,447	88%			
营业总收入合计	28,311,475.90					

图 2-33 销售预测

根据 2018 年营业收入和 2019 年预计营业收入,计算 2019 年营业收入增长率,如图 2-34 所示。

收入项目	2018年销售金额	2019年销售预测			
		市场投放量	销售率	销售量	销售均价	金额
一、营业收入 电脑显示屏 电视底座 电视壁挂件		2018年产量+2019年新增产量+2018年期末库存	88% 88% 88%	市场投放量×销售率 1,953,585 1,348,447	根据案例资料	销售量×销售均价
营业总收入合计	28,311,475.90					
假设原有设备产能维持18年水平保持不变						
2019年营业收入预计增长率	(2019年预测销售收入-2018年营业收入)/2018年营业收入					

图 2-34 计算营业收入增长率

3. 运用销售百分比法进行利润表预测

1）填写 2018 年利润表

根据报表项目与营业收入敏感性分析参考的信息，判断利润各项目是否为营业收入敏感项目，并填列相应判断"是"或"否"。根据案例资料"2018 年利润表"的相关信息，填列 2018 年各指标金额，如图 2-35 所示。

报表项目	是否为营业收入敏感项目	2018年
营业收入	是	28,311,475.90
减：营业成本	是	21,605,295.85
税金及附加	是	109,642.70
销售费用	是	2,309,347.21
管理费用	是	2,976,395.52
财务费用	是	20,447.02
加：公允价值变动损益	否	814,156.31
加：投资收益	否	46,126.03
营业利润		2,150,629.94
加：营业外收入	否	44,437.37
减：营业外支出	否	5,584.66
利润总额		2,189,482.65
减：所得税		547,370.66
净利润		1,642,111.99

图 2-35 2018 年利润表

2）预测利润表

根据公式"营业成本÷营业收入×100%"，计算填列"2018 年结构"，其他同理。

按照案例资料中"敏感项目按照销售百分比进行预测，非敏感项目如果没有编制依据，按照 2018 年金额预测"的要求对 2019 年各项目进行预测，如图 2-36 所示。例如：

2019 年预测营业成本＝2018 年营业成本×（1＋2019 年营业收入预计增长率）

其他项目按照 2018 年金额预测，"营业利润""利润总额""所得税""净利润"项目为综合指标，为其他项目计算得出。其中：

所得税＝利润总额×企业所得税税率

留存收益增加额＝2019年净利润

报表项目	是否为营业收入敏感项目	2018年	2018年结构	2019年预测	非敏感项目预测说明
营业收入	是	28,311,475.90	100%		
减：营业成本	是	21,605,295.85	营业成本/营业收入×100%	2018年营业成本×（1+2019年营业收入预计增长率）	
税金及附加	是	109,642.70			
销售费用	是	2,309,347.21			
管理费用	是	2,976,395.52			
财务费用	是	20,447.02			
加：公允价值变动损益	否	814,156.31			按照上期金额测算
加：投资收益	否	46,126.03			按照上期金额测算
营业利润		2,150,029.94			
加：营业外收入	否	44,437.37			按照上期金额测算
减：营业外支出	否	5,584.66			按照上期金额测算
利润总额		2,189,482.65			
减：所得税		547,370.66	利润总额×企业所得税税率		按照税率计算
净利润		1,642,111.99			
预计留存收益的增加额		2019年预测净利润			

图 2-36　利润表预测

3）预测资产负债表

根据报表项目与营业收入敏感性分析参考的信息，判断利润各项目的是否为营业收入敏感项目，并填列相应判断。根据 2018 年资产负债表提供信息，填列 2018 年各指标金额。

根据公式"2018 年货币资金÷资产总计"，计算填列"2018 年结构"，其他同理。

按照案例资料中"敏感项目按照销售百分比进行预测，非敏感项目如果没有编制依据，按照 2018 年金额预测"的要求对 2019 年各项目进行预测，如图 2-37 所示。例如：

敏感项目 2019 年预测货币资金＝2018 年货币资金×（1＋2019 年营业收入预计增长率）

"长期股权投资""无形资产"项目根据投资会议纪要文件中的信息填写，"固定资产"项目根据"2019 年固定资产预测"信息填制，其他项目按照 2018 年金额进行预测。

资产项目	是否为营业收入敏感项目	2018年	2018年结构	2019年预测	非敏感项目预测说明
货币资金	是	1,271,433.79	2018年货币资金/资产总计	2018年货币资金×（1+2019年营业收入预计增长率）	
交易性金融资产	否	500,000.00			
应收票据	否	0.00			
应收账款	是	12,306,568.14			
存货	是	2,975,744.79			
其他流动资产项目	是	2,394,626.34			
流动资产合计		19,448,373.06			
长期股权投资	否	4,500,000.00			
固定资产	否	1,551,797.96			
无形资产	否	0.00			
其他非流动资产项目	否	22,854.21			
非流动资产合计		6,074,652.17			
资产总计		25,523,025.23			

图 2-37　资产负债表预测

根据公式"2019 年留存收益＝2018 年留存收益＋预计留存收益的增加额"，2019 年盈余公积与 2018 年相同，可以得到"2019 年预测未分配利润＝2018 年未分配利润＋根据预计利润表计算预计留存收益的增加额"。

外部融资需求为 2019 年报表平衡项目，其中：

2019 年外部融资需求＝2019 年预计资产合计－2019 年预计负债和所有者权益合计

思政驿站

知识拓展

具体如图 2-38 所示。

负债及权益项目	是否为营业收入敏感项目	2018年	2018年结构	2019年预测	非敏感项目预测说明
短期借款	是	0.00			
应付账款	是	8,760,399.78			
应付职工薪酬	是	401,975.93			
应交税费	是	80,114.93			
其他应付款	是	359,419.00			
其他流动负债项目	是	67,256.75			
流动负债合计		9,669,166.39			
长期借款	否	1,356,560.25			
外部融资需求					
长期负债合计		1,356,560.25			
负债合计		11,025,726.64			
股本	否	10,000,000.00			
资本公积	否				
盈余公积	否	435,725.98			
未分配利润	否	4,061,572.61		2018年未分配利润+根据预计利润表计算预计留存收益的增加额	
所有者权益合计		14,497,298.59			
负债和所有者权益总计		25,523,025.23			
报表平衡性校验					
2018年资产负债表平衡性校验			2019年资产负债表平衡性校验	2019年预计资产合计-2019年预计负债和所有者权益合计	

图 2-38　资金需求量预测

模块三　决策制定

任务一　新产品生产决策

任务目标

一、知识目标
1. 熟知成本划分标准。
2. 熟知本量利分析的基本原理。

二、技能目标
1. 能够运用经营决策的边际贡献方法。
2. 能够根据本量利分析方法进行短期经营决策。

三、思政目标
1. 培养学生爱国情怀与创新精神。
2. 培养学生法治意识，合法合规经营。

案例背景

近年来，中国手机制造业飞速发展，创造了手机行业发展的许多奇迹，国内手机生产厂商的异军突起也加剧了行业内部的竞争。

渝之兴集团针对 2024 年的经营状况进行分析，遵循企业战略规划和战略目标，为了扩大市场占有率，实现年销售收入、净利润稳步增长，拟推出一款适合上班族的新型手机，召集研发部门专家、销售市场总监、生产部门经理商讨后，拟从以下三种新产品中选择一种作出决策，分别是折叠手机（闪耀系列）、商务手机（闪充系列）、滑盖手机（闪光系列），具体资料如表 3-1 所示。

表 3-1　　新产品相关资料

产品名称	闪耀系列	闪充系列	闪光系列
预计销售单价（元）	6 999	8 999	9 999
预计销售量（万部）	600	500	400
预计单位变动成本（元）	1 999	2 099	3 999
预计单位产品定额工时（小时）	2	4	5
固定成本（元）	300 000		

任务要求

1. 计算产品单位资源贡献毛益。
2. 计算产品边际贡献总额。
3. 作出生产何种新产品决策。

任务解析

企业决策包括短期经营决策和长期投资决策。本量利分析是进行短期经营决策最常用的管理会计工具方法。本量利分析是"成本-业务量-利润分析"的简称，是指以成本习性分析为基础，运用数学模型和图文，对成本、业务量、利润及单价等因素之间的依存关系进行分析，发现其变动的规律性，据以作出产品结构、产品定价、营销策略等经营决策的一种定量分析方法。

1. 本量利分析基本假设

在现实经济生活当中，成本、销售数量、价格和利润之间的关系非常复杂。例如，成本与业务量可能呈线性关系也可能呈非线性关系；销售收入与销售量之间也不一定是线性关系，因为售价可能会发生变动。为了建立本量利分析理论，必须对上述复杂的关系作基本假设，由此来严格限定本量利分析的范围，对于不符合本量利分析基本假设的情况，可以进行本量利扩展分析。

1）相关范围和线性关系假设

由于本量利分析是在成本性态分析的基础上发展起来的，成本性态分析的基本假设也就成为本量利分析的基本假设，即在相关范围内，固定成本总额保持不变，变动成本总额随业务量变化成正比例变化。前者用数学模型表示就是 $y=a$，后者用数学模型表示就是 $y=bx$，因此，总成本与业务量呈线性关系，即 $y=a+bx$。相应地，假设售价也在相关范围内保持不变，这样，销售收入与销售量之间也呈线性关系，用数学模型表示就是以售价为斜率的直线 $y=px$（p 表示售价）。这样，在相关范围内，成本与销售收入均分别表现为纯粹线性关系的直线。

2）品种结构稳定假设

品种结构稳定假设是指在一个生产和销售多种产品的企业里，每种产品的销售收入占总销售收入的比重不会发生变化。但在现实经济生活中，企业很难始终按照一个固定的品种结构来销售产品，如果销售产品的品种结构发生较大变动，必然导致利润与品种结构不变假设下预计的利润有很大差别。在该假设下，企业管理人员可以关注价格、成本和业务量对营业利润的影响。

3）产销平衡假设

产销平衡就是企业能够实现生产量与销售量保持平衡。在这一假设下，本量利分析中的业务量是销售量也是生产量，进一步讲，在销售价格不变时，销售量决定销售收入。但在实际经济生活中，生产量可能不等于销售量，这时产量因素就会对本期利润产生影响。

正因为本量利分析建立在上述假设基础上，所以一般只适用于短期经营决策分析。在实际工作中应用本量利分析原理时，必须从动态角度分析企业生产经营条件、销售价格、品种结构和产销平衡等因素的实际变动情况，调整分析结论，并应用动态分析和敏感性分析等其他技术方法来克服本量利分析的局限性。

2. 本量利分析相关公式

1) 本量利基本公式

$$\begin{aligned}
销售利润 &= 销售收入 - 总成本 \\
&= 销售价格 \times 销售量 - (变动成本总额 + 固定成本总额) \\
&= 销售价格 \times 销售量 - 单位变动成本 \times 销售量 - 固定成本总额 \\
&= (销售价格 - 单位变动成本) \times 业务量 - 固定成本总额
\end{aligned}$$

用数学公式可表示为：

$$y = (p - b)x - a$$

其中，y 表示销售利润，p 表示销售单价，b 表示单位变动成本，a 表示固定成本总额，x 表示销售量。

2) 单位边际贡献公式

$$单位边际贡献 = 销售价格 - 单位变动成本$$

用数学公式可表示为

$$cm = p - b$$

3) 单位资源贡献毛益公式

$$单位资源贡献毛益 = 单位贡献边际 \div 单位产品资源消耗定额$$

4) 边际贡献率公式

边际贡献率是指边际贡献额在销售收入额中所占的比例，是反映产品创利能力的一项相对质量指标。边际贡献率与变动成本率之和等于 1(100%)，即：

$$边际贡献率 + 变动成本率 = 1$$

$$\begin{aligned}
边际贡献率 &= 边际贡献总额 \div 销售收入总额 \times 100\% \\
&= 单位边际贡献 \div 销售价格 \times 100\%
\end{aligned}$$

5) 边际贡献总额公式

$$\begin{aligned}
边际贡献总额 &= 销售收入总额 - 变动成本总额 \\
&= 单位边际贡献 \times 销售总量
\end{aligned}$$

用数学公式可表示为：

$$Tcm = (p - b)x$$

3. 决策方法

1) 单位资源贡献毛益分析法

贡献是指企业的产品或劳务对企业利润目标的实现所作的贡献，当有关决策方案的固定成本是无关成本，且企业生产只受到某一项资源的约束或未知业务量的条件下，可采用单位资源贡献边际法进行决策。

$$单位资源贡献毛益 = 单位贡献边际 \div 单位产品资源消耗定额$$

单位资源贡献边际是个正指标，方案的单位资源贡献边际越大，方案为优。

2）贡献毛益总额分析法

当有关决策方案的相关收入均不为零，固定成本是无关成本，相关成本全部为变动成本时，可以将贡献边际总额作为决策评价指标。传统会计认为只有当收入大于完全成本时，才形成贡献；而管理会计则认为只要收入大于变动成本，就会形成贡献。固定成本总额在相关范围内并不随业务量（产销量）的增减变动而变动，因此，收入减变动成本后的差额（即贡献边际）越大，则减去不变的固定成本后的余额（即利润）也就越大。也就是说，贡献边际的大小，反映备选方案对企业利润目标所作贡献的大小。计算公式如下：

$$某产品贡献边际＝某产品收入－某产品变动成本$$

贡献边际总额是个正指标，方案的贡献边际总额越大，方案为优。

现将新产品生产决策的相关概念与公式概括总结，如图 3-1 所示。

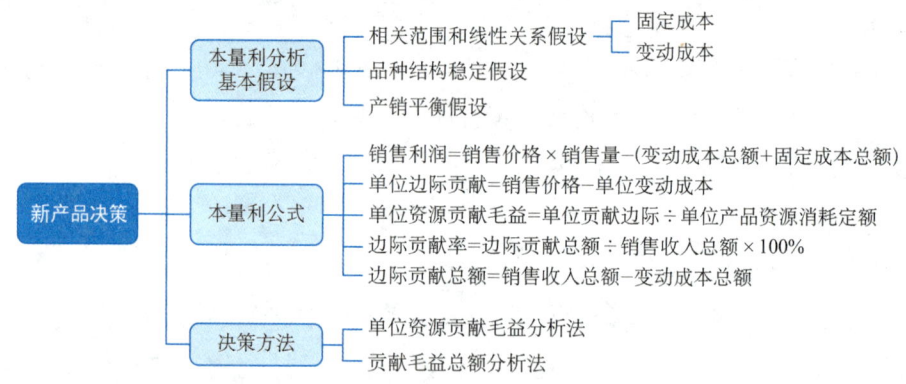

图 3-1　新产品决策知识点思维导图

 工作流程

1. 计算产品单位资源贡献毛益

渝之兴集团生产手机的原有设计生产能力为 100 000 机器小时，但是实际开工率只有原有生产能力的 80%，现准备将剩余生产能力用来开发上述新产品。请计算渝之兴集团新产品最大产量、单位边际贡献和单位资源贡献毛益各项指标，编制新产品单位资源贡献毛益计算表，如表 3-2 所示。

表 3-2　　　　　　　新产品单位资源贡献毛益计算表

产品名称	闪耀系列	闪充系列	闪光系列
单位产品定额工时（小时）	2	4	5
最大产量（万部）			
单位产品售价（元）	6 999	8 999	9 999
单位变动成本（元）	1 999	2 099	3 999
单位边际贡献			
单位资源贡献毛益			

2. 计算产品边际贡献总额

假设渝之兴集团在生产新产品过程中，不受任何其他约束条件限制，根据市场的情况预测销售量情况。请计算各类产品的边际贡献和边际贡献总额，编制产品边际贡献总额计算表，如表 3-3 所示。

表 3-3   产品边际贡献总额计算表

产品名称	闪耀系列	闪充系列	闪光系列
预计销售单价(元)	6 999	8 999	9 999
预计销售量(万部)	20	10	15
预计单位变动成本(元)	1 999	2 099	3 999
单位边际贡献			
边际贡献总额			
固定成本(元)	900 000 000		

3. 作出生产何种新产品决策

渝之兴集团将作出生产何种新产品的决策。

实践操作

进入财经大数据应用服务平台，在管理会计实验课程页面选择"新产品生产决策"任务，如图 3-2 所示，按操作步骤完成任务。

	任务名称	发布状态	发布日期	截止日期	实践任务
☐	战略制定	未发布	2024-08-30 04:44:54	2024-12-31 23:59:59	战略制定
☐	销售预测	未发布	2024-08-30 04:44:54	2024-12-31 23:59:59	销售预测
☐	成本预测	未发布	2024-08-30 04:44:54	2024-12-31 23:59:59	成本预测
☐	利润预测	未发布	2024-08-30 04:44:54	2024-12-31 23:59:59	利润预测
☐	资金需求量预测	未发布	2024-08-30 04:44:54	2024-12-31 23:59:59	资金需求量预测
☐	设备更新改造决策	未发布	2024-08-30 04:44:54	2024-12-31 23:59:59	设备更新改造决策
☐	新产品生产决策	未发布	2024-08-30 04:44:54	2024-12-31 23:59:59	新产品生产决策
☐	亏损产品决策	未发布	2024-08-30 04:44:54	2024-12-31 23:59:59	亏损产品决策
☐	生产任务分配决策	未发布	2024-08-30 04:44:54	2024-12-31 23:59:59	生产任务分配决策
☐	深加工决策	未发布	2024-08-30 04:44:54	2024-12-31 23:59:59	深加工决策

图 3-2   新产品生产决策任务

1. 阅读案例背景

点击"案例资料"阅读生产中心会议纪要中的任务事项描述,遍历任务资料清单,查看任务明细,综合了解当前任务事项的相关信息,如图3-3所示。

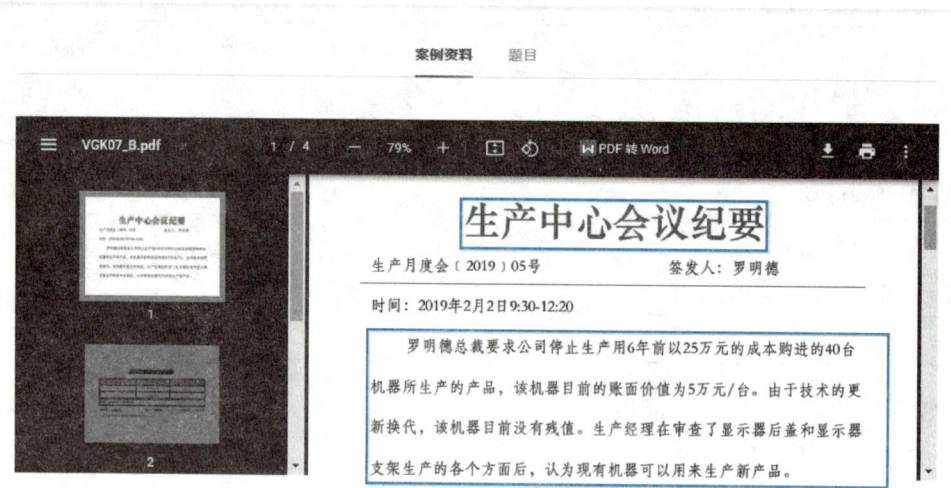

图3-3 生产中心会议纪要

2. 计算产品单位资源贡献毛益(不考虑专属成本的情况)

1)填列基本信息

根据公司新产品销售价格预估表,填列"单位产品消耗机器小时数""直接材料""直接人工""变动制造费用",根据公司新产品工时信息统计表,结合公式"产量=机器生产能力÷单位产品消耗机器小时数",计算填列"产量",如图3-4所示。

新产品生产决策

1、新产品生产评价指标——不涉及追加专属成本

序号	项目	显示器后盖	显示器支架
0	单位产品消耗机器小时数		
1	产量		
2	销售价格(元/件)		
3	单位变动成本(元/件):		
3.1	直接材料		
3.2	直接人工		
3.3	变动制造费用		
4	单位边际贡献		
4.1	单位限制资源边际贡献		
5	边际贡献	—	—
6	固定成本:		
6.1	专属成本		
7	剩余贡献		
	优先选择生产		

图3-4 填列基本信息

2）计算关键指标

根据公式"单位变动成本＝直接材料＋直接人工＋变动制造费用",计算填列"单位变动成本";根据公式"单位边际贡献＝单价－单位变动成本",计算填列"单位边际贡献";根据公式"单位限制资源边际贡献＝单位边际贡献÷单位产品消耗机器小时数",计算填列"单位限制资源边际贡献";根据公式"边际贡献＝单位边际贡献×产量",计算填列"边际贡献";根据公式"剩余贡献＝边际贡献－固定成本",计算填列"剩余贡献",如图3-5所示。

序号	项目	显示器后盖	显示器支架
0	单位产品消耗机器小时数		
1	产量		
2	销售价格（元/件）		
3	单位变动成本（元/件）：		
3.1	直接材料		
3.2	直接人工		
3.3	变动制造费用		
4	单位边际贡献	＝单价-单位变动成本	
4.1	单位限制资源边际贡献	＝单位边际贡献/单位产品消耗机器小时数	
5	边际贡献	＝单位边际贡献×产量	
6	固定成本：		
6.1	专属成本		
7	剩余贡献	＝边际贡献-固定成本	
	优先选择生产		

图3-5 计算关键指标

3）智能决策

根据计算的剩余贡献,平台智能决策优先选择生产哪种产品。在"优先选择生产"栏判断优先生产何种产品。

3. 计算产品单位资源贡献毛益(考虑专属成本的情况)

在完成涉及追加专属成本的情况下,作出新产品生产决策,并思考专属成本的存在对于决策有无影响。依据上述填列方法,获取背景数据,计算关键指标,完成下列指标的填写,如图3-6所示。

思政驿站

知识拓展

2、新产品生产评价指标——涉及追加专属成本

序号	项目	显示器后盖	显示器支架
0	单位产品消耗机器小时数		
1	年产量		
2	销售价格（元/件）		
3	单位变动成本（元/件）：		
3.1	直接材料		
3.2	直接人工		
3.3	变动制造费用		
4	单位边际贡献		
4.1	单位限制因素边际贡献		
5	边际贡献		
6	固定成本：		
6.1	专属成本	—	
7	剩余贡献	—	—
	优先选择生产	=IF(D35>E35,D22,E22)	

< >　新产品投资决策　　＋

图 3-6　涉及追加专属成本的产品决策

任务二　亏损产品停产决策

任务目标

一、知识目标
1. 熟知成本分类。
2. 识别机会成本、专属成本。

二、技能目标
1. 能够根据差量分析法进行决策。
2. 能够根据保本点分析和敏感性分析对产品进行分析。

三、思政目标
1. 坚持实事求是的原则。
2. 具备全面分析、长远规划的能力。
3. 具备工匠精神的素质。

案例背景

渝之兴集团现有产品中魅力系列出现亏损，如果停产魅力系列，企业剩余生产能力可用于生产其他产品。如果停产魅力系列，该生产线所分摊的固定成本也将继续存在。主打产品的相关资料，如表3-4所示。

表3-4　　　　　　　　　　　　　　主打产品相关资料

产品名称	魅力系列	魅蓝系列	魅影系列	合计
单价(元)	3 999	3 900	4 299	—
销售量(万部)	10	15	11	—
销售收入(万元)	39 990	58 500	47 289	145 779
销售成本：	—	—	—	—
单位变动成本(元)	2 299	1 900	2 199	—
变动成本总额(万元)	22 990	28 800	24 189	75 979
固定成本总额(万元)	17 550	19 700	20 000	57 250
营业利润(万元)	−550	10 000	3 100	12 550

针对上述情况，渝之兴集团领导层就是否停产魅力系列进行讨论。

总经理A提出：就目前情况而言，魅力系列存在大量亏损，只会不断消耗企业的利润，销售越多亏损也就越多，应该停止继续生产。

财务总监B提出：虽然魅力系列亏损较多，但是它的边际贡献是大于零的，意味着生产该系列产品是可以弥补一部分固定成本的，不能贸然停产。

销售总监C提出：就目前魅力系列的销售报表可以看出，市场上对魅力系列的需求较大，该系列产品占有一部分市场。但是，为什么还是会亏损？我们需要找到亏损的原因并进行分析，如果决定继续生产该产品，我们需要做什么才能做到扭亏为盈？

综合上述讨论，请您根据企业背景资料，判断是否继续生产亏损产品，如果继续进行生产，对产品进行盈亏平衡分析和敏感性分析以改善亏损局面。

任务要求

1. 计算差量分析法的差量收入、差量成本和差量损益，并作出是否继续生产亏损产品的决策。
2. 计算亏损产品的盈亏平衡点。
3. 计算亏损产品销量、单价、单位变动成本、固定成本对利润的敏感度。
4. 简要阐述如何扭转亏损局面。

任务解析

一、差量分析法

在企业组织多品种生产经营的条件下,其中某种产品亏损是经常遇到的问题。对于亏损产品不能简单地予以停产,而是要综合考虑企业各种产品的经营情况、生产能力的利用以及有关因素的影响。通过比较分析,作出停产、继续生产或者转产的决策,其可以通过贡献毛益进行衡量,也可以通过比较不同方案之间的差量收入、差量成本、差量损益进行选择,即差量分析法。

差量分析法又称差别损益分析法,是指在进行两个互斥方案的决策时,以差别损益指标作为评价方案取舍标准的一种决策方法,其具体分析步骤如下。

1. 确定差量收入

差量收入,是指两个备选方案相关收入之间的数量差异,其计算公式为:

$$差量收入 = 甲方案收入 - 乙方案收入$$

2. 确定差量成本

差量成本,是指两个备选方案相关成本之间的数量差异,其计算公式为:

$$差量成本 = 甲方案成本 - 乙方案成本$$

成本主要包括差量成本、边际成本、机会成本、重置成本、付现成本、专属成本等。

(1)机会成本。机会成本以经济资源的稀缺性和多种选择机会的存在为前提,企业进行经营决策时,必须从多个备选方案中选择一个最优方案,而放弃其他的方案。此时,被放弃的次优方案所可能获得的潜在利益就称为已选中最优方案的机会成本,又称机会损失。在选择方案时,将机会成本的影响考虑进去,有利于对所选方案的最终效益进行全面评价。

(2)专属成本。专属成本是指能够明确归属于特定决策方案,如可以明确归属于企业生产的某种产品或为企业设置的某个部门而发生的固定成本,没有这些产品或部门就不会发生这些成本。因此,专属成本是与特定的产品或部门相联系的特定成本,往往是为了弥补生产能力不足的缺陷,增加有关专用装置、设备、工具等长期资产而发生的。

3. 确定差量损益

差量损益,是指差量收入与差量成本之间的数量差异,其计算公式为:

$$差量损益 = 差量收入 - 差量成本$$

二、盈亏平衡分析

盈亏平衡点又称保本点,通常是指全部销售收入刚好等于全部成本,企业利润为零,处于不赢不亏时的销售量或销售额。盈亏平衡点可以用销售量来表示,也可以用销售额来表示。

在盈亏平衡分析图(图 3-7)中,我们可以看到左下方的阴影部分为亏损区,右上方的阴影部分为盈利区。盈亏平衡点的计算公式为:

盈亏平衡点销售量＝固定成本总额÷(销售价格－单位变动成本)
盈亏平衡点销售额＝固定成本总额÷边际利润率
　　　　　　　＝保本点产销量×销售价格

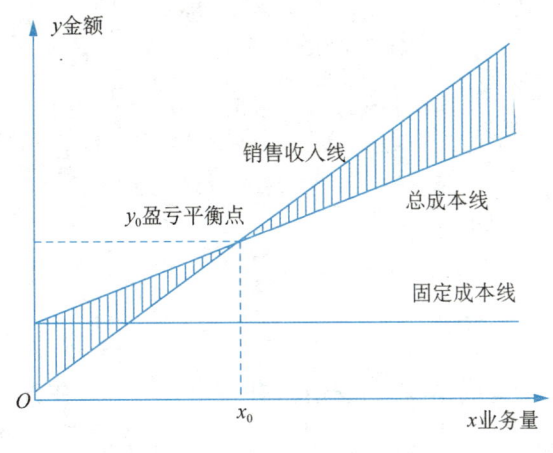

图 3-7　盈亏平衡分析图

三、敏感性分析

敏感性分析是对影响目标实现的因素变化进行的量化分析,以确定各因素变化对实现目标的影响及敏感程度。从因素变动对盈亏平衡点和利润的影响分析可知,产销量、销售价格、单位变动成本、固定成本总额等因素中的任意一个或多个因素变动,都会对盈亏平衡点和目标利润产生影响。以本量利分析为基础的敏感性分析,主要研究与分析有关因素发生多大变化,将使盈利转为亏损,或由亏损转为盈利,以及各参数(因素)变化对利润的敏感程度。

1. 有关因素临界值的确定

根据本量利分析原理的基本数学模型 $P=(p-b)x-a$,求得最大或最小的允许值,具体计算公式如下:

销售量的最小值 $x=a\div(p-b)$
销售价格的最小值 $P=b+a\div x$
单位变动成本的最大值 $b=p-a\div x$
固定成本总额的最大值 $a=(p-b)x$

2. 各因素变化对利润的敏感程度

反映利润对因素变动敏感程度的指标称为敏感系数,其计算公式为:

某因素的敏感系数＝利润总额变动百分比÷该因素值变动百分比

现将亏损产品是否继续生产的知识点归纳总结,如图 3-8 所示。

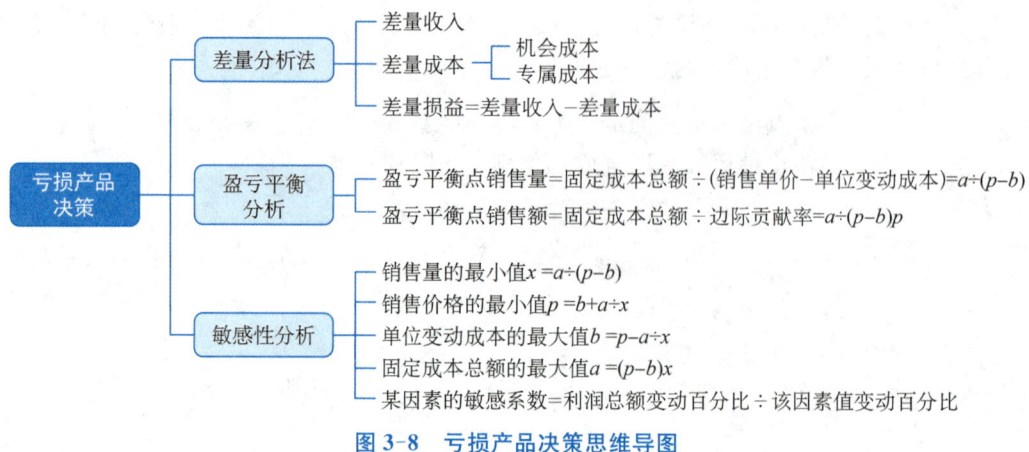

图 3-8 亏损产品决策思维导图

**工作流程**

1. 计算差量收入、差量成本与差量损益,并作出是否继续生产亏损产品的决策

根据任务背景和企业提供的产品信息,假设停止生产亏损产品的生产能力可以用于生产其他产品,且产生 50 万元的收益。同时,继续生产亏损产品会产生专属成本 500 万元。根据管理会计思维,采用差量分析法对继续生产亏损产品还是停止生产亏损产品进行决策,请计算相关指标,编制亏损产品差量分析表,如表 3-5 所示。

表 3-5　　　　　　　　　　　亏损产品差量分析

方案	继续生产亏损产品	停止生产亏损产品	差量
销售收入(万元)			
销售成本:			
单位变动成本(元)			
变动成本总额(万元)			
固定成本(万元)			
机会成本(万元)			
专属成本(万元)			
营业利润(万元)			

2. 计算亏损产品的盈亏平衡点

盈亏平衡点产销量=(　　)÷(　　)=(　　)(部)

盈亏平衡点销售额=(　　)×(　　)=(　　)(万元)

3. 计算亏损产品销量、单价、单位变动成本、固定成本对利润的敏感度

(1) 当销售量增长 5% 时:

利润总额=(　　)×[(　　)×(1+5%)]−(　　)×[(　　)×(1+5%)]−(　　)=(　　)(万元)

利润增长幅度＝（　　）÷（　　）＝（　　）
销售量的敏感系数＝（　　）÷（　　）＝（　　）
（2）当单价增长5%时：
利润总额＝（　　）×[（　　）×（1+5%）]－（　　）－（　　）＝（　　）（万元）
利润增长幅度＝（　　）÷（　　）＝（　　）
单价的敏感系数＝（　　）÷（　　）＝（　　）
（3）当单位变动成本增长5%时：
利润总额＝（　　）×（　　）－（　　）×（1+5%）×（　　）－（　　）＝（　　）（万元）
利润增长幅度＝（　　）÷（　　）＝（　　）
单位变动成本的敏感系数＝（　　）÷（　　）＝（　　）
（4）当固定成本增长5%时：
利润总额＝（　　）×（　　）－（　　）－（　　）×（1+5%）＝（　　）（万元）
利润增长幅度＝（　　）÷（　　）＝（　　）
固定成本的敏感系数＝（　　）÷（　　）＝（　　）

4. 简要阐述如何扭转亏损局面，并具体说明举措

实践操作

进入财经大数据应用服务平台，在管理会计实验课程页面选择"亏损产品决策"任务。按操作步骤完成任务。

1. 阅读案例背景

点击"案例资料"阅读亏损产品决策清单，如图3-9所示。

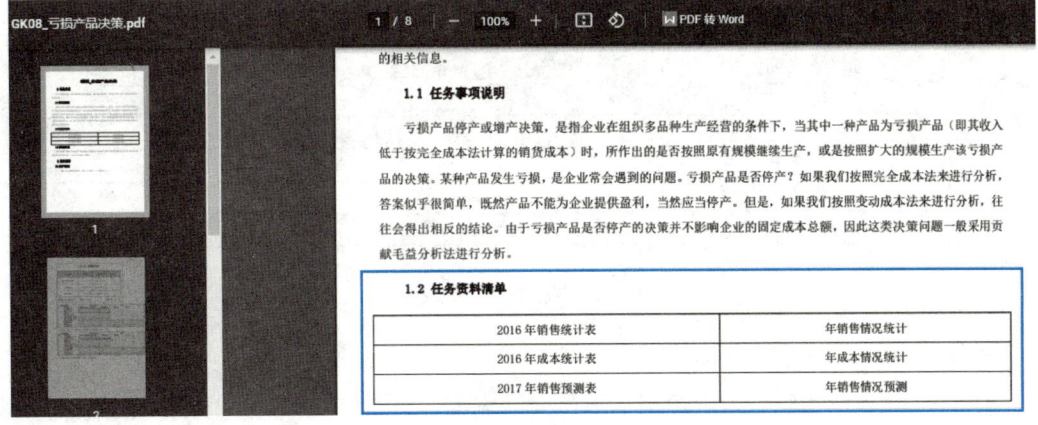

图3-9 阅读案例背景

2. 填写信息

根据销售统计表（图3-10）填写差量损益表中"产品销量""售价""销售收入"等数据；

根据公式"单位变动成本＝变动成本÷产品销量",计算填列"单位变动成本",如图 3-11 所示。

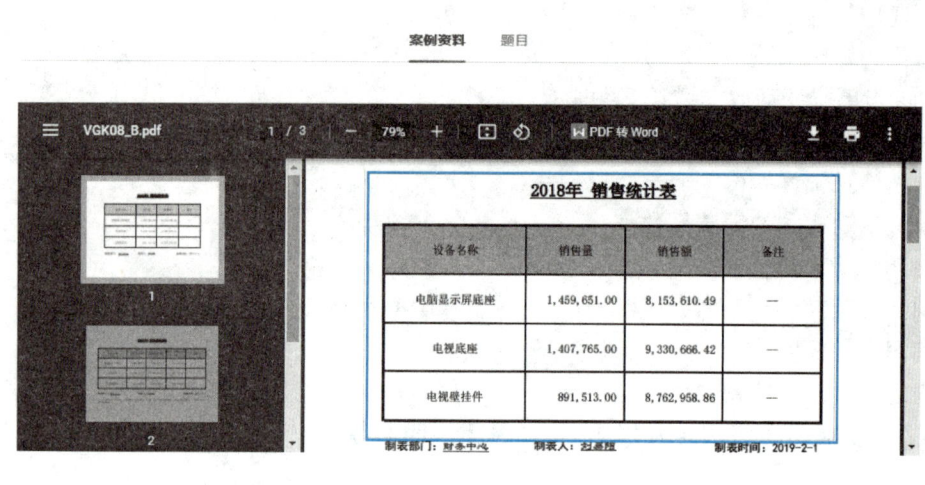

图 3-10　销售统计表

停产或增产决策

1、计算差量损益

序号	投资项目	现有产品情况		
		电脑显示屏底座	电视底座	电视壁挂件
1	产品销量（件）			
2	售价（元/件）			
3	销售收入			
4	变动成本（元）			
5	单位变动成本（元/件）	=变动成本/产品销量		
6	单位边际贡献（元/件）			
7	边际贡献总额			
8	固定成本总额			
9	机会成本			
10	营业利润总额	—	—	—

图 3-11　差量损益表

3. 计算指标

根据公式"单位边际贡献＝单价－单位变动成本",计算填列"单位边际贡献";根据公式"边际贡献＝单位边际贡献×产品销量",计算填列"边际贡献总额";根据公式"营业利润＝边际贡献－专属固定成本－机会成本",计算填列"营业利润总额",如图 3-12 所示。

4. 智能生成决策

通过比较继续生产与停止生产两种方案的损益,智能生成决策方案,如图 3-13 所示。

停产或增产决策

1、计算差量损益

序号	投资项目	现有产品情况			不增产		增产
		电脑显示屏底座	电视底座	电视壁挂件	继续生产	停止生产	
1	产品销量（件）						
2	售价（元/件）						
3	销售收入						
4	变动成本（元）						
5	单位变动成本（元/件）						
6	单位边际贡献（元/件）	=单价－单位变动成本					
7	边际贡献总额	=单位边际贡献×产品销量					
8	固定成本总额						
9	机会成本						
10	营业利润总额	=边际贡献－专属固定成本－机会成本					

图 3-12　比较两种方案损益

停产或增产决策

1、计算差量损益

序号	投资项目	现有产品情况			不增产		增产
		电脑显示屏底座	电视底座	电视壁挂件	继续生产	停止生产	
1	产品销量（件）						
2	售价（元/件）						
3	销售收入						
4	变动成本（元）						
5	单位变动成本（元/件）						
6	单位边际贡献（元/件）	=单价－单位变动成本					
7	边际贡献总额	=单位边际贡献×产品销量					
8	固定成本总额						
9	机会成本						
10	营业利润总额	=边际贡献－专属固定成本－机会成本					

2、不考虑增产时，是否停产决策
=IF(G15>H15,G5,H5)

图 3-13　智能生成决策

5. 盈亏平衡分析

进入实践任务中的"盈亏平衡分析"任务，如图 3-14 所示。

	任务名称	发布状态	发布日期	截止日期	实践任务	操作
> ☐	产品定价决策	未发布	2024-08-30 04:44:54	2024-12-31 23:59:59	产品定价决策	维护
> ☐	最优生产批量决策	未发布	2024-08-30 04:44:54	2024-12-31 23:59:59	最优生产批量决策	维护
> ☐	预算编制	未发布	2024-08-30 04:44:54	2024-12-31 23:59:59	预算编制	维护
> ☐	标准成本分析	未发布	2024-08-30 04:44:54	2024-12-31 23:59:59	标准成本分析	维护
> ☐	成本性态分析	未发布	2024-08-30 04:44:54	2024-12-31 23:59:59	成本性态分析	维护
> ☐	变动成本法	未发布	2024-08-30 04:44:54	2024-12-31 23:59:59	变动成本法	维护
> ☐	盈亏平衡分析	未发布	2024-08-30 04:44:54	2024-12-31 23:59:59	盈亏平衡分析	维护
> ☐	经营杠杆分析	未发布	2024-08-30 04:44:54	2024-12-31 23:59:59	经营杠杆分析	维护

图 3-14　盈亏平衡分析任务

6. 填写数据

根据案例背景资料 2019 年产品综合成本性态统计（图 3-15），了解产品的可变成本、固定成本、销售量、产品单价信息，并将信息填写至单一产品本量利分析中，如图 3-16 所示。

2019年产品综合成本性态统计

单位：元

项目	电脑显示屏底座	电视底座	电视壁挂件
单位变动成本（b值）	4.39	5.05	8.64
年度固定生产成本（a值）	878,647	1,279,782	1,130,195

制表部门：财务中心　　　制表人：刘昌阳　　　制表时间：2020-1-10

图 3-15　2019 年产品综合成本性态统计

盈亏平衡分析

1、单一产品本量利分析

项目	原始值
产品单价（元）	
单位可变成本（元）	
固定成本（元）	
产品销售量（件）	
期初期望利润（元）	

图 3-16　单一产品本量利分析

7. 计算相关指标

根据公式"保利销售量＝固定成本÷单位边际贡献＝固定成本÷（产品单价－产品可变成本）"，计算产品"保利销售量"；根据公式"保利销售额＝（固定成本＋期初期望利润）÷单位边际贡献＝（固定成本＋期初期望利润）÷（产品单价－产品可变成本）"，计算产品"保利销售额"。

核对计算数与平台自动生成数是否存在差异，检验计算数的正误，如图 3-17 所示。

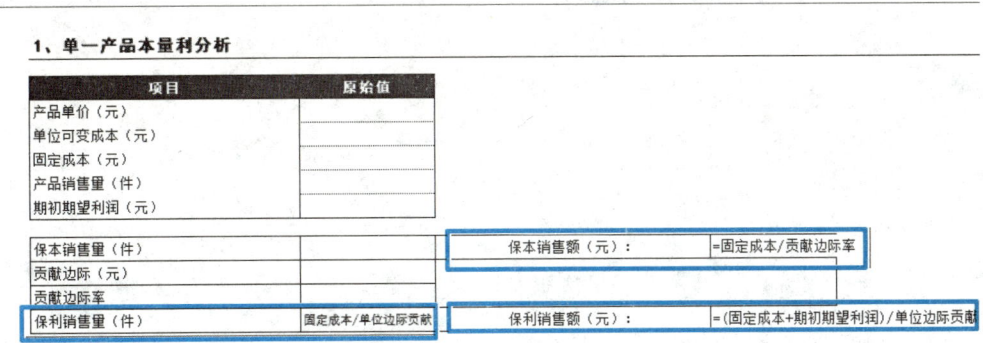

图 3-17　单一产品本量利分析指标

8. 绘制动态分析图

填写产品单价、产品可变成本、固定成本数值，平台智能生成单一产品本量利动态分析图形，拖动调整按钮，图形随之变化。根据指标填写与动态图形的呈现，掌握盈亏平衡分析对企业决策的重要意义，如图 3-18 所示。

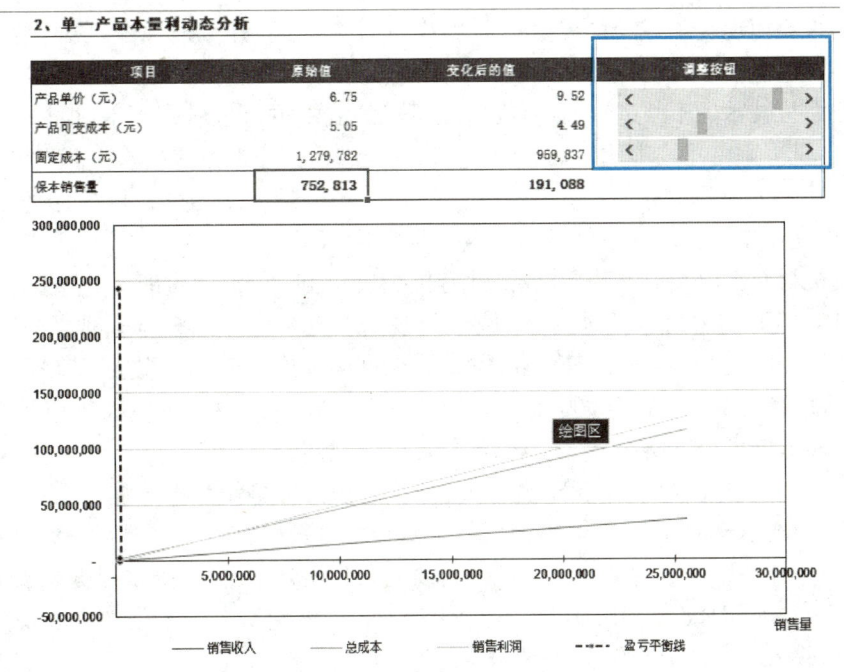

思政驿站

知识拓展

图 3-18　单一产品动态分析图

任务三　生产分配任务决策

任务目标

一、知识目标
1. 熟知相关成本与无关成本概念。
2. 识别相关成本的成本内容。

二、技能目标
1. 能够根据相关成本法进行决策。
2. 能够根据成本无差别点法进行决策。

三、思政目标
1. 培养学生可持续发展的理念,培养学生用发展的眼光看待生产和分配。
2. 注重长远规划和科学决策。

案例背景

渝之兴集团现有主打产品中魅力系列出现亏损,分析其亏损原因,成本是主要影响因素,其中单位变动成本占价格比率达到57%,即变动成本率较高。

随着面板技术的不断进步,屏幕在智能机里的成本占比也居高不下,根据TechInsights的数据,手机屏幕占总成本比例的20%左右,和处理器的成本占比相当。而大屏手机的屏幕占总成本比例则更高,接近25%。渝之兴集团生产的魅力系列手机屏采用的是OLED屏幕,即有机发光二极管。OLED显示技术与传统的LCD显示技术不同,无需背光灯,采用非常薄的有机材料涂层和玻璃基板(或柔性有机基板),当有电流通过时,这些有机材料就会发光。而且OLED屏幕可以做得更轻、更薄,可视角度更大,并且能够显著地节省耗电量。

在挖掘变动成本为何如此高的原因时,采购部门提出一个新的想法,就目前存在的采购困难、与供应商协商困难的问题,提出是否可以考虑将零部件从供应商供应更换为自主研制,这样一来,既可控制质量、保证及时供货,还可以控制成本。

目前,渝之兴集团向上海市智显科技有限公司采购屏幕作为生产魅力系列的原材料,采购单价为500元,年运输费用为40万元。上海市智显科技有限公司是一家集研发、设计、生产、销售为一体的国家级高新技术企业。若渝之兴集团自主研发屏幕,根据魅力系列产品的销售量,生产屏幕的数量为10万件。收入信息如下:无论是自制还是外购屏幕均用于生产魅力系列,收入相等。成本信息如下:单位直接材料200元,直接人工150元,变动制造费用100元,固定制造费用50元;若渝之兴集团的多余生产能力不用于生产该零部件,而是用于出租,每年可获得租金收入240万元;研发设计屏幕的研究开发费用100万元;渝之兴集团在2020年聘请技术专家对屏幕外观设计进行指导,花费1万元,由于手机更新换代快,聘请技术专家对本次自制并不起指导作用;屏幕从外采购或者自制后均会发生改造加工费用

30万元和仓储管理费用10万元。

根据以往历史资料,渝之兴集团生产和采购屏幕零部件的相关信息,如表3-6所示。

表3-6   2024年屏幕零部件相关资料

项目名称	数量/价格	项目名称	数量/价格
年需求量(万件)	10.8	单位生产成本(元/件)	300
采购单价(元)	500	每次生产准备成本(元)	100
每次订货成本(元/次)	200	每日产量(件)	600
单位储存变动成本(元/件)	2		

根据企业背景资料,判断该决策涉及哪些相关成本,对魅力系列产品生产原材料OLED屏幕作出自制或者外购的决策。

任务要求

1. 判断零部件生产过程中的相关成本与无关成本。
2. 运用相关成本法对零部件自制或外购进行决策。
3. 运用成本无差别点分析法对零部件自制或外购进行决策。
4. 运用经济订货批量法对零部件自制或外购进行决策。

任务解析

现代管理理论认为管理的重心在于经营,经营的重心在于决策。正确的决策对于企业的生存与发展是至关重要的,一般采用两种方法,一是相关成本法,二是成本无差别点分析法,其中均涉及收入与成本因素。而在库存管理领域,经济订货批量法为企业决策提供重要依据。

一、相关成本法

1. 确定相关收入与无关收入

相关收入为特定决策方案创造的收入;无关收入为其他方案均可创造的收入。

2. 确定相关成本与无关成本

相关成本的计算公式为:

$$相关成本 = 机会成本 + 专属成本 + 付现成本$$

其中,付现成本又称现金支出成本。在进行短期经营决策时,付现成本就是动用现金支付的有关成本。在企业现金短缺、支付能力不足、筹资又十分困难的情况下,对于急需实施的方案,必须以付现成本而不是总成本为方案取舍的标准进行决策。

无关成本的计算公式为:

$$无关成本 = 沉没成本 + 共同成本$$

(1) 沉没成本是指过去已经发生并无法由现在或将来的任何决策所改变的成本。沉没成本是对现在或将来的任何决策都无影响的成本,可见沉没成本是企业在以前经营活动中已经支付现金,而在现在或将来经营期间摊入成本费用的支出。因此,固定资产、无形资产、递延资产的投资等均属于企业的沉没成本,均无法影响现在的任何决策。

(2) 共同成本是与专属成本相对立的成本,是指应当由多个方案共同负担的成本,如为多种产品的生产或为多个部门的设置而注定要发生的固定成本。由于共同成本的发生与特定方案的选择无关,在决策中可以不予考虑。在进行方案选择时,专属成本是与决策有关的成本,必须予以考虑,而共同成本则是与决策无关的成本,可以不予考虑。

3. 比较方案总成本,作出决策

比较自制零部件的相关成本与外购零部件的相关成本,若外购成本小于自制成本,应选择外购零部件;反之,作出自制零部件的决策。

二、成本无差别点分析法

1. 判断成本无差别点分析法的应用范围

成本无差别点分析法,是指在各备选方案的相关收入均为零、相关的业务量为不确定因素时,通过判断处于不同水平的业务量与成本无差别点之间的关系,利用不同业务量优势区域进行最优决策方案选择的方法。

2. 计算多个方案的成本无差别点

使用成本无差别点分析法的关键是寻找使两个或多个方案成本相等的业务量,这个业务量称为成本无差别点,根据备选方案在无差别点两侧的总成本的高低,结合实际业务量,选择最优方案。

假设现需要在甲、乙两个方案中作出决策,成本无差别点业务量是能使两方案总成本相等的业务量,记作 x_0。

设甲方案的成本为:$y_1 = a_1 + b_1 x$

设乙方案的成本为:$y_2 = a_2 + b_2 x$

成本无差别点业务量(x_0)=两方案相关固定成本之差÷两方案相关单位变动成本之差
$$= (a_1 - a_2) \div (b_1 - b_2)$$

3. 依据判断标准,作出决策

从成本无差别点图(图 3-19)中,我们可以看到:

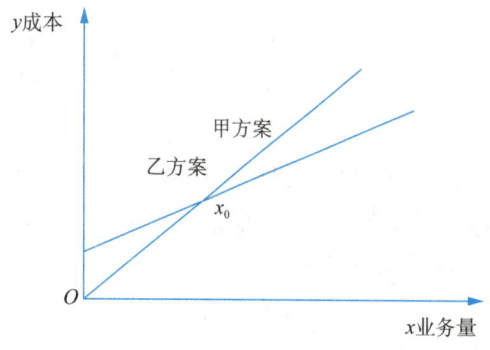

图 3-19 成本无差别点图

(1) 若业务量 $x > x_0$ 时,则固定成本较低的乙方案为最优方案。

(2) 当业务量 $x < x_0$ 时,则固定成本较低的甲方案为最优方案。

(3) 若业务量 $x = x_0$ 时,则两方案的成本相等,两者均可。

注意:贡献毛益分析法和差量分析法都适用于收入成本型方案决策。企业在生产经营中,面临许多成本型方案决策,可以考虑采用成本无差别点分析法进行方案的选择。

三、经济订货批量法

1. 确定自制或外购零部件的数量

根据经济订货批量方法结合企业历史资料确定自制或外购零部件的数量,其计算公式如下:

(1) 经济订货批量 $Q_1 = \sqrt{\dfrac{2DS}{C}}$

其中,D 为商品年需求量;S 为每次订货成本;C 为单位商品年储存成本。

(2) 最优生产量 $Q_2 = \sqrt{\dfrac{2DKq}{C(q-d)}}$

其中,D 为商品年需求量;K 为每次生产准备成本;C 为单位商品年储存成本;q 为每日生产产品数量;d 为每日消耗产品数量。

2. 确定自制或外购零部件的总成本

外购的订储总成本＝储存成本＋订货成本
　　　　　　　　＝最优订货批量×单位储存成本＋单位订货成本×购买数量

将经济订货批量 Q_1 带入上述公式中,外购的订储总成本公式可以写作 $\sqrt{2DSC}$。

自制的订储总成本＝储存成本＋订货成本

总成本＝自制的订储总成本＋外购的订储总成本

3. 依据判断标准,作出决策

比较自制零部件的相关成本与外购零部件的相关成本,若外购成本小于自制成本,应选择外购零部件;反之,作出自制零部件的决策。

现将生产分配任务决策归纳总结,如图 3-20 所示。

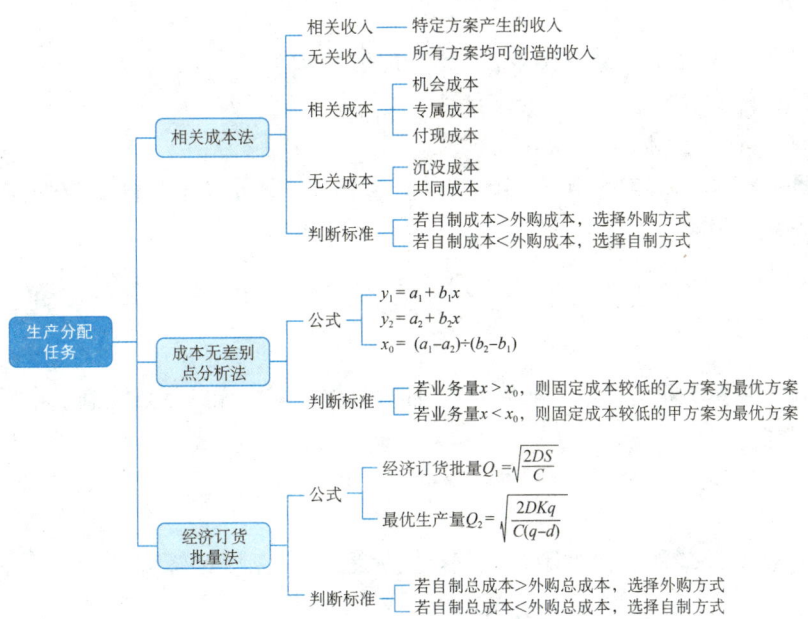

图 3-20　生产分配任务决策思维导图

工作流程

1. 辨别相关收入、无关收入和相关成本、无关成本

根据任务背景和企业提供的产品成本信息,识别产品创造的收入属于相关收入还是无关收入,产生的成本属于相关成本还是无关成本,完成以下收入与成本的连线分类处理,如图3-21所示。

图 3-21 收入、成本分类

2. 采用相关成本法计算自制屏幕、外购屏幕的相关总成本

自制零部件的总成本＝

外购零部件的总成本＝

3. 根据上述自制零部件和外购零部件计算结果,作出零部件自制或外购的决策,并简要说明原因

4. 若渝之兴集团无法确定零部件的数量时,请根据成本无差别点绘制成本无差别点图

5. 依据成本无差别点的判断标准,作出决策,企业应该选择哪种方式获取零部件

6. 依据最优经济订货批量法编制屏幕零部件自制或外购成本计算表(表3-7)

表3-7　　　　　　　　屏幕零部件自制或外购成本计算表　　　　　　数量单位:件
金额单位:元

项目名称	外购	自制	两者差额
经济订货批量(最优生产量)			
最低储存成本			
购买成本(自制成本)			
决策结论			

 **实践操作**

运用经济订货批量法完成生产任务分配决策。进入财经大数据应用服务平台,在管理会计实验课程页面选择"生产任务分配决策"任务,按操作步骤完成任务。

1. 阅读案例背景

点击"案例资料"阅读案例背景,如图3-22所示。

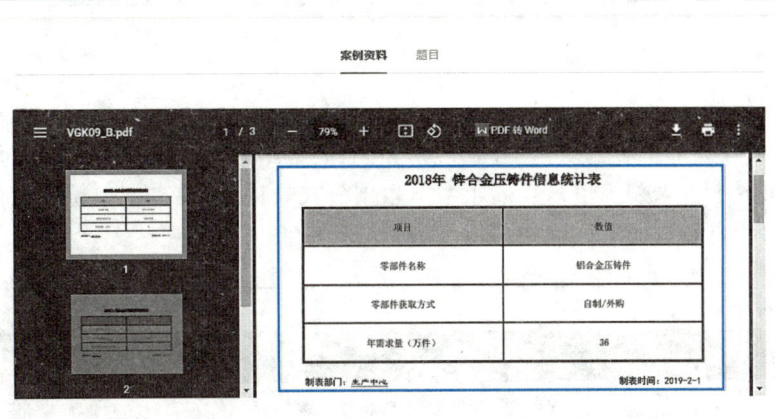

图3-22　阅读案例背景

2. 填列信息

根据2018年锌合金压铸件信息统计表,填列"年需要量";根据公式"每日用量=年需要量÷360",计算填列"每日用量",如图3-23所示。

图3-23　填列信息

3. 计算指标

根据案例背景填列外购参数("单价""每次订货成本""单位存储变动成本")和自制参数("单位生产成本""每次生产准备成本""单位存储变动成本""每日产量"),如图 3-24 所示。

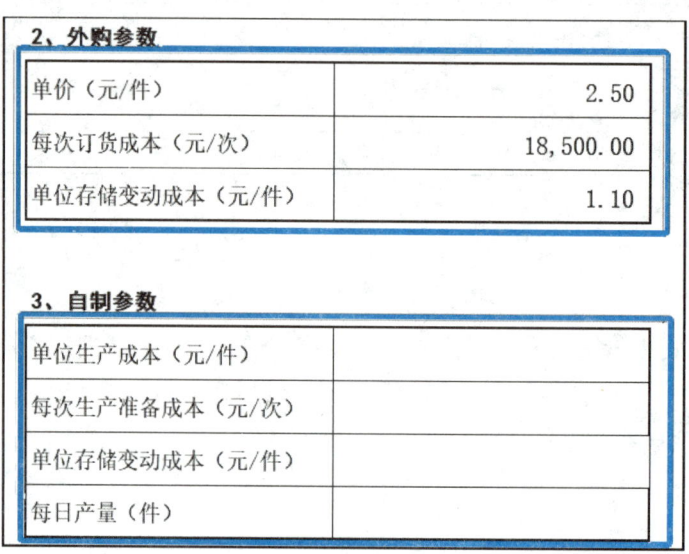

图 3-24　计算指标

4. 决策目标

根据经济订货批量法公式,计算在经济订货批量法下的订储成本为最低订储成本。根据公式"购买成本=采购单价×年需求量",根据公式"自制总成本=单位生产成本×年需求量",计算填列"自制总成本",完成智能填列,如图 3-25 所示。

4、决策目标	外购	自制	差额
经济订货量(最优生产批量)	=(2*年需要量*每次订货成本/每次储存变动成本)^(1/2)		
最低订储成本	=(2*年需要量*每次订货成本*每次储存变动成本)^(1/2)		
购买成本(自制成本)			
总成本	=最低订储成本+购买成本(外购成本)	=最低订储成本+购买成本(自制成本)	
决策	=IF(C23>D23,"建议自制","建议外购")		

图 3-25　智能决策制定

思政驿站

知识拓展

任务四　固定资产购置决策

任务目标

一、知识目标
1. 掌握资金时间价值概念。
2. 掌握现金流量的概念。

二、技能目标
1. 能够计算现金流量。
2. 能够计算净现值并进行决策。

三、思政目标
1. 掌握资金时间价值，培养效率意识和防范风险意识。
2. 培养学生科学分析、解决问题的能力。

案例背景

近年来，随着科技不断发展，新技术、新设计不断被应用，众多高科技产品设计被推向市场，如全面屏手机、无线充电功能、人工智能、生物识别功能、5G通讯、手机新形态折叠、隔空充电、AIoT等，加快推动手机的产品升级。手机产品通过将互联网、软件算法和硬件深度融合，利用大数据、云计算等技术完成大量场景化、个性化的数据积累和实时交互，持续推动信息技术的快速发展。

渝之兴集团大数据管理会计中心的投融资管理经理人提出：为了更好地作出生产经营短期决策和长期投资决策，欲投资建设一条新型专业生产线，完成企业产品实现隔空充电的功能。

市场总监提出：无线充电的优势十分明显，有线充电需要一根长长的数据线，难看又毫无科技感可言。而无线充电只需把手机往充电器上轻轻一靠，电流就源源不断地往手机里充，科技感强。市面上无线充电的手机主要是采用电磁感应原理来实现无线充电的。充电器和手机之间没有接口。手机内置接收线圈，充电器内置发送线圈。它们之间通过电磁感应将电量充入手机。无论你买什么品牌的手机，只要兼容充电头的无线充电标准，基本都能充电。

就此，渝之兴集团市场调研员通过广泛调研，就上述提议进行大数据分析，并发现，如果真正建立一条突破无线充电功能的生产线需要购置一处新的工厂。企业将新工厂购置作为固定资产长期投资核算，投资项目的背景资料如下：

（1）在第一年年初与第二年年初，企业每年需要投资生产设备500万元，预估第二年年末垫支流动资产100万元。

（2）生产设备第二年竣工，投产后估计经济寿命周期为5年，期末残值为15万元，每年按照直线法提取折旧。

（3）根据市场预测，投产后前三年每一年实现年产品销售收入为700万元，相关营运成本为200万元，后两年实现年产品销售收入为300万元，相关营运成本为50万元。

（4）假设渝之兴集团的企业所得税税率为30%，投资所需资金从银行借入，利率为10%。

请根据渝之兴集团的背景资料，判断是否作出购置新工厂这一固定资产的决策。

任务要求

1. 计算项目各阶段现金流量。
2. 计算资金时间价值的复利现值、终值。
3. 利用净现值法进行决策。

任务解析

一、计算现金流量

投资项目从整个经济寿命周期来看，大致分为投资期、营业期、终结期，根据三个周期进行现金流量的计算。

1. 投资期

投资期的现金流量主要是现金流出量，包括资产投资和营运资金垫支，如固定资产投资、无形资产投资、流动资产投资等。投资期的现金流量用 NCF_0 表示，其计算公式如下：

$$NCF_0 = -(固定资产投资额 + 无形资产投资额 + 流动资产投资额 + 其他投资额)$$

2. 营业期

营业期是投资项目的主要阶段，既有现金流入量，也有现金流出量。这个阶段的现金流入量主要是项目投产后所产生的营业收入，现金流出量是项目营运所产生的付现成本、所得税费用等。其计算公式如下：

$$\begin{aligned} NCF_{1\sim n-1} &= 营业收入 - 付现成本 - 所得税费用 \\ &= 营业收入 - (营业成本 - 折旧) - 所得税费用 \\ &= 营业收入 - 营业成本 - 所得税费用 + 折旧 \\ &= 税后净利润 + 折旧 \end{aligned}$$

3. 终结期

终结期的现金流量主要是现金流入量，包括固定资产变价净收入、垫支营运资金的收回等。其计算公式如下：

$$NCF_n = 税后净利润 + 折旧 + 该年回收额$$

二、资金时间价值

货币的时间价值相当于没有风险和没有通货膨胀条件下的社会平均资金利润率,这是利润平均化规律作用的结果。货币的时间价值可用绝对数(利息)和相对数(利息率)两种形式表示,通常用相对数表示。

货币时间价值的计量,涉及两个重要的概念:现值和终值。现值又称本金,是指未来某一时点上的一定量现金折算到现在的价值;终值又称将来值或本利和,是指现在一定量的现金在将来某一时点上的价值。由于终值与现值的计算与利息的计算方法有关,而利息的计算有复利和单利两种,终值与现值的计算也有复利和单利之分。本教材假设资金时间价值均采用复利进行计算。

1. 复利的现值和终值

复利是计算利息的一种方法,是指在计算利息时不仅对本金计息,对本金所生的利息也计息,俗称"利滚利"。

1)复利终值

复利终值的计算公式为:

$$F = P \times (1+i)^n$$

其中,F 代表终值,P 代表现值,i 代表利率,n 代表期数,$(1+i)^n$ 称为复利终值系数,用符号 $(F/P, i, n)$ 表示,其数值可查阅复利终值表。

2)复利现值

复利现值是复利终值的逆运算,是指将来某一特定时间取得或支出一定数额的资金,按复利折算到现在的价值,或者说是为将来取得的一定本利或换算成现在所需要的本金。

复利现值的计算公式为:

$$P = F \times (1+i)^{-n}$$

其中,$(1+i)^{-n}$ 称为复利现值系数,用符号 $(P/F, i, n)$ 表示,其数值可查阅复利现值表。

2. 年金的终值和现值

年金是指一定时期内,等额、定期的系列款项,如折旧、租金、等额分期付款、养老金、保险费、零存整取等。年金根据每次收付发生的时点不同,可分为普通年金、预付年金、递延年金和永续年金四种。

1)普通年金

(1)普通年金终值是指每期期末收入或支出的相等款项,按复利计算,最后一期所得的本利和用 F 表示,每期期末收入或支出的款项用 A 表示,那么每期期末收入或支出的款项折算到第 n 年的终值就是年金终值。

普通年金终值的计算公式为:

$$FA = A \times \frac{(1+i)^n - 1}{i}$$

其中,$\frac{(1+i)^n - 1}{i}$ 称为年金终值系数,记为 $(F/A, i, n)$。

(2) 普通年金现值是指一定时期内每期期末等额收支款项的复利现值之和,即在每期期末取得或支出相等金额的款项,现在需要一次投入或借入多少金额。普通年金现值将每年期末的收入或者支出折算到第 0 年,并将所有折算值进行相加。

普通年金现值的计算公式为:

$$PA = A \times \frac{1-(1+i)^{-n}}{i}$$

其中,$\frac{1-(1+i)^{-n}}{i}$ 称为年金现值系数,记为 $(P/A, i, n)$。

2) 预付年金

预付年金是指在每期期初收付的年金,又称即付年金或先付年金。

(1) 预付年金终值。预付年金终值的计算公式为:

$$FA = A \times \frac{(1+i)^n - 1}{i} \times (1+i) = A \times \left[\frac{(1+i)^{n+1} - 1}{i} - 1\right]$$

其中,$\left[\frac{(1+i)^{n+1}-1}{i} - 1\right]$ 与普通年金终值系数相比,期数加 1,而系数减 1,即 $F = A \times [(F/A, i, n+1) - 1]$。

(2) 预付年金现值。根据预付年金与普通年金的区别,预付年金现值仍然可以参照普通年金进行计算。与普通年金现值系数相比,期数减 1,而系数加 1,预付年金终值的计算公式为:

$$P = F \times [(P/A, i, n-1) + 1]$$

3) 递延年金

递延年金是指第一次收付发生在第二期或第二期以后的年金,即不在第一期开始收付的年金,它是普通年金的特殊形式。

(1) 递延年金终值。计算递延年金终值是从第 1 年开始支付计算,支付年数是 n 期。只要将这 n 期年金折算到期末,即可得到递延年金终值。因此,递延年金终值的大小与递延期无关,只与年金共支付多少期有关。它的计算方法与普通年金相同,计算公式为:

$$F = A \times (F/A, i, n)$$

(2) 递延年金现值。递延年金的现值可用以下两种方法来计算:

第一种方法,把递延年金视为 n 期的普通年金,得出年金在递延期期末点的现值,再将 m 点的现值调整到第一期期初,用公式表示为:

$$P = A \times (P/A, i, n) \times (P/F, i, n)$$

第二种方法,先假设递延期也同样发生收支,设置一个 $(m+n)$ 期的普通年金,得出 $(m+n)$ 期的年金现值,再扣除并未发生年金收支的 m 期的年金现值,即可求得递延年金现值,用公式表示为:

$$P = A \times [P/A, i, (m+n)] - A \times [P/A, i, m]$$

4) 永续年金

永续年金是指无限期定额收付的年金为永续年金。现实生活中的存本取息,可以视为

永续年金的一个例子。由于永续年金没有具体的终止时间,也就没有终值。永续年金的现值的计算公式为:

$$P = A \times \frac{1-(1+i)^{-n}}{i}$$

当 n 趋向 ∞ 时,$(1+i)^{-n}$ 的极限为零,$P = A \div i$。

三、计算净现值

净现值(net present value,NPV)是指投资项目(方案)在整个期限内未来净现金流量现值与项目原始投资现值的差额,即一项投资项目未来的报酬总现值超过原始投资额现值的余额。净现值法下有两个具体指标:一是绝对值,二是相对值。

净现值的计算公式为:

$$NPV = 未来现金净流量现值之和 - 初始投资额现值$$

判断标准:作为投资决策的衡量指标,净现值大于 0,说明投资项目可行;反之,则说明方案不可行。

现将固定资产购置决策归纳总结,如图 3-26 所示。

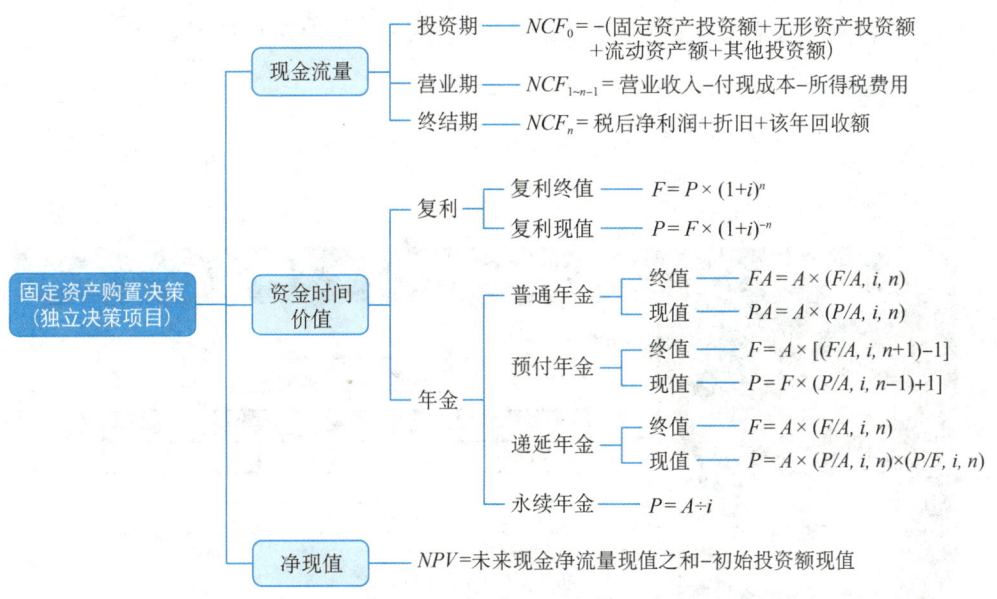

图 3-26　固定资产购置决策思维导图

 **工作流程**

1. 计算现金流量、资金时间价值、净现值

根据任务背景和企业拟投资项目的信息,编制投资项目净现值计算表,如表 3-8 所示。

表3-8　　　　　　　　　　投资项目净现值计算表　　　　　　　　金额单位:元

序号	项目	第0年	第1年	第2年	第3年	第4年	第5年
1	项目现金净流量						
2	折现系数						
3	折现现金流量						
4	净现值						
5	项目是否可行						

2. 根据上述计算出来的各项指标,采用净现值法作出项目决策,并分析原因

实践操作

进入大数据财经应用服务平台,在管理会计实验课程页面选择"设备更新改造决策"任务,按操作步骤完成任务。

1. 阅读案例背景

点击"案例资料",根据背景资料获取企业新建设备的具体信息,如图3-27所示。

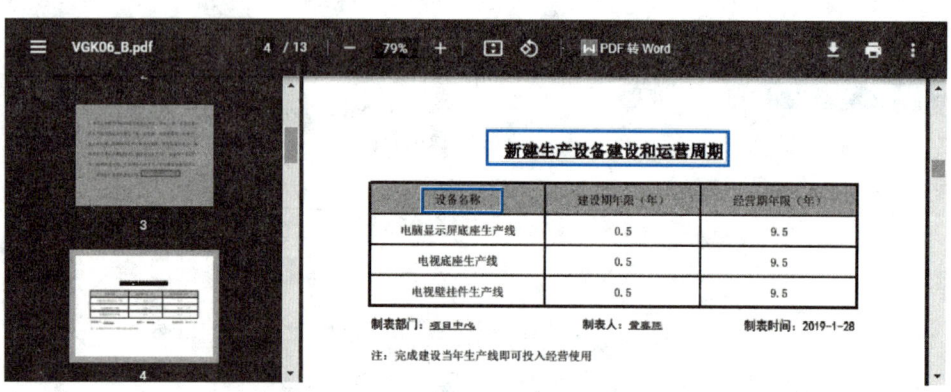

图3-27　新建生产设备信息

2. 计算现金流入

设备现金流入包括营业收入、回收固定资产余值、回收流动资金三个子项目,如图3-28所示。

1) 填列营业收入

根据"公司主要产品销售单价统计表",此处选取最近一年的单价作为预测数据,填列

"产品单价";根据"单套生产设备投产后各年产能统计表",填列"产品产量";假设市场投放率为100%,根据公式"产品市场投放量＝期初＋本期产量",计算填列"产品市场投放量"。

根据"公司主要产品销售率统计表"和"公司主要产品销售坏账统计表",填列"销售率"和"回款率";假设以扣除坏账率之后确定回款率。销售率以最近一年的数据进行测算。根据公式"营业收入(销售回款)＝产品单价×销售数量×回款率",计算填列"营业收入(销售回款)"。

2）填列回收固定资产余值

根据"新设备关键投资信息",填列最后一期的"回收固定资产余值(残值变现收入)"。

3）填列回收流动资金

根据公式"回收流动资金＝(产品市场投放量－销售数量)×产品单位成本",计算填列最后一期的"回收流动资金"。其中,"产品单位成本"根据"单位产品生产消耗定额统计表"计算。

固定资产更新决策模型

2、项目现金流测算

2.1 旧设备现金流量表

序号	项目	期间	第0期	第1期	第2期
1	现金流入				
1.1	营业收入(销售回款)		＝产品单价×销售数量×回款率		
1.1.1	产品单价				
1.1.2	产品产量				
1.1.3	产品市场投放量				
1.1.4	销售率				
1.1.5	销售数量				
1.1.6	回款率				
1.2	回收固定资产余值(残值变现收入)		残值收入		
1.3	回收流动资金		＝(产品市场投放量－销售数量)×产品单位成本		

图 3-28 新设备购置现金流入量

3. 计算现金流出

根据公式"现金流出＝静态建设投资(大修理支出)＋利用原有固定资产＋流动资金投入＋经营成本＋税金及附加＋非付现成本＋利润总额＋调整所得税＋维持运营投资",计算填列"现金流出",如图 3-29 所示。

1）经营成本

根据公式"经营成本＝销售数量×单位产品成本＋年度运维费用",计算填列"经营成本"。其中,"年度运维费用"根据"单套生产设备投产后年度运维费用统计表"计算。

2）税金与附加

根据公式"税金及附加＝产品单价×销售数量×增值税税率×(城市维护建设税税率＋教育费附加及地方教育附加费率)",计算填列"税金及附加"。

2	现金流出			
2.1	静态建设投资（大修理支出）			
2.2	利用原有固定资产			
2.3	流动资金投入			
2.4	经营成本	=销售数量×单位产品成本+年度运维费用		
2.5	税金及附加	=产品单价×销售数量×增值税率×（城建税率+教育费附加及地方教育费率）		
2.6	非付现成本	=（新设备初始投资成本-残值）/尚可使用年限		
2.7	利润总额	=销售数量×产品单价-经营成本-税金及附加-非付现成本		
2.8	调整所得税			
2.9	维持运营投资			

图 3-29　旧设备购置现金流出量

3）非付现成本和利润总额

根据公式"非付现成本=（新设备初始投资成本－残值）÷尚可使用年限"，计算填列"非付现成本"；根据公式"利润总额=销售数量×产品单价－经营成本－税金及附加－非付现成本"，计算填列"利润总额"。

4. 计算所得税后累计净现金流量

根据公式"所得税前净现金流量＝现金流入－现金流出＋调整所得税"，计算填列"所得税前净现金流量"；根据公式"所得税后净现金流量＝所得税前净现金流量－调整所得税"，计算填列"所得税后净现金流量"；根据公式"所得税前累计净现金流量＝当期的所得税前净现金流量＋所有以前各期的所得税前净现金流量"，计算填列"所得税前累计净现金流量"；根据公式"所得税后累计净现金流量＝当期的所得税后净现金流量＋所有以前各期的所得税后净现金流量"，计算填列"所得税后累计净现金流量"，如图 3-30 所示。

固定资产更新决策模型

2.1	静态建设投资（大修理支出）			
2.2	利用原有固定资产			
2.3	流动资金投入			
2.4	经营成本	=销售数量×单位产品成本+年度运维费用		
2.5	税金及附加	=产品单价×销售数量×增值税率×（城建税率+教育费附加及地方教育费率）		
2.6	非付现成本	=（新设备初始投资成本-残值）/尚可使用年限		
2.7	利润总额	=销售数量×产品单价-经营成本-税金及附加-非付现成本		
2.8	调整所得税			
2.9	维持运营投资			
3	所得税前净现金流量	=现金流入-现金流出+调整所得税		
4	所得税后净现金流量	=所得税前净现金流量-调整所得税		
5	所得税前累计净现金流量	=当期的所得税前净现金流量+所有以前各期的所得税前净现金流量		
6	所得税后累计净现金流量	=当期的所得税后净现金流量+所有以前各期的所得税后净现金流量		

图 3-30　所得税后累计净现金流量

5. 填列新设备净现值

使用 NPV 函数计算"净现值",如在"净现值"单元格中输入公式"=NPV(D5,E81:N81)+D81",如图 3-31 所示。

思政驿站

知识拓展

2.4	经营成本	=销售数量×单位产品成本+年度运维费用		
2.5	税金及附加	=产品单价×销售数量×增值税率×(城建税率+教育费附加及地方教育费率)		
2.6	非付现成本	=(新设备初始投资成本-残值)/尚可使用年限		
2.7	利润总额	=销售数量×产品单价-经营成本-税金及附加-非付现成本		
2.8	调整所得税			
2.9	维持运营投资			
3	所得税前净现金流量	=现金流入-现金流出+调整所得税		
4	所得税后净现金流量	=所得税前净现金流量-调整所得税		
5	所得税前累计净现金流量	=当期的所得税前净现金流量+所有以前各期的所得税前净现金流量		
6	所得税后累计净现金流量	=当期的所得税后净现金流量+所有以前各期的所得税后净现金流量		
净现值:		=NPV(D5,E81:N81)+D81		

图 3-31　计算净现值

任务五　设备更新改造决策

 **任务目标**

一、知识目标
1. 掌握净现金流量的概念。
2. 掌握等额净现值和内含报酬率的概念。

二、技能目标
1. 能够计算等额净现值并进行决策。
2. 能够计算内含报酬率并进行决策。

三、思政目标
1. 掌握资金时间价值,培养效率意识、防范风险的安全意识。
2. 培养学生科学分析、解决问题的能力。

 **案例背景**

2024 年年底,渝之兴集团生产部门对各生产线进行例行排查和检修,发现设备出现老化以及产能严重弱化的情况。渝之兴集团生产部门联合财务部等部门进行设备更新改造研

判,及时召开生产部门本年度第 31 次生产部门会议,并形成会议记录。

渝之兴集团生产部门会议纪要

会议时间:2024 年 12 月 12 日

会议地点:生产部门会议室 201

会议主题:生产部门关于生产设备(手机电池自动组装设备)更新改造问题研判

会议内容:

(1)生产部门负责人通报:经生产部门技术人员杨纲对编号 YY-07 手机电池自动组装设备进行检测,因技术人员张某维护不周导致设备产能严重弱化。与供应商联系后得知,该设备需要进行修理才可继续投入生产,经过评估,修理费用一次性投入 40 万元,修理后设备预计可使用年限为 5 年,折旧方法为直线法,设备每年能够生产电池 7 万件,残值 1 万元;该设备如果不进行修理,变现收入为 8 万元,设备当前的账面价值余额为 10.3 万元。

(2)企业往来核算岗位人员李花表示:与供应商沟通,并经过供应商现场勘察后得知,手机电池自动组装设备新购买的投资成本为 42 万元,预计可以使用 10 年,残值率为 5%,折旧方法为直线法。

(3)财务总监列席会议,就与本会议内容相关设备的数据予以展示。其中,表 3-9 为新生产设备投产后未来年度预计固定运维费用明细;表 3-10 为新生产设备投产后预计年度产能明细;表 3-11 为产品单位消耗定额明细,表 3-12 为企业税费计算依据,表 3-13 为企业销售信息。

表 3-9　　　　　　　　　　　预计固定运维费用明细　　　　　　　　　　　单位:元

年份	2024 年	2024 年及以后
管理人员薪酬	40 000	41 000
房租	12 000	12 000
固定销售费用	22 000	22 000
其他固定费用	5 000	5 000

制表部门:财务部门　　　　　　　制表人:王兴　　　　　　　制表时间:2024 年 12 月 1 日

表 3-10　　　　　　　　　　　预计年度产能明细　　　　　　　　　　　单位:件

设备名称	1~3 年产能	4~7 年产能	8~10 年产能
手机电池自动组装设备	10 000	12 000	12 500

制表部门:生产部门　　　　　　　制表人:李莉　　　　　　　制表时间:2024 年 12 月 1 日

表 3-11　　　　　　　　　　　产品单位消耗定额明细　　　　　　　　　　　单位:元

产品名称	原材料单耗	人工单耗	制造费用单耗
手机电池	1.2	0.3	0.4

制表部门:生产部门　　　　　　　制表人:李莉　　　　　　　制表时间:2024 年 12 月 1 日

表 3-12　　　　　　　　　　企业税费计算依据

税种	税率	计税依据
增值税	13%	营业收入
所得税	25%	利润总额
城市维护建设税	7%	增值税
教育费附加及地方教育附加	5%	增值税

制表部门:财务部门　　　　　　制表人:王兴　　　　　　制表时间:2024 年 12 月 1 日

表 3-13　　　　　　　　　　企业销售信息　　　　　　　　　　金额单位:元

项目	2022 年	2023 年	2024 年
销售率	90%	95%	95%
单位价格	5.1	5.2	5.0

制表部门:销售部门　　　　　　制表人:王海　　　　　　制表时间:2024 年 12 月 1 日

(4) 全体与会人员就上述会议内容探讨是否需要更新手机电池自动组装设备。

任务要求

1. 计算方案各年度现金流量。
2. 计算设备更新和改造方案的净现值。
3. 计算设备更新和改造方案的年等额净现值。
4. 计算设备更新和改造方案的内含报酬率。
5. 利用以上方法进行设备更新或改造的决策。

任务解析

渝之兴集团面临的是固定资产(设备)更新改造决策,这是企业项目投资在实务中应用最普遍的一种投资决策形式。企业可以采用净现值法、等额净现值法、内含报酬率法来进行决策。

一、净现值法

(1) 计算固定资产更新或改造方案的现金流入。其计算公式为:

现金流入 = 营业收入(销售回款) + 回收固定资产余值 + 回收流动资金
营业收入(销售回款) = 产品单价 × 销售数量 × 回款率

(2) 计算固定资产更新或改造的现金流出。其计算公式为:

现金流出 = 静态建设投资(大修理支出) + 利用原有固定资产 + 流动资金投入
　　　　　 + 经营成本 + 税金及附加 + 调整所得税 + 维持运营投资
流动资金投入 = (产品产量 − 产品销量) × 单位产品成本

经营成本＝销售数量×单位产品成本＋年度运维费用

税金及附加＝产品单价×销售数量×增值税税率×（城市维护建设税税率
　　　　　　＋教育费附加及地方教育附加费率）

利润总额＝销售数量×产品单价－经营成本－税金及附加－非付现成本

调整所得税＝利润总额×所得税税率

(3) 计算净现金流量。其计算公式为：

所得税前净现金流量＝现金流入－现金流出＋调整所得税

所得税后净现金流量＝所得税前净现金流量－调整所得税

所得税前累计净现金流量＝当期的所得税前净现金流量
　　　　　　　　　　　　＋所有以前各期的所得税前净现金流量

(4) 选用 NPV 函数，依次计算资本成本率、各年度净现值、初始投资净现值。

(5) 判断标准：NPV＞0，即方案中净现值大于 0，方案可取；反之，方案不可取。

二、等额净现值法

(1) 计算净现金流量（同净现值法）。

(2) 选用 PMT 函数，依次计算资本成本率、年限、方案净现值。

(3) 判断标准：选择 PMT 数值更大的方案，即当方案中净现值大于 0，方案可取；反之，方案不可取。

三、内含报酬率法

(1) 选用 IRR 函数，选取范围为方案中的所得税后净现金流量，计算方案的内含报酬率。

(2) 判断标准：对比两种方案的内含报酬率，选择内含报酬率较大的方案，即当方案 1 的内含报酬率大于方案 2 的内含报酬率时，选择方案 1；反之，选择方案 2。

现将设备更新改造决策归纳总结，如图 3-32 所示。

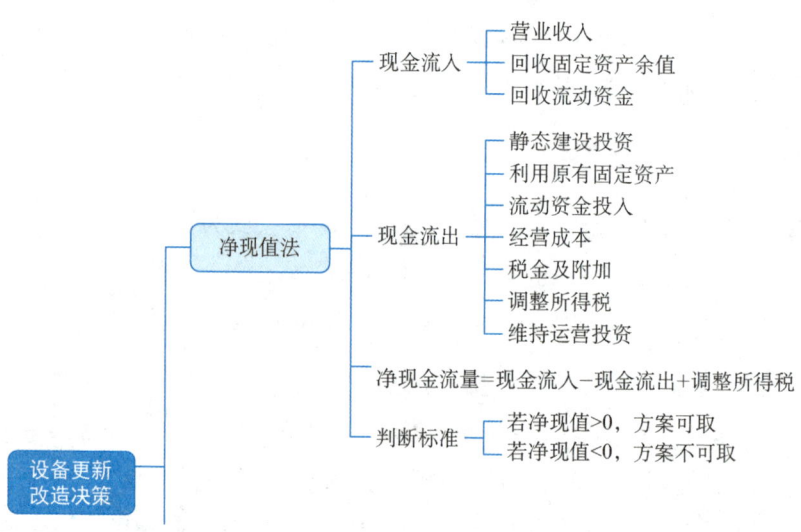

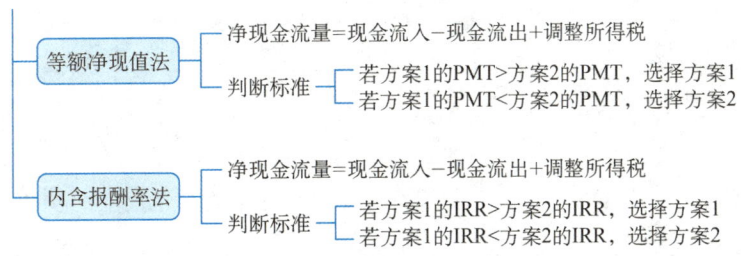

图 3-32　设备更新改造决策思维导图

工作流程

1. 整理新旧设备相关信息（表 3-14）

表 3-14　　　　　　　　　　新旧设备的关键信息　　　　　　　　金额单位：元

旧设备关键信息		新设备关键信息	
旧设备账面价值	103 000	新设备投资成本	420 000
旧设备变现收入	40 000	预计使用年限（年）	10
修理费用	400 000	残值	21 000
预计使用年限（年）	5	折旧方法	直线法
残值	10 000		
折旧方法	直线法		

2. 编制新旧设备的现金流量表

企业选取近三年单价的平均值作为现金流量表的单价依据；选取最近一年的销售率作为现金流量表的销售率依据，企业回款率为 90%；产品市场投放量等于起初产品数量加本期生产数量；企业资本成本率为 12%。填写旧设备现金流量表（表 3-15）和新设备现金流量表（表 3-16）。

表 3-15　　　　　　　　　　旧设备的现金流量表　　　　　　　　数量单位：件
　　　　　　　　　　　　　　　　　　　　　　　　　　　　　　　金额单位：元

序号	项目	第 0 期	第 1 期	第 2 期	第 3 期	第 4 期	第 5 期
1	现金流入						
1.1	营业收入（销售回款）						
1.1.1	产品单价						
1.1.2	产品产量						
1.1.3	产品市场投量						
1.1.4	销售率						

(续表)

序号	项目	第0期	第1期	第2期	第3期	第4期	第5期
1.1.5	销售数量						
1.1.6	回款率						
1.2	回收固定资产余值（残值变现收入）						
1.3	回收流动资金						
2	现金流出						
2.1	大修理支出						
2.2	流动资金投入						
2.3	经营成本						
2.4	税金及附加						
2.5	非付现成本						
2.6	利润总额						
2.7	调整所得税						
3	所得税前净现金流量						
4	所得税后净现金流量						
5	所得税前累计净现金流量						
6	所得税后累计净现金流量						
7	净现值						

表 3-16　　　　　　　　　　　新设备的现金流量表　　　　　　　　　　　数量单位：件
金额单位：元

序号	项目	第0期	第1期	第2期	第3期	第4期	第5期	第6期	第7期	第8期	第9期	第10期
1	现金流入											
1.1	营业收入（销售回款）											
1.1.1	产品单价											
1.1.2	产品产量											
1.1.3	产品市场投放量											
1.1.4	销售率											
1.1.5	销售数量											
1.1.6	回款率											
1.2	回收固定资产余值（残值变现收入）											

(续表)

序号	项目	第0期	第1期	第2期	第3期	第4期	第5期	第6期	第7期	第8期	第9期	第10期
1.3	回收流动资金											
2	现金流出											
2.1	静态项目投资											
2.2	流动资金投入											
2.3	经营成本											
2.4	税金及附加											
2.5	非付现成本											
2.6	利润总额											
2.7	调整所得税											
3	所得税前净现金流量											
4	所得税后净现金流量											
5	所得税前累计净现金流量											
6	所得税后累计净现金流量											
7	净现值											

实践操作

固定资产更新决策的基本思路为:将继续使用旧设备视为一种方案,将出售旧设备、购置新设备视为另一种方案,考虑后者与前者的差量现金流量,进而计算差量净现值、差量获利指数或差量内含报酬率,如果差量净现值为正、差量获利指数大于1或差量内含报酬率高于企业资金成本,则更新设备。任务10中已经对购置新设备的净现值计算进行实践操作,本任务中着重对旧设备的现金流进行计算,重在比较两种方案,并作出决策。

进入大数据财经应用服务平台,在管理会计实验课程页面选择"设备更新改造决策"任务,按操作步骤完成任务。

1. **阅读案例背景**

   点击"案例资料",根据背景资料获取企业新旧设备的具体信息,如图3-33所示。

2. **填写基本信息**

   根据"公司长期借款合同"中长期贷款利率的相关信息,填写"资金成本率";根据"公司税收政策统计表",填列"所得税税率";根据"公司主要产品销售率统计表"和"公司主要产品销售坏账统计表",填列"销售率"和"回款率",其中,销售率以最近一年的数据进行测算;根

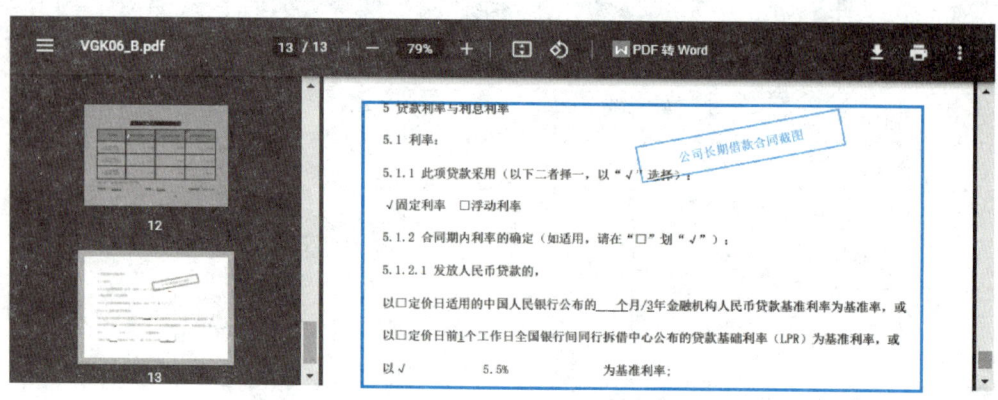

图 3-33 新旧设备的具体信息

据"生产中心会议纪要",填列"旧设备关键投资信息";根据"新建生产设备建设和运营周期",填列"尚可使用年限";根据"新建生产设备投资成本及进度表",填列"初始投资";根据公式"残值＝初始投资×残值率",计算填列"残值",如图 3-34 所示。

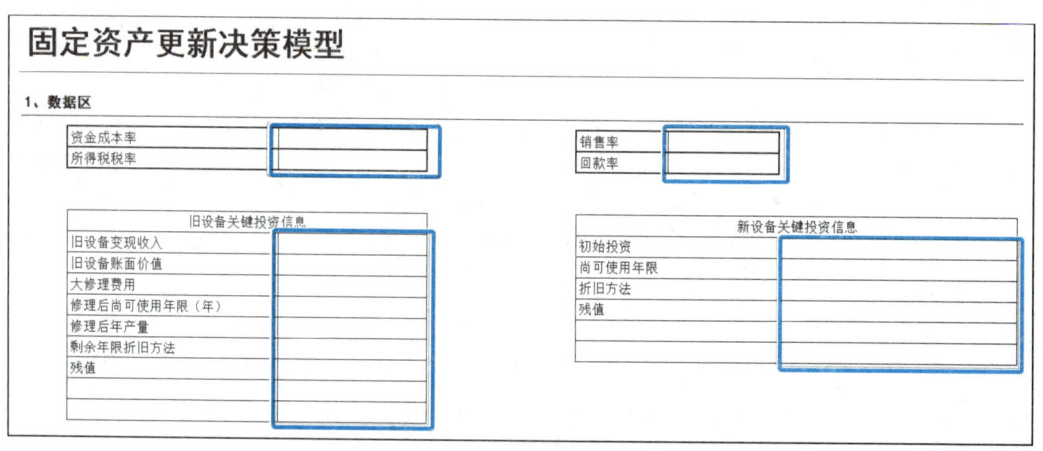

图 3-34 新旧设备基本信息填列

3. 旧设备现金流测算

1）现金流入

根据"公司主要产品销售单价统计表",填列"产品单价",此处选取最近一年的单价作为预测数据。

根据"公司主要产品销售率统计表"和"公司主要产品销售坏账统计表",填列"销售率"和"回款率"。假设以扣除坏账率之后确定回款率,销售率以最近一年的数据进行测算;根据公式"销售数量＝市场投放量×销售率",计算填列"销售数量"。

根据"旧设备关键投资信息",填列最后一期的"回收固定资产余值";根据公式"（产品市场投放量－销售数量）×产品单位成本",计算填列最后一期的"回收流动资金",其中,"产品单位成本"根据"单位产品生产消耗定额统计表"计算;根据公式"营业收入（销售回款）＝产品单价×销售数量×回款率",计算填列"营业收入(销售回款)"。根据公式"现金流入＝营业收入(销售回款)＋回收固定资产余值＋回收流动资金",计算填列"现金流入",如图3-35所示。

固定资产更新决策模型

2、项目现金流测算
2.1 旧设备现金流量表

序号	项目	期间	第0期	第1期
1	现金流入			
1.1	营业收入(销售回款)		=产品单价×销售数量×回款率	
1.1.1	产品单价			
1.1.2	产品产量			
1.1.3	产品市场投放量			
1.1.4	销售率			
1.1.5	销售数量			
1.1.6	回款率			
1.2	回收固定资产余值(残值变现收入)			残值收入
1.3	回收流动资金			=(产品市场投放量-销售数量)×产品单位成本

图3-35 旧设备现金流计算

2)现金流出

现金流出的计算与任务10新设备购置的现金流出计算相同。

4. 新设备现金流测算

新设备现金流测算已经在任务10中完成。

5. 投资决策区域

在使用旧设备等额净现值单元格中输入公式"＝－PMT(利率,支付总期数,现值,终值,是否期初支付)",使用PMT函数计算"使用旧设备年等额净现值"。在使用新设备年等额净现值单元格中输入公式"＝－PMT(利率,支付总期数,现值,终值,是否期初支付)",使用PMT函数计算"使用新设备年等额净现值"。

在使用旧设备内含报酬率单元格中输入公式"＝IRR(旧设备现金流数据)",使用IRR函数计算"使用旧设备内含报酬率"。在使用新设备内含报酬率单元格中输入公式"＝IRR(新设备现金流数据)",使用IRR函数计算"使用新设备现金流计算内含报酬率"。最终根据投资决策智能决策得出结果,如图3-36所示。

3、投资决策区域

静态指标			
使用旧设备年等额净现值	=-PMT(利率,支付总期数,现值,终值,是否期初支付)	使用旧设备内含报酬率	=IRR(旧设备现金流)
使用新设备年等额净现值	=-PMT(利率,支付总期数,现值,终值,是否期初支付)	使用新设备内含报酬率	=IRR(新设备现金流)
年等额净现值增加额	=使用新设备年等额净现值-使用旧设备年等额净现值		

图3-36 投资决策

思政驿站

知识拓展

模块四　预算编制

任务一　经营预算编制

任务目标

一、知识目标
1. 概括预算管理的含义和主要内容。
2. 熟知预算管理的编制流程和编制方法。
3. 熟知编制经营预算和专门决策预算各类预算的含义和计算公式。

二、技能目标
1. 能结合企业资料准确编制销售预算和生产预算。
2. 能结合企业资料准确编制直接材料预算、直接人工预算和制造费用预算。
3. 能结合企业资料准确编制单位产品成本预算和期末存货预算。
4. 能结合企业资料准确编制销售成本预算、销售费用预算和管理费用预算。
5. 能结合企业资料准确编制专门决策预算。

三、思政目标
1. 培养严谨的工作态度和良好的职业道德,强调预算编制工作中的责任意识和团队协作精神。
2. 掌握并遵循国家相关财务政策与法律法规,树立正确的财经观念,维护企业经济活动的合法性、合规性。
3. 增强对企业战略目标的认同感,通过预算管理提升企业的核心竞争力,助力企业可持续发展。
4. 提高对国家宏观经济形势的认识,关注国内外经济动态,使预算编制更加符合国家经济发展大局。
5. 培养创新意识和实践能力,积极探索预算管理的新方法、新技术,为企业创造价值。

案例背景

渝之兴集团为编制2025年度经营预算,收集整理相关背景资料。

一、销售预算编制的背景资料

渝之兴集团生产销售红耀系列手机,2025 年年初应收账款数据和各季度预测的销售单价和销售量等资料,如表 4-1 所示。

表 4-1　　　　　　　　　　渝之兴集团 2025 年预计销售情况

项目		第一季度	第二季度	第三季度	第四季度	应收账款年初余额(元)	收现率	
							当期	下一期
红耀系列手机	预计销售单价(元)	450	450	450	450	216 000	40%	60%
	预计销售量(件)	1 500	2 250	3 000	2 250			

二、生产预算编制的背景资料

渝之兴集团 2024 年年末红耀系列手机存货为 150 件,单位成本 210 元,预计 2025 年第一季度销售量为 1 700 件,预计在每季度末保持期末存货量为下一季度销售量的 10%。

三、直接材料及采购现金支出预算编制的背景资料

渝之兴集团生产红耀系列手机需要耗用 A 材料,每件产品消耗材料定额为 4 千克,材料单价为 30 元。2024 年年末库存 A 材料 1 260 千克,预计 2025 年第一季度生产用量为 7 000 千克,每一季度的期末存量按下一季度的生产用料量的 20% 安排。材料采购的货款有 50% 在本季度内付清,剩下部分在下一季度付清。渝之兴集团期初应付账款为 50 000 元。

四、直接人工预算编制的背景资料

渝之兴集团红耀系列手机的定额工时为 5 小时,直接人工工资率为 10 元/小时。2025 年度红耀系列手机生产预算已编制完成。

五、制造费用预算编制的背景资料

渝之兴集团的变动制造费用分配率为 12 元/小时,其中,间接材料为 3 元/小时,间接人工为 3 元/小时,变动修理费用为 2 元/小时,水电费为 1.5 元/小时,其他费用为 2.5 元/小时。全年固定制造费用为 540 000 元,其中,修理费 80 000 元,折旧费 135 000 元,管理人员工资 100 000 元,保险费 120 000 元,租赁费 105 000 元,除了当期计提的固定资产折旧,其余制造费用均用现金支付。

六、单位产品成本预算编制的背景资料

渝之兴集团 2025 年变动制造费用定额为 5 小时/件,且采用变动成本法核算产品成本。渝之兴集团 2025 年年初的预计销售情况、销售预算、生产预算、直接材料预算、直接人工预算和制造费用预算已编制完成。产品单位产品成本预算采用变动成本法编制。

七、期末存货预算编制的背景资料

所需背景资料见前述任务。

八、生产和销售成本预算编制的背景资料

所需背景资料见前述任务。

九、生产和销售及管理费用预算编制的背景资料

渝之兴集团单位变动销售费用为 30 元,每季度的固定销售及管理费用为 100 000 元,其中包含折旧费 20 000 元。

十、其他现金支出预算编制的背景资料

渝之兴集团每季度应付股利 25 000 元,每季度预交所得税 32 000 元。

十一、专门决策预算编制的背景资料

渝之兴集团为提高产品质量,拟增设一套专用检测设备,提出以下三个方案:

方案一:第一季度开始自行研制,预计研发费用 60 000 元,自制成本 80 000 元,预计半年时间完成。

方案二:第二季度从市场上购置全新设备,预计成本 113 000 元。

方案三:第一季度开始采用经营租赁的方式租入,每年租金 20 000 元。

渝之兴集团经专题会议决策,决定采用第二个方案。

任务要求

1. 编制渝之兴集团 2025 年销售预算。
2. 编制渝之兴集团 2025 年生产预算。
3. 编制渝之兴集团 2025 年直接材料预算。
4. 编制渝之兴集团 2025 年直接人工预算。
5. 编制渝之兴集团 2025 年制造费用预算。
6. 编制渝之兴集团 2025 年单位产品成本预算。
7. 编制渝之兴集团 2025 年期末存货预算。
8. 编制渝之兴集团 2025 年销售成本预算。
9. 编制渝之兴集团 2025 年销售及管理费用预算。
10. 编制渝之兴集团 2025 年其他现金支出预算。
11. 编制渝之兴集团 2025 年专门决策预算。

一、预算管理的编制内容

预算管理是指企业以战略目标为导向,通过对未来一定期间内的经营活动和相应的财务结果进行全面预测和筹划,科学、合理地配置企业各项财务和非财务资源,并对执行过程进行监督和分析,对执行结果进行评价和反馈,指导经营活动的改善和调整,进而推动实现企业战略目标的管理活动。

按照预算涉及业务活动的领域,预算管理的内容主要包括经营预算、专门决策预算和财务预算。

1. 经营预算

经营预算也称业务预算,是指与企业日常业务直接相关的一系列预算,包括销售预算、生产预算、采购预算、费用预算、人力资源预算等。其中,销售预算是经营预算的编制起点。

2. 专门决策预算

专门决策预算,是指企业重大的或不经常发生的、需要根据特定决策编制的预算,包括资本支出、资金筹措和股利发放等一次性专门业务预算。

3. 财务预算

财务预算,是指与企业资金收支、财务状况或经营成果等有关的预算,包括资金预算、预计资产负债表、预计利润表等。财务预算是依赖于经营预算和专门决策预算而编制的,是整个预算体系的主体。

二、预算管理的编制方法

(一) 按照业务量是否调整

按照业务量是否进行调整,预算管理可分为固定预算和弹性预算。

1. 固定预算

固定预算,又称静态预算,是指以预算期内正常的、最可能实现的某业务量(如生产量、销售量)水平作为固定的基础,不考虑可能发生的变动的预算编制方法。这是最传统、最基本的预算编制方法,适用于业务量水平较为稳定的预算项目。

2. 弹性预算

弹性预算,是指企业在分析业务量与预算项目之间数量依存关系的基础上,根据预算期可预见的不同业务量水平,分别确定其相应的预算额,以反映在不同业务量水平下所应开支的费用水平或收入水平的预算编制方法。编制弹性预算所依据的业务量是指企业销售量、生产量等与预算项目相关的弹性变量。弹性预算适用于随业务量变化而变化的各预算项目,如成本预算和利润预算。

(二) 按照编制的基础不同

按照编制的基础不同,预算管理可分为增量预算和零基预算。

1. 增量预算

增量预算,是指以基期成本费用水平为出发点,结合预算期业务量水平及有关降低成本的措施，调整有关费用项目而编制预算的方法。传统的预算编制方法一般采用增量预算，即以基期的实际预算为基础，对预算值进行增减调整，这种预算编制方法比较简便。

2. 零基预算

零基预算，是指企业不以历史期经济活动及其预算为基础，以零为起点，从实际需要出发分析预算期经济活动的合理性，经过综合平衡，形成预算的预算编制方法。

（三）按照预算期间是否变动

按照预算期间是否变动，预算管理可分为定期预算和滚动预算。

1. 定期预算

定期预算，是指在编制预算时，以固定不变的会计期间（如年度、季度、月度）作为预算期的一种预算编制方法。定期预算是一种广泛采用的传统预算编制方法。

2. 滚动预算

滚动预算，是指企业根据上一期预算执行情况和新的预测结果，按既定的预算编制周期和滚动频率，对原有的预算方案进行调整和补充，逐期滚动，持续推进的预算编制方法。预算编制周期，是指每次预算编制所涵盖的时间跨度。在编制预算时，将预算期与会计年度相分离，随着预算的执行不断延伸补充预算，逐期向后滚动，使预算期永远保持为一个固定的期间。因此，滚动预算也称永续预算或连续预算，是预算期始终保持某一特定期限（通常为12个月）的连续性预算，即预算期随着时间的推移而向后延伸，任何时期的预算都保持12个月的时间跨度。

滚动预算的主要特点是预算期具有连续性。其编制一般采用长计划、短安排的办法，即在具体编制时，先按年度分季，并将第一季度按月划分，编制各月的明细预算，其他三季的预算则可以笼统一些，只需列示各季总数。当第一季度即将结束时，将实际执行数与预算数进行对比分析并修正预算；再将第二季度的预算按月细分，编制各月的明细预算，同时编制下一年度第一季度的预算总数，如此逐期滚动。

三、销售预算的编制

销售预算，是指为规划一定预算期内因组织开展销售业务带来的销售收入而编制的一种经营预算。销售预算的主要内容是销量、单价和销售收入。

由于其他预算一般都是在销售预算的基础上编制或者大都与销售预算数据有关，可以说销售预算是编制全面预算的关键和起点。

销售预算需要在销售预测的基础上，根据企业年度目标利润确定的预计销售量和销售价格等参数进行编制。为了便于财务预算的编制，应当在编制销售预算的同时，编制与销售收入有关的经营现金收入预算，以反映全年各季销售所得的现销收入以及收回以前期间应收账款的现金收入。

销售预算由销售部门负责编制，在实际工作中通常划分品种、月份、销售区域来编制。

销售预算的计算公式如下：

$$预计销售收入 = 预计销售单价 \times 预计销售量$$

$$某期现销收入 = 该期销售收入 \times 该期预计现销率$$

$$预计经营现金收入 = 该期现销收入 + 该期收回以前期间应收账款$$

四、生产预算的编制

生产预算,是指为规划一定预算期内预计生产量水平而编制的一种经营预算,是安排预算期生产经营规模的计划,它是在销售预算的基础上编制的。生产预算是所有经营预算中唯一以实物量为计量单位的预算。

生产预算需要根据预计的销售量按品种分别编制。由于企业的生产和销售无法做到绝对平衡,企业必须保留一定的存货,预算期间除准备充足的产品以供销售外,还应考虑预计期初存货和预计期末存货等因素。

生产预算的计算公式如下:

$$某种产品预计生产量=预计销售量+预计期末存货量-预计期初存货量$$

其中,预计销售量可参考销售预算中的数据;预计期初存货量等于上一季度期末存货量;预计期末存货量应根据企业发展趋势来预测,在实践中一般按期末存货量占下一期销售量的一定比例进行估算。

生产预算主要由生产部门负责编制,编制期间一般为一年,年内按产品品种进行分季或分月安排。

五、直接材料预算的编制

直接材料预算,又称直接材料采购预算,是为直接材料采购活动编制的预算。它是在预算期内,根据生产预算,结合期初期末存货量,以确定材料采购数量和材料采购金额。

直接材料预算以生产预算为基础,根据生产预算的每期预计生产量、单位产品材料用量、期初和期末材料库存量、材料的计划单价以及采购材料的付款条件等编制的预算期直接材料采购计划。其中,预计生产量的数据来自生产预算;单位产品材料用量的数据来自标准成本资料或消耗定额资料;生产需用量是上述两项的乘积;期初和期末材料库存量是根据当前情况和销售预算估计得到的。在实际工作中,各期末材料存量一般根据下期需用量的一定百分比确定,为了便于编制现金预算,直接材料预算往往还附有预计现金支出计算表,用以计算预算期内为采购直接材料而支付的现金数额。

直接材料预算的计算公式如下:

$$预计生产需用量=预计生产量\times 单位产品材料用量$$
$$预计采购量=预计生产需用量+预计期末库存量-预计期初库存量$$
$$采购成本=预计材料采购量\times 预计采购单价$$
$$预算期采购金额=该期预计采购总成本$$
$$预算期采购现金支出=该期现购材料现金支出+该期支付前期的应付款项$$

六、直接人工预算的编制

直接人工预算,是指为直接生产工人耗费编制的预算,以生产预算为基础,其主要内容有预计生产量、单位产品工时、人工总工时、单位工时工资率和人工总成本。其中,单位产品工时和单位工时工资率数据来自标准成本资料;人工总工时和人工总成本是在直接人工预算的基础上计算出来的。直接人工预算可以反映预算期内人工工时的消耗水平和人工成本。

直接人工预算的计算公式如下：

$$预计直接人工总工时 = 单位产品工时定额 \times 预计生产量$$

$$预计直接人工总成本 = 单位工时工资率 \times 预计直接人工总工时$$

直接人工预算主要由生产部门或人事部门编制，编制时可按不同工种分别计算直接人工成本，然后予以汇总。

七、制造费用预算的编制

制造费用预算，是指应列入产品成本的各项间接费用的预算，是除直接材料、直接人工预算外的其他一切生产成本的预算。制造费用预算的编制主要由生产部门负责。制造费用按其成本性态划分为变动制造成本和固定制造成本两部分。因此，制造费用预算通常分为变动制造费用预算和固定制造费用预算两部分。

变动制造费用是以生产预算为基础编制的，即根据预计生产量（或预计直接人工工时总数）和预计的变动制造费用分配率计算。其计算公式如下：

$$预计变动制造费用 = 变动制造费用标准分配率 \times 预计生产量或预计直接人工工时总数$$

固定制造费用因与生产量无关，其预算通常是根据上年的实际水平，结合上级下达的成本降低率指标，经过适当的调整而计算的。各季度固定制造费用额应等于年度固定制造费用总额的四分之一。

制造费用中，除折旧费属于非付现成本外，一般都需要支付现金。因此，为便于现金预算的编制，编制制造费用预算时应包括预计的现金支出计算。

八、单位产品成本预算的编制

单位产品成本预算，简称产品成本预算，是指为规划一定预算期内每种产品的单位成本而编制的一种经营预算。它是在以上五种业务预算的基础上编制的，编制单位产品成本预算的目的是确定期末产品存货成本和产品销售成本，以便为编制预计利润表和预计资产负债表作准备。

单位产品成本预算一般由生产部门负责，也可以汇总到财务部门编制。单位产品成本预算需要在生产预算、直接材料预算、直接人工预算和制造费用预算的基础上编制，同时，它也为预计利润表和预计资产负债表的编制提供数据。

单位产品成本预算必须按照各种产品进行编制，其程序与存货的计价方法密切相关；不同的存货计价方法，需要采取不同的预算编制方法。在变动成本法下，如果产品存货采用先进先出法计价，则单位产品成本预算的有关计算公式如下：

$$单位产品直接材料预算成本 = 单位产品直接材料预算耗用量 \times 计划单价$$

$$单位产品直接人工预算成本 = 单位产品工时标准 \times 预算工资率$$

$$单位产品变动制造费用预算成本 = 单位产品工时标准 \times 预算变动制造费用分配率$$

九、期末存货预算的编制

期末存货预算，是指为规划一定预算期末产成品的预计成本水平而编制的一种业务预算。要做好期末存货预算，必须先明确期末存货的计价方法，期末存货可以采用加权平均法和先进先出法计价。

十、销售成本预算的编制

销售成本预算，是指以产品成本预算为基础，加上期初存货成本，减去期末存货成本而编制的预算。销售成本预算的计算公式如下：

生产(销货)存货总成本＝生产(销货)存货数量×单位成本

预计产品销售成本＝本期预计产品生产成本＋产成品期初余额－产成品期末余额

十一、销售及管理费用预算的编制

销售费用预算，是指为了实现预期销售目标所需支付的费用而编制的预算。它以销售预算为基础，对销售收入、销售利润和销售费用的关系进行分析，力求实现销售费用得到最有效的使用。销售费用预算一般由销售部门负责编制。销售费用预算的编制方法与制造费用预算的编制方法非常接近，也可将其划分为变动销售费用和固定销售费用两部分。销售费用预算相关计算公式如下：

预计变动销售费用＝单位产品变动销售费用×预计销售量
＝变动销售费用率×预计销售收入

管理费用预算，是指为规划一定预算期内因管理企业预计发生的各项费用水平而编制的一种经营预算，多为固定成本。管理费用预算一般由企业行政管理部门负责编制。

十二、其他现金支出预算的编制

其他现金支出预算是企业全面预算体系中重要的一部分，主要对除常规的如采购原材料、支付工资等主要现金支出项目之外的其他各类现金流出进行预估和规划。

十三、专门决策预算的编制

专门决策预算一般包括专项投资预算和专项筹资预算。其中，专项投资预算包括资本支出预算和股权投资预算，专项筹资预算包括借款筹资预算、股权筹资预算等。这些预算的格式和内容可以根据企业的不同情况灵活设计。

现将经营预算编制的主要内容归纳总结，如图 4-1 所示。

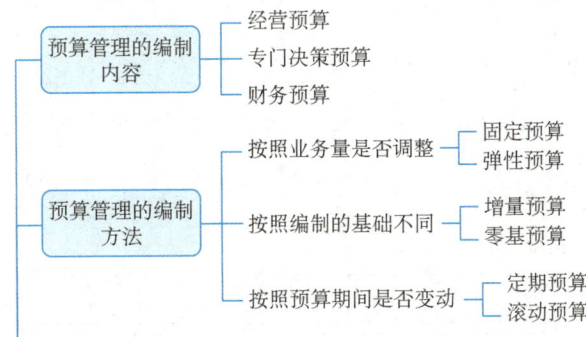

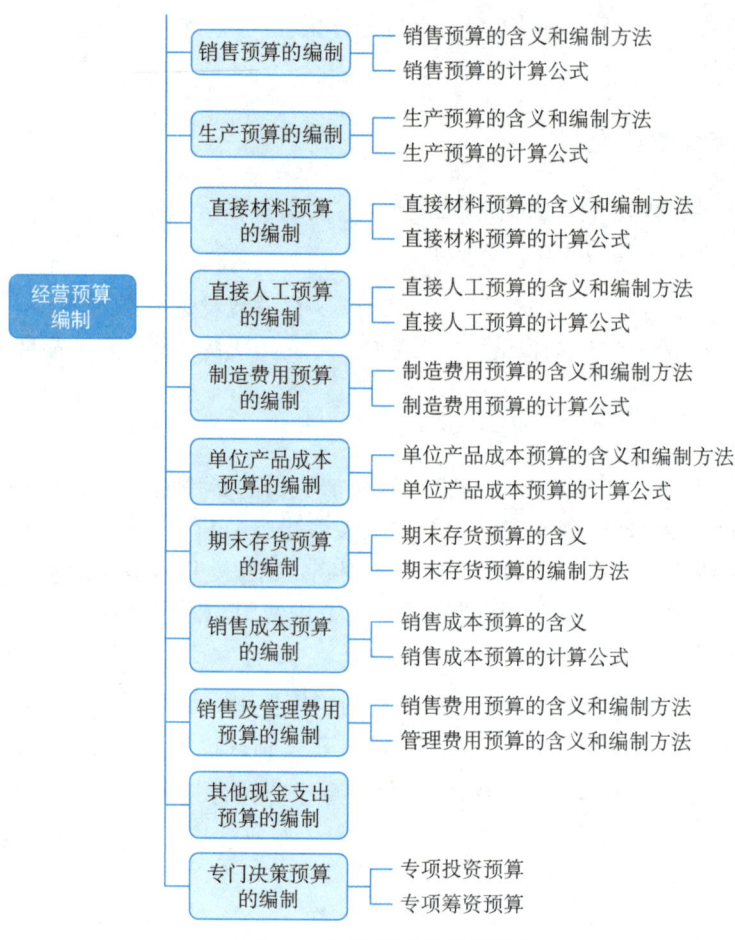

图 4-1 经营预算编制思维导图

 工作流程

1. 编制销售预算

根据案例背景资料,编制渝之兴集团 2025 年度红耀系列手机销售预算,如表 4-2 所示。

表 4-2　　　　　　　　渝之兴集团 2025 年度红耀系列手机销售预算

项目	第一季度	第二季度	第三季度	第四季度	全年
预计销售单价(元)					
预计销售量(件)					
预计销售金额(元)					
期初应收账款(元)					
第一季度销售收入(元)					
第二季度销售收入(元)					

(续表)

项目	第一季度	第二季度	第三季度	第四季度	全年
第三季度销售收入(元)					
第四季度销售收入(元)					
现金收入合计(元)					

2. 编制生产预算

根据案例背景资料，编制渝之兴集团 2025 年度红耀系列手机生产预算，如表 4-3 所示。

表 4-3　　　　　　渝之兴集团 2025 年度红耀系列手机生产预算　　　　　单位：件

项目	第一季度	第二季度	第三季度	第四季度	全年
预计销售量					
加：预计期末存货量					
减：预计期初存货量					
预计生产量					

3. 编制直接材料预算

根据案例背景资料，编制渝之兴集团 2025 年度直接材料及采购现金支出预算，如表 4-4 所示。

表 4-4　　　　　　渝之兴集团 2025 年度直接材料及采购现金支出预算

项目	第一季度	第二季度	第三季度	第四季度	全年
预计生产量(件)					
单位产品材料用量(千克)					
生产需用量(千克)					
加：预计期末材料存货量(千克)					
减：预计期初材料存货量(千克)					
预计材料采购量(千克)					
材料采购单价(元)					
预计采购金额(元)					
期初应付账款(元)					
采购现金支出(元)					
现金支出合计(元)					

4. 编制直接人工预算

根据案例背景资料，编制渝之兴集团 2025 年度直接人工预算，如表 4-5 所示。

表 4-5　　　　　　　　　渝之兴集团 2025 年度直接人工预算

项目	第一季度	第二季度	第三季度	第四季度	全年
预计生产量(件)					
单位产品工时(小时/件)					
人工总工时(小时)					
工资率(元/小时)					
人工总成本(元)					

5. 编制制造费用预算

根据案例背景资料，编制渝之兴集团 2025 年度制造费用预算，如表 4-6 所示。

表 4-6　　　　　　　　　渝之兴集团 2025 年度制造费用预算　　　　　单位：元

项目	第一季度	第二季度	第三季度	第四季度	全年
变动制造费用：					
间接材料					
间接人工					
水电费					
修理费					
其他费用					
小计					
固定制造费用：					
修理费					
折旧费					
管理人员工资					
保险费					
租赁费					
小计					
制造费用合计					
减：折旧费					
现金支出					

6. 编制单位产品成本预算

结合渝之兴集团 2025 年年初的预计销售情况、销售预算、生产预算、直接材料预算、直接人工预算和制造费用预算编制等背景资料，编制渝之兴集团 2025 年度红耀系列手机单位产品成本预算，如表 4-7 所示。

表 4-7　　　　　渝之兴集团 2025 年度红耀系列手机单位产品成本预算

项目	定额(标准)	单价(元/标准)	单位成本(元)
直接材料			
直接人工			
变动制造费用			
合计			

7. 编制期末存货预算

根据案例背景资料,编制渝之兴集团 2025 年度期末存货预算,如表 4-8 所示。

表 4-8　　　　　　　　渝之兴集团 2025 年度期末存货预算

季度	期末存货量(件)	单位成本(元/件)	金额(元)
第一季度			
第二季度			
第三季度			
第四季度			

8. 编制销售成本预算

根据案例背景资料,编制渝之兴集团 2025 年度生产和销售成本预算,如表 4-9 所示。

表 4-9　　　　　渝之兴集团 2025 年度生产和销售成本预算　　　　　单位:元

项目	第一季度	第二季度	第三季度	第四季度	全年
直接材料					
直接人工					
变动制造费用					
生产成本合计					
加:期初存货成本					
减:期末存货成本					
销售成本合计					

9. 编制销售及管理费用预算

根据案例背景资料,编制渝之兴集团 2025 年度销售及管理费用预算,如表 4-10 所示。

表 4-10　　　　　渝之兴集团 2025 年度销售及管理费用预算

项目	第一季度	第二季度	第三季度	第四季度	全年
预计销售量(件)					
单位变动销售费用(元)					
变动销售费用小计(元)					

(续表)

项目	第一季度	第二季度	第三季度	第四季度	全年
固定销售及管理费用(元)					
合计(元)					
减:折旧费(元)					
现金支出(元)					

10. 编制其他现金支出预算

根据案例背景资料,编制渝之兴集团2025年度其他现金支出预算,如表4-11所示。

表4-11　　　　　　　　渝之兴集团2025年度其他现金支出预算

项目	第一季度	第二季度	第三季度	第四季度	全年
应付股利(元)					
应交所得税(元)					
合计(元)					

11. 编制专门决策预算

根据案例背景资料,编制渝之兴集团2025年度专门决策预算,如表4-12所示。

表4-12　　　　　　　　渝之兴集团2025年度专门决策预算

项目	第一季度	第二季度	第三季度	第四季度	全年
购买固定资产					
合计					

实践操作

进入财经大数据应用服务平台,在管理会计实验课程页面选择"预算编制"任务。按操作步骤完成任务。

1. 阅读案例资料

点击"案例资料"阅读长城实业有限责任公司预算启动会会议纪要及相关资料,完成公司2019年经营预算的编制,如图4-2所示。

2. 编制固定资产及折旧预算

在案例背景资料——资产及折旧情况统计(图4-3)中,点击"工具",打开固定资产折旧表(图4-4),完成固定资产及折旧预算的编制,结果如图4-5所示。

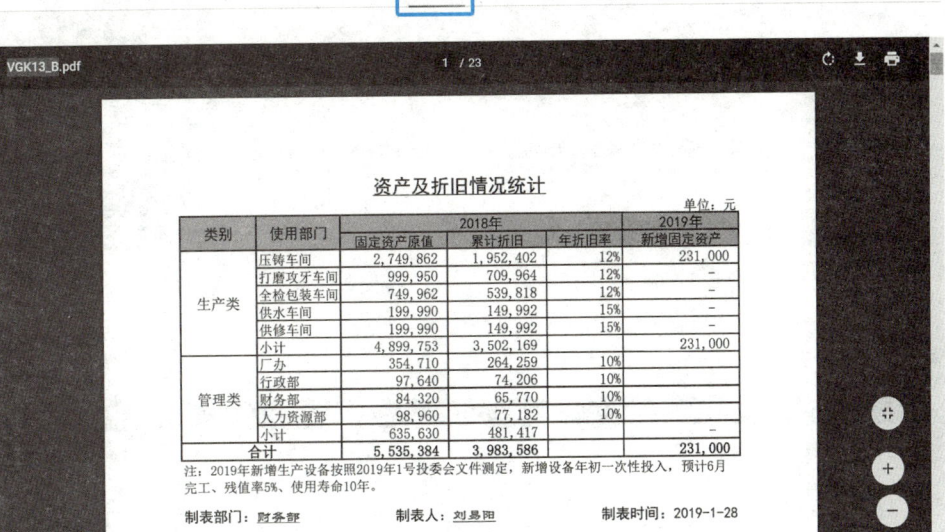

图 4-2 阅读案例资料

资产及折旧情况统计

单位：元

类别	使用部门	2018年			2019年
		固定资产原值	累计折旧	年折旧率	新增固定资产
生产类	压铸车间	2,749,862	1,952,402	12%	231,000
	打磨攻牙车间	999,950	709,964	12%	－
	全检包装车间	749,962	539,818	12%	－
	供水车间	199,990	149,992	15%	－
	供修车间	199,990	149,992	15%	－
	小计	4,899,753	3,502,169		231,000
管理类	厂办	354,710	264,259	10%	
	行政部	97,640	74,206	10%	
	财务部	84,320	65,770	10%	
	人力资源部	98,960	77,182	10%	
	小计	635,630	481,417		－
合计		5,535,384	3,983,586		231,000

注：2019年新增生产设备按照2019年1号投委会文件测定，新增设备年初一次性投入，预计6月完工、残值率5%、使用寿命10年。

制表部门：<u>财务部</u>　　　制表人：<u>刘易阳</u>　　　制表时间：2019-1-28

图 4-3 资产及折旧情况统计

固定资产折旧表

类		项 目 分	期初资产原值	本期新增资产	期初累计折旧	本期折旧				全年预计	期末账面余额	备注
						1季度	2季度	3季度	4季度			
按用途分类	生产类	压铸车间	E5	F5	G5	H5	I5	J5	K5	L5=SUM(H5:K5)	M5=E5+F5-G5-L5	
		打磨攻牙车间	E6	F6	G6	H6	I6	J6	K6	L6=SUM(H6:K6)	M6=E6+F6-G6-L6	
		全检包装车间	E7	F7	G7	H7	I7	J7	K7	L7=SUM(H7:K7)	M7=E7+F7-G7-L7	
		供水车间	E8	F8	G8	H8	I8	J8	K8	L8=SUM(H8:K8)	M8=E8+F8-G8-L8	
		供修车间	E9	F9	G9	H9	I9	J9	K9	L9=SUM(H9:K9)	M9=E9+F9-G9-L9	
		小计	E10	F10	G10	H10	I10	J10	K10	L10=SUM(H10:K10)	M10=E10+F10-G10-L10	
			E11=SUM(E5:E10)	F11=SUM(F5:F10)	G11=SUM(G5:G10)	H11=SUM(H5:H10)	I11=SUM(I5:I10)	J11=SUM(J5:J10)	K11=SUM(K5:K10)	L11=SUM(H11:K11)	M11=E11+F11-G11-L11	
	管理类	厂办	E12	F12	G12	H12	I12	J12	K12	L12=SUM(H12:K12)	M12=E12+F12-G12-L12	
		行政部	E13	F13	G13	H13	I13	J13	K13	L13=SUM(H13:K13)	M13=E13+F13-G13-L13	
		财务部	E14	F14	G14	H14	I14	J14	K14	L14=SUM(H14:K14)	M14=E14+F14-G14-L14	
		人力资源部	E15	F15	G15	H15	I15	J15	K15	L15=SUM(H15:K15)	M15=E15+F15-G15-L15	
			E16	F16	G16	H16	I16	J16	K16	L16=SUM(H16:K16)	M16=E16+F16-G16-L16	
		小计	E17=SUM(E12:E16)	F17=SUM(F12:F16)	G17=SUM(G12:G16)	H17=SUM(H12:H16)	I17=SUM(I12:I16)	J17=SUM(J12:J16)	K17=SUM(K12:K16)	L17=SUM(H17:K17)	M17=E17+F17-G17-L17	
	其他类									L18=SUM(H18:K18)	M18=E18+F18-G18-L18	
										L19=SUM(H19:K19)	M19=E19+F19-G19-L19	
										L20=SUM(H20:K20)	M20=E20+F20-G20-L20	
			E21	F21	G21	H21	I21	J21	K21	L21=SUM(H21:K21)	M21=E21+F21-G21-L21	
		小计	E22=SUM(E18:E21)	F22=SUM(F18:F21)	G22=SUM(G18:G21)	H22=SUM(H18:H21)	I22=SUM(I18:I21)	J22=SUM(J18:J21)	K22=SUM(K18:K21)	L22=SUM(H22:K22)	M22=E22+F22-G22-L22	
		合计	E23=E11+E17+E22	F23=F11+F17+F22	G23=G11+G17+G22	H23=H11+H17+H22	I23=I11+I17+I22	J23=J11+J17+J22	K23=K11+K17+K22	L23=SUM(H23:K23)	M23=E23+F23-G23-L23	

图 4-4 固定资产折旧表

固定资产折旧表

类		项 目 分	期初资产原值	本期新增资产	期初累计折旧	1季度	2季度	3季度	4季度	全年预计	期末账面余额	备注
按用途分类	生产类	压铸车间	2,749,862.00	231,000.00	1,952,402.00	82,495.86	82,495.86	87,982.11	87,982.11	340,955.94	687,504.06	
		打磨攻牙车间	999,950.00		709,964.00	29,998.50	29,998.50	29,998.50	29,998.50	119,994.00	169,992.00	
		全检包装车间	749,962.00		539,618.00	22,498.86	22,498.86	22,498.86	22,498.86	89,995.44	120,148.56	
		供水车间	199,990.00		149,992.00	7,499.63	7,499.63	7,499.63	7,499.63	29,998.50	19,999.50	
		供修车间	199,990.00		149,992.00	7,499.63	7,499.63	7,499.63	7,499.63	29,998.50	19,999.50	
		小计	4,899,754.00	231,000.00	3,502,168.00	149,992.47	149,992.47	155,478.72	155,478.72	610,942.38	1,017,643.62	
	管理类	厂办	354,710.00		264,259.00	8,867.75	8,867.75	8,867.75	8,867.75	35,471.00	54,980.00	
		行政部	97,640.00		74,206.00	2,441.00	2,441.00	2,441.00	2,441.00	9,764.00	13,670.00	
		财务部	84,320.00		65,770.00	2,108.00	2,108.00	2,108.00	2,108.00	8,432.00	10,118.00	
		人力资源部	98,960.00		77,182.00	2,474.00	2,474.00	2,474.00	2,474.00	9,896.00	11,882.00	
		小计	635,630.00	0.00	481,417.00	15,890.75	15,890.75	15,890.75	15,890.75	63,563.00	90,650.00	
	其他类									0.00	0.00	
		小计	0.00	0.00	0.00	0.00	0.00	0.00	0.00	0.00	0.00	
		合计	5,535,384.00	231,000.00	3,983,585.00	165,883.22	165,883.22	171,369.47	171,369.47	674,505.38	1,108,293.62	

图 4-5 固定资产及折旧预算结果

3. 编制收入收益预算

根据公司 2019 年销售计划表(图 4-6)中提供的市场投放量、价格和销售率信息,计算各产品每季度的销量完成收入收益预算编制。点击"工具",打开收入收益汇总表,如图 4-7 所示,填制收入收益汇总表中"数量""售价"信息,计算"营业总收入合计"指标,编制结果如图 4-8 所示。

2019年 销售计划表

单位:件

季度 产品	不含税价格控制(元/件)	第一季度		第二季度		第三季度		第四季度	
		投放量	销售率	投放量	销售率	投放量	销售率	投放量	销售率
电脑显示屏底座	6.27	556,000	52%	657,127	49%	773,182	45%	832,497	51%
电视底座	7.67	492,764	39%	640,165	45%	776,727	43%	824,737	46%
电视壁挂件	12.55	339,739	52%	386,176	48%	433,506	48%	455,831	51%

制表部门: 销售中心　　　制表人: 李琪琪　　　制表日期: 2019-1-19

图 4-6 2019 年销售计划表

收入收益汇总表

编制单位：

预算项目	日期	计算单位	2019年一季度预算			2019年二季度预算			2019年三季度预算			2019年四季度预算			2019年合计			备注
			数量	均价	金额	数量	均价	金额	数量	均价	金额	数量	均价	金额	数量	均价	金额	
一、营业收入																		
电脑显示屏底座			D6	E6	F6=D6*E6	G6	H6	I6=G6*H6	J6	K6	L6=J6*K6	M6	N6	O6=M6*N6	P6=D6+G6+J6+M6	Q7=R7/P7	R6=F6+I6+L6+O6	
电视底座			D7	E7	F7=D7*E7	G7	H7	I7=G7*H7	J7	K7	L7=J7*K7	M7	N7	O7=M7*N7	P7=D7+G7+J7+M7	Q7=R7/P7	R7=F7+I7+L7+O7	
电视机挂件			D8	E8	F8=D8*E8	G8	H8	I8=G8*H8	J8	K8	L8=J8*K8	M8	N8	O8=M8*N8	P8=D8+G8+J8+M8	Q8=R8/P8	R8=F8+I8+L8+O8	
营业总收入合计			D9=SUM(D6:D8)	E9=F9/D9	F9=SUM(F6:F8)	G9=SUM(G6:G8)	H9=I9/G9	I9=SUM(I6:I8)	J9=SUM(J6:J8)	K9=L9/J9	L9=SUM(L6:L8)	M9=SUM(M6:M8)	N9=O9/M9	O9=SUM(O6:O8)	P9=R9/P9	Q9=R9/P9	R9=F9+I9+L9+O9	
二、投资收益																		
（分明细项目填列）			F11			I11			L11			O11			R11			
三、营业外收入净额																		
营业外收入																		
减：营业外支出																		
合计			F15			I15			L15			O15			R15			
四、其他			F17			I17			L17			O17			R17			
			F18			I18			L18			O18			R18			
收入、收益合计			F19=F9+F11+F15+F17+F18			I19=I9+I11+L15+I17+I18			L19=L9+L11+L15+L17+L18			O19=O9+O11+O15+O17+O18			R19=R9+R11+R15+R17+R18			

说明：本页汇总的数字单位、收入（或收益）、成本及其他3项均保留2位小数（万元单位），金额大的可忽略。

图 4-7 收入收益汇总表

收入收益汇总表

编制单位：

预算项目	日期	计算单位	2019年一季度预算			2019年二季度预算			2019年三季度预算			2019年四季度预算			2019年合计		
			数量	均价	金额	数量	均价	金额	数量	均价	金额	数量	均价	金额	数量	均价	金额
一、营业收入																	
电脑显示屏底座			289,120	6.27	1,812,782.40	321,990	6.27	2,015,891.23	347,932	6.27	2,181,539.01	424,573	6.27	2,662,075.66	1,383,618	6.27	8,675,282.35
电视底座			192,178	7.67	1,474,004.95	288,074	7.67	2,208,529.50	333,993	7.67	2,561,723.32	379,379	7.67	2,909,837.96	1,193,624	7.67	9,155,064.65
电视机挂件			176,664	12.55	2,217,136.71	185,364	12.55	2,326,324.21	208,083	12.55	2,610,446.44	232,474	12.55	2,917,548.32	802,585	12.55	10,072,447.40
营业总收入合计			657,962	8.37	5,503,924.07	795,431	8.24	6,554,745.00	890,007	8.26	7,354,684.48	1,036,426	8.19	8,489,439.00	3,379,827	8.06	27,902,824.00
二、投资收益																	
（分明细项目填列）																	
三、营业外收支净额																	
营业外收入																	
减：营业外支出																	
合计																	
四、其他																	
收入、收益合计					5,503,924.07			6,554,745.00			7,354,684.48			8,489,439.00			27,902,824.00

图 4-8 收入收益预算结果

4. 编制职工薪酬预算

（1）根据案例资料预算启动会会议纪要，了解公司 2019 年人员招聘、涨薪等情况，如图 4-9 所示。

> **预算启动会会议纪要**
>
> 公司预算会〔2018〕12号　　　　签发人：罗明德
>
> 时间：2018年12月1日9:30—12:20
>
> 　　罗明德总裁要求公司各部门要有勤俭持家的管理思想和意识，针对2019年年度预算的编制，罗明德总裁提出具体要求如下：
>
> 　　职工薪酬：管理人员2019年按照年初新招聘2人，每人每年综合人工成本96000元，原来人员按照2018年平均水平考虑涨薪10%测算；销售人员2019年按照年初新招聘2人，每人每年综合人工成本84000元，原来人员按照2018年平均水平考虑涨薪10%测算；生产人员为计件工资，2019年按照产量及在2018年单位产品人工成本基础上考虑涨薪影响上涨5%。 股东会(2018)12号会议纪要

图 4-9 预算启动会会议纪要

(2) 根据 2018 年部分预算项目发生额及余额统计表(图 4-10)提供的 2018 年管理及销售费用中人力费用情况计算 2019 年人力费用，计算填列职工薪酬表(图 4-11)中“人工成本总额”中的“(一)管理类人员”和“(二)销售类人员”对应信息。计算公式如下：

2019 年管理类人工成本＝2018 年管理类人工成本×(1＋涨薪幅度)＋新增人员数量×工资水平×在职月份数

2019 年销售类人工成本＝2018 年销售类人工成本×(1＋涨薪幅度)＋新增人员数量×工资水平×在职月份数

2018年 部分预算项目发生额及余额统计表

项目	发生额	余额
货币资金		1,271,433.79
长期借款		1,356,560.25
营业收入	28,311,475.90	
销售费用总额	2,309,347.21	
销售费用中包含的人力费用	628,491.81	
管理费用中包含的人力费用	1,562,934.46	
管理费用（不含人力、折旧费用）	1,337,454.97	
财务费用（不含借款利息费用）	139,641.00	

制表部门：财务中心　　制表人：刘易阳　　制表时间：2019-1-29

图 4-10　2018 年部分预算项目发生额及余额统计表

职工薪酬

编制单位：

职工薪酬项目	行次	2018年费用发生额			合计	2019年季度预算额								合计	
			期间费用项目			1季度		2季度		3季度		4季度			
		单位人工	管理费用	销售费用		产量	人工成本	产量	人工成本	产量	人工成本	产量	人工成本	产量	人工成本
人工成本总额	1		E6=SUM(E7:E9)	F6=SUM(F7:F9)	G6=SUM(D6:F6)				K6=SUM(K7:K9)		M6=SUM(M7:M9)		O6=SUM(O7:O9)		Q6=SUM(Q7:Q9)
(一) 管理类人员	2		E7	F7	G7=SUM(D7:F7)				K7=$I$7		M7=$I$7		O7=$I$7		Q7=SUM(I7,K7,M7,O7)
(二) 销售类人员	3		E8	F8	G8=SUM(D8:F8)				K8=$I$8		M8=$I$8		O8=$I$8		Q8=SUM(I8,K8,M8,O8)
(三) 生产类人员	4		E9=SUM(E10:E12)	F9=SUM(F10:F12)	G9=SUM(D9:F9)		I9=SUM(I10:I12)		K9=SUM(K10:K12)		M9=SUM(M10:M12)		O9=SUM(O10:O12)		Q9=SUM(I9,K9,M9,O9)
其中：电脑显示屏底座	5						I10=$D10*H10*1.05		K10=$D10*J10*1.05		M10=$D10*L10*1.05		O10=$D10*N10*1.05	P10=N10+L10+J10+H10	Q10=SUM(I10,K10,M10,O10)
电视底座	6						I11=$D11*H11*1.05		K11=$D11*J11*1.05		M11=$D11*L11*1.05		O11=$D11*N11*1.05	P11=N11+L11+J11+H11	Q11=SUM(I11,K11,M11,O11)
电视壁挂件	7						I12=$D12*H12*1.05		K12=$D12*J12*1.05		M12=$D12*L12*1.05		O12=$D12*N12*1.05	P12=N12+L12+J12+H12	Q12=SUM(I12,K12,M12,O12)

资金预算汇总表　利润预算表　筹资预算表　投资预算表　固定资产及折旧预算　收入收益预算　职工薪酬　制造费用分配表　期间费用明细表　生产成本汇总表

图 4-11　职工薪酬表

(3) 根据 2018 年单位产品人工、材料定额统计表(图 4-12)提供的信息，计算 2019 年生产类人工成本，填列职工薪酬表(图 4-13)中“人工成本总额”中的“(三)生产类人员”对应信息。计算公式如下：

2019 年生产类人工成本＝2019 年产品产量×2018 年单位产品人工生产成本×(1＋涨薪幅度)

2018年 单位产品人工、材料定额统计表

产品名称	单位人工生产成本（元）	单位材料消耗（千克）
电脑显示屏底座	0.39元	0.19千克铝合金
电视底座	0.48元	0.23千克铝合金
电视壁挂件	0.79元	0.29千克锌合金

*生产部数据统计用于预算编制

制表部门：生产中心　　制表人：陆心如　　制表时间：2019-1-28

图 4-12　2018 年部分预算项目发生额及余额统计

职工薪酬

编制单位：

职工薪酬项目	行次	2018年费用发生额			合计	2019年季度预算额								合计	
			期间费用项目			1季度		2季度		3季度		4季度			
		单位人工	管理费用	销售费用		产量	人工成本	产量	人工成本	产量	人工成本	产量	人工成本	产量	人工成本
人工成本总额	1		E6=SUM(E7:E9)	F6=SUM(F7:F9)	G6=SUM(D6:F6)				K6=SUM(K7:K9)		M6=SUM(M7:M9)		O6=SUM(O7:O9)		Q6=SUM(Q7:Q9)
（一）管理类人员	2		E7	F7	G7=SUM(D7:F7)				K7=$I$7		M7=$I$7		O7=$I$7		Q7=SUM(I7,K7,M7,O7)
（二）销售类人员	3		E8	F8	G8=SUM(D8:F8)				K8=$I$8		M8=$I$8		O8=$I$8		Q8=SUM(I8,K8,M8,O8)
（三）生产类人员	4		E9=SUM(E10:E12)	F9=SUM(F10:F12)	G9=SUM(D9:F9)		I9=SUM(I10:I12)		K9=SUM(K10:K12)		M9=SUM(M10:M12)		O9=SUM(O10:O12)		Q9=SUM(I9,K9,M9,O9)
其中：电脑显示屏底座	5						I10=$D10*H10*1.05		K10=$D10*J10*1.05		M10=$D10*L10*1.05		O10=$D10*N10*1.05	P10=N10+L10+J10+H10	Q10=SUM(I10,K10,M10,O10)
电视底座	6						I11=$D11*H11*1.05		K11=$D11*J11*1.05		M11=$D11*L11*1.05		O11=$D11*N11*1.05	P11=N11+L11+J11+H11	Q11=SUM(I11,K11,M11,O11)
电视壁挂件	7						I12=$D12*H12*1.05		K12=$D12*J12*1.05		M12=$D12*L12*1.05		O12=$D12*N12*1.05	P12=N12+L12+J12+H12	Q12=SUM(I12,K12,M12,O12)

资金预算汇总表　利润预算表　筹资预算表　投资预算表　固定资产及折旧预算　收入收益预算　职工薪酬　制造费用分配表　期间费用明细表　生产成本汇总表

图 4-13　职工薪酬表

（4）完成职工薪酬预算的编制，编制结果如图 4-14 所示。

职工薪酬

编制单位：

职工薪酬项目	行次	2018年费用发生额			合计	2019年季度预算额								合计	
			期间费用项目			1季度		2季度		3季度		4季度			
		单位人工成本	管理费用	销售费用		产量	人工成本	产量	人工成本	产量	人工成本	产量	人工成本	产量	人工成本
人工成本总额	1		1,562,934.46	628,491.81	2,191,426.27		1,126,983.12		1,209,714.72		1,289,822.37		1,249,193.67		4,875,713.90
（一）管理类人员	2		1,562,934.46		1,562,934.46		477,806.98		477,806.98		477,806.98		477,806.98		1,911,227.91
（二）销售类人员	3			628,491.81	628,491.81		214,835.25		214,835.25		214,835.25		214,835.25		859,340.99
（三）生产类人员	4		0.00	0.00	0.00		434,340.90		517,072.50		597,180.15		556,551.45		2,105,145.00
其中：电脑显示屏底座	5	0.39				310,800	127,272.60	370,000	151,515.00	458,500	187,755.75	430,700	176,371.65	1,570,000	642,915.00
电视底座	6	0.48				298,200	150,292.80	355,000	178,920.00	397,600	200,390.40	369,200	186,076.80	1,420,000	715,680.00
电视壁挂件	7	0.79				189,000	156,775.50	225,000	186,637.50	252,000	209,034.00	234,000	194,103.00	900,000	746,550.00

图 4-14　职工薪酬预算编制结果

5. 编制制造费用预算

根据车间制造费用信息，填制制造费用分配表——车间制造费用归集，汇总各车间的2019 年制造费用预算。

（1）查阅 2019 年四季度的车间费用预算表，如图 4-15 至图 4-18 所示。

2019年 第一季度车间费用预算表

单位：元

费用明细	生产车间			辅助车间	
	压铸	打磨攻牙	全检包装	供水	维修
辅材	11,929.67	15,934.36	43,854.70	4,004.69	4,004.69
折旧					
房租	90,415.32	75,346.10	75,346.10	30,138.44	30,138.44
模具	215,962.66	-	-	-	-
水电	540,264.51	135,066.13	135,066.13	405,198.39	135,066.13
加工费	54,870.61	54,870.61	-	-	67,533.06
修理费	-	-	-	-	65,500.55
其他	-	-	-	-	-

注：车间费用预算不包含折旧费，折旧费按照固定资产科目编制预算。

制表部门：生产中心　　制表人：陆心知　　制表日期：2019-1-9

图 4-15　2019 年第一季度车间费用预算表

2019年 第二季度车间费用预算表

单位：元

费用明细	生产车间			辅助车间	
	压铸	打磨攻牙	全检包装	供水	维修
辅材	14,176.94	18,936.05	52,113.71	4,759.10	4,759.10
折旧					
房租	90,415.32	75,346.10	75,346.10	30,138.44	30,138.44
模具	253,646.12	-	-	-	-
水电	642,367.66	160,591.91	160,591.91	481,775.74	160,591.91
加工费	54,870.61	54,870.61	-	-	-
修理费	-	-	-	-	80,295.96
其他	-	-	-	-	-

注：车间费用预算不包含折旧费，折旧费按照固定资产科目编制预算。

制表部门：生产中心　　制表人：陆心知　　制表日期：2019-1-9

图 4-16　2019 年第二季度车间费用预算表

2019年 第三季度车间费用预算表

单位：元

费用明细	生产车间			辅助车间	
	压铸	打磨攻牙	全检包装	供水	维修
辅材	16,266.49	21,727.04	59,791.12	5,460.55	5,460.55
折旧					
房租	90,415.32	75,346.10	75,346.10	30,138.44	30,138.44
模具	287,743.99	-	-	-	-
水电	737,083.87	184,270.97	184,270.97	552,812.90	184,270.97
加工费	54,870.61	54,870.61	-	-	-
修理费	-	-	-	-	92,135.48
其他	-	-	-	-	-

注：车间费用预算不包含折旧费，折旧费按照固定资产科目编制预算。

制表部门：生产中心　制表人：陆心如　制表日期：2019-1-9

图 4-17　2019 年第三季度车间费用预算表

2019年 第四季度车间费用预算表

单位：元

费用明细	生产车间			辅助车间	
	压铸	打磨攻牙	全检包装	供水	维修
辅材	15,185.39	20,283.02	55,818.59	5,097.62	5,097.62
折旧					
房租	90,415.32	75,346.10	75,346.10	30,138.44	30,138.44
模具	270,611.22	-	-	-	-
水电	687,828.76	171,957.19	171,957.19	515,871.57	171,957.19
加工费	54,870.61	54,870.61	-	-	-
修理费	-	-	-	-	85,978.59
其他	-	-	-	-	-

注：车间费用预算不包含折旧费，折旧费按照固定资产科目编制预算。

制表部门：生产中心　制表人：陆心如　制表日期：2019-1-9

图 4-18　2019 年第四季度车间费用预算表

（2）点击"工具"按钮，打开制造费用分配表，如图 4-19 和图 4-20 所示。完成基本生产车间制造费用归集和辅助生产车间制造费用归集的编制，编制结果如图 4-21 和图 4-22 所示。

制造费用分配表

编制单位:
车间制造费用归集

车间名称		合计	辅材	折旧费	房租	模具费	水电费	加工费	修理费	其他
基本生产车间										
压铸车间	1季度	D6=SUM(E6:L6)	E6	按折旧费明细表计取	G6	H6	I6	J6	K6	L6
	2季度	D7=SUM(E7:L7)	E7	按折旧费明细表计取	G7	H7	I7	J7	K7	L7
	3季度	D8=SUM(E8:L8)	E8	按折旧费明细表计取	G8	H8	I8	J8	K8	L8
	4季度	D9=SUM(E9:L9)	E9	按折旧费明细表计取	G9	H9	I9	J9	K9	L9
	合计	D10=SUM(D6:D9)	E10=SUM(E6:E9)	F10=SUM(F6:F9)	G10=SUM(G6:G9)	H10=SUM(H6:H9)	I10=SUM(I6:I9)	J10=SUM(J6:J9)	K10=SUM(K6:K9)	L10=SUM(L6:L9)
打磨攻牙车间	1季度	D11=SUM(E11:L11)	E11	按折旧费明细表计取	G11	H11	I11	J11	K11	L11
	2季度	D12=SUM(E12:L12)	E12	按折旧费明细表计取	G12	H12	I12	J12	K12	L12
	3季度	D13=SUM(E13:L13)	E13	按折旧费明细表计取	G13	H13	I13	J13	K13	L13
	4季度	D14=SUM(E14:L14)	E14	按折旧费明细表计取	G14	H14	I14	J14	K14	L14
	合计	D15=SUM(D11:D14)	E15=SUM(E11:E14)	F15=SUM(F11:F14)	G15=SUM(G11:G14)	H15=SUM(H11:H14)	I15=SUM(I11:I14)	J15=SUM(J11:J14)	K15=SUM(K11:K14)	L15=SUM(L11:L14)
全检包装车间	1季度	D16=SUM(E16:L16)	E16	按折旧费明细表计取	G16	H16	I16	J16	K16	L16
	2季度	D17=SUM(E17:L17)	E17	按折旧费明细表计取	G17	H17	I17	J17	K17	L17
	3季度	D18=SUM(E18:L18)	E18	按折旧费明细表计取	G18	H18	I18	J18	K18	L18
	4季度	D19=SUM(E19:L19)	E19	按折旧费明细表计取	G19	H19	I19	J19	K19	L19
	合计	D20=SUM(D16:D19)	E20=SUM(E16:E19)	F20=SUM(F16:F19)	G20=SUM(G16:G19)	H20=SUM(H16:H19)	I20=SUM(I16:I19)	J20=SUM(J16:J19)	K20=SUM(K16:K19)	L20=SUM(L16:L19)
辅助生产车间										

图 4-19 制造费用分配表——基本生产车间

制造费用分配表

编制单位:
车间制造费用归集

车间名称		合计	辅材	折旧费	房租	模具费	水电费	加工费	修理费	其他
辅助生产车间										
供水车间	1季度	D22=SUM(E22:L22)	E22	按折旧费明细表计取	G22	H22	I22	J22	K22	L22
	2季度	D23=SUM(E23:L23)	E23	按折旧费明细表计取	G23	H23	I23	J23	K23	L23
	3季度	D24=SUM(E24:L24)	E24	按折旧费明细表计取	G24	H24	I24	J24	K24	L24
	4季度	D25=SUM(E25:L25)	E25	按折旧费明细表计取	G25	H25	I25	J25	K25	L25
	合计	D26=SUM(D22:D25)	E26=SUM(E22:E25)	F26=SUM(F22:F25)	G26=SUM(G22:G25)	H26=SUM(H22:H25)	I26=SUM(I22:I25)	J26=SUM(J22:J25)	K26=SUM(K22:K25)	L26=SUM(L22:L25)
维修车间	1季度	D27=SUM(E27:L27)	E27	按折旧费明细表计取	G27	H27	I27	J27	K27	L27
	2季度	D28=SUM(E28:L28)	E28	按折旧费明细表计取	G28	H28	I28	J28	K28	L28
	3季度	D29=SUM(E29:L29)	E29	按折旧费明细表计取	G29	H29	I29	J29	K29	L29
	4季度	D30=SUM(E30:L30)	E30	按折旧费明细表计取	G30	H30	I30	J30	K30	L30
	合计	D31=SUM(D27:D30)	E31=SUM(E27:E30)	F31=SUM(F27:F30)	G31=SUM(G27:G30)	H31=SUM(H27:H30)	I31=SUM(I27:I30)	J31=SUM(J27:J30)	K31=SUM(K27:K30)	L31=SUM(L27:L30)
制造费用合计	1季度	D32=SUM(E32:L32)	E32	F32=SUM(F27:F30)	G32	H32	I32	J32	K32	L32
	2季度	D33=SUM(E33:L33)	E33	F33=SUM(F27:F30)	G33	H33	I33	J33	K33	L33
	3季度	D34=SUM(E34:L34)	E34	F34=SUM(F27:F30)	G34	H34	I34	J34	K34	L34
	4季度	D35=SUM(E35:L35)	E35	F35=SUM(F27:F30)	G35	H35	I35	J35	K35	L35
	合计	D36=SUM(D32:D35)	E36=SUM(E32:E35)	F36=SUM(F32:F35)	G36=SUM(G32:G35)	H36=SUM(H32:H35)	I36=SUM(I32:I35)	J36=SUM(J32:J35)	K36=SUM(K32:K35)	L36=SUM(L32:L35)

图 4-20 制造费用分配表——辅助生产车间

制造费用分配表

编制单位:
车间制造费用归集

车间名称		合计	辅材	折旧费	房租	模具费	水电费	加工费	修理费	其他
基本生产车间										
压铸车间	1季度	995,938.63	11,929.67	82,495.86	90,415.32	215,962.66	540,264.51	54,870.61	0.00	0.00
	2季度	1,137,972.51	14,176.94	82,495.86	90,415.32	253,646.12	642,367.66	54,870.61	0.00	0.00
	3季度	1,274,362.39	16,266.49	87,982.11	90,415.32	287,743.99	737,083.87	54,870.61	0.00	0.00
	4季度	1,206,893.41	15,185.39	87,982.11	90,415.32	270,611.22	687,828.76	54,870.61	0.00	0.00
	合计	4,615,166.94	57,558.49	340,955.94	361,661.28	1,027,963.99	2,607,544.80	219,482.44	0.00	0.00
打磨攻牙车间	1季度	311,215.70	15,934.36	29,998.50	75,346.10		135,066.13	54,870.61	0.00	0.00
	2季度	339,743.17	18,936.05	29,998.50	75,346.10		160,591.91	54,870.61	0.00	0.00
	3季度	366,213.22	21,727.04	29,998.50	75,346.10		184,270.97	54,870.61	0.00	0.00
	4季度	352,455.42	20,283.02	29,998.50	75,346.10		171,957.19	54,870.61	0.00	0.00
	合计	1,369,627.51	76,880.47	119,994.00	301,384.40	0.00	651,886.20	219,482.44	0.00	0.00
全检包装车间	1季度	276,765.79	43,854.70	22,498.86	75,346.10		135,066.13	0.00	0.00	0.00
	2季度	310,550.58	52,113.71	22,498.86	75,346.10		160,591.91	0.00	0.00	0.00
	3季度	341,907.05	59,791.12	22,498.86	75,346.10		184,270.97	0.00	0.00	0.00
	4季度	325,620.74	55,818.59	22,498.86	75,346.10		171,957.19	0.00	0.00	0.00
	合计	1,254,844.16	211,578.12	89,995.44	301,384.40	0.00	651,886.20	0.00	0.00	0.00
辅助生产车间										

图 4-21 基本生产车间制造费用归集结果

制造费用分配表

编制单位：
车间制造费用归集

车间名称		合计	辅材	折旧费	房租	模具费	水电费	加工费	修理费	其他
辅助生产车间										
供水车间	1季度	446,841.15	4,004.69	7,499.63	30,138.44	0.00	405,198.39	0.00	0.00	0.00
	2季度	524,172.91	4,759.10	7,499.63	30,138.44	0.00	481,775.74	0.00	0.00	0.00
	3季度	595,911.54	5,460.55	7,499.63	30,138.44	0.00	552,812.92	0.00	0.00	0.00
	4季度	558,607.36	5,097.62	7,499.63	30,138.44	0.00	515,871.57	0.00	0.00	0.00
	合计	2,125,532.84	19,321.96	29,998.50	120,553.76	0.00	1,955,658.62	0.00	0.00	0.00
维修车间	1季度	309,742.50	4,004.69	7,499.63	30,138.44	0.00	135,066.13	67,533.06	65,500.55	0.00
	2季度	283,685.04	4,759.10	7,499.63	30,138.44	0.00	160,991.91	0.00	80,295.96	0.00
	3季度	319,505.07	5,460.55	7,499.63	30,138.44	0.00	184,270.97	0.00	92,135.48	0.00
	4季度	300,671.47	5,097.62	7,499.63	30,138.44	0.00	171,957.19	0.00	85,978.59	0.00
	合计	1,213,604.06	19,321.96	29,998.50	120,553.76	0.00	652,286.20	67,533.06	323,910.58	0.00
制造费用合计	1季度	2,340,503.76	79,728.11	149,992.47	301,384.40	215,962.66	1,350,661.29	177,274.28	65,500.55	0.00
	2季度	2,596,124.20	94,744.90	149,992.47	301,384.40	253,646.12	1,606,319.13	109,741.22	80,295.96	0.00
	3季度	2,897,899.26	108,705.75	155,478.72	301,384.40	287,743.99	1,842,709.70	109,741.22	92,135.48	0.00
	4季度	2,744,248.29	101,482.24	155,478.72	301,384.40	270,611.22	1,719,571.90	109,741.22	85,978.59	0.00
	合计	10,578,775.37	384,661.00	610,942.38	1,205,537.60	1,027,963.99	6,519,262.02	506,497.94	323,910.58	0.00

图 4-22 辅助生产车间制造费用归集结果

（3）根据 2019 年辅助车间工时预算表（图 4-23）提供的辅助生产车间提供劳务工时情况，填制制造费用分配表中辅助生产车间成本分配表，如图 4-24 所示。将辅助生产车间发生的费用分配至基本生产车间，具体编制结果如图 4-25 所示。

2019年 辅助车间工时预算表

单位：小时

生产车间	第一季度		第二季度		第三季度		第四季度	
	供水	维修	供水	维修	供水	维修	供水	维修
压铸	520	230	540	240	560	260	590	280
打磨攻牙	230	120	260	120	260	130	270	140
全检包装	220	250	230	260	270	270	290	270
合计	970	600	1,030	620	1,090	660	1,150	690

制表部门：生产中心　　制表人：陆心如　　制表日期：2019-1-9

图 4-23 2019 年辅助车间工时预算表

（4）根据 2019 年上半年基本车间工时预算表（图 4-26）和 2019 年下半年基本车间工时预算表（图 4-27）提供的基本生产车间各产品的加工工时情况，填制制造费用分配表中基本生产车间成本分配表，如图 4-28 所示。将基本生产车间发生的费用分配至各产品，具体编制结果如图 4-29 所示。

制造费用分配表

编制单位：

车间制造费用归集

车间名称		合计	辅材	折旧费	房租	模具费	水电费	加工费	修理费	其他
辅助生产车间成本分配										
受益对象		合计	第1季度		第2季度		第3季度		第4季度	
			供水车间	维修车间	供水车间	维修车间	供水车间	维修车间	供水车间	维修车间
基本车间耗用辅助工时明细	压铸车间	D41=SUM(E41:L41)								
	打磨攻牙车间	D42=SUM(E42:L42)								
	全检包装车间	D43=SUM(E43:L43)								
	合计	D44=SUM(E44:L44)	E44=SUM(E41:E43)	F44=SUM(F41:F43)	G44=SUM(G41:G43)	H44=SUM(H41:H43)	I44=SUM(I41:I43)	J44=SUM(J41:J43)	K44=SUM(K41:K43)	L44=SUM(L41:L43)
分配辅助车间费用	压铸车间	D45=SUM(E45:L45)	E45=E$48*E41/E$44	F45=F$48*F41/F$44	G45=G$48*G41/G$44	H45=H$48*H41/H$44	I45=I$48*I41/I$44	J45=J$48*J41/J$44	K45=K$48*K41/K$44	L45=L$48*L41/L$44
	打磨攻牙车间	D46=SUM(E46:L46)	E46=E$48*E42/E$44	F46=F$48*F42/F$44	G46=G$48*G42/G$44	H46=H$48*H42/H$44	I46=I$48*I42/I$44	J46=J$48*J42/J$44	K46=K$48*K42/K$44	L46=L$48*L42/L$44
	全检包装车间	D47=SUM(E47:L47)	E47=E$48*E43/E$44	F47=F$48*F43/F$44	G47=G$48*G43/G$44	H47=H$48*H43/H$44	I47=I$48*I43/I$44	J47=J$48*J43/J$44	K47=K$48*K43/K$44	L47=L$48*L43/L$44
	合计	D48=SUM(E48:L48)	E48=D22	F48=D27	G48=D23	H48=D28	I48=D24	J48=D29	K48=D25	L48=D30

资金预算汇总表　利润预算表　筹资预算表　投资预算表　固定资产及折旧预算　收入收益预算　职工薪酬　制造费用分配表　期间费用明细表　生产成本汇总表　+

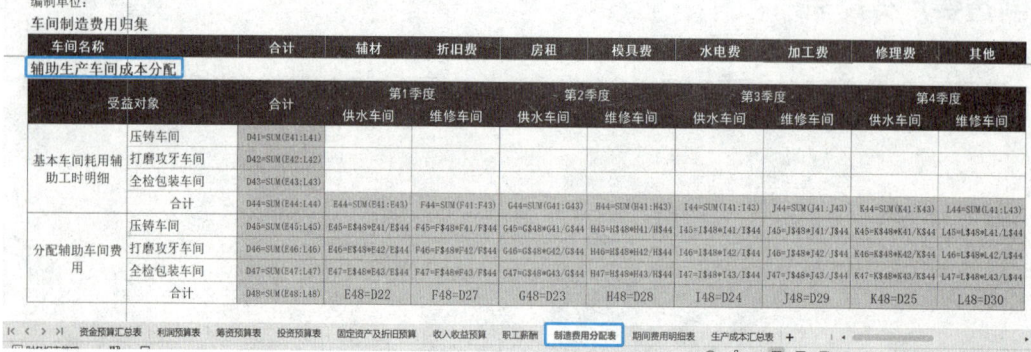

图 4-24　2019 年辅助生产车间成本分配表

制造费用分配表

编制单位：

车间制造费用归集

车间名称		合计	辅材	折旧费	房租	模具费	水电费	加工费	修理费	其他
辅助生产车间成本分配										
受益对象		合计	第1季度		第2季度		第3季度		第4季度	
			供水车间	维修车间	供水车间	维修车间	供水车间	维修车间	供水车间	维修车间
基本车间耗用辅助工时明细	压铸车间	3,220.00	520.00	230.00	540.00	240.00	560.00	260.00	590.00	280.00
	打磨攻牙车间	1,530.00	230.00	120.00	260.00	120.00	260.00	130.00	270.00	140.00
	全检包装车间	2,060.00	220.00	250.00	230.00	260.00	270.00	270.00	290.00	270.00
	合计	6,810.00	970.00	600.00	1,030.00	620.00	1,090.00	660.00	1,150.00	690.00
分配辅助车间费用	压铸车间	1,583,524.42	239,543.71	118,734.62	274,809.10	109,813.56	306,156.38	125,865.63	286,589.81	122,011.61
	打磨攻牙车间	752,356.72	105,952.02	61,948.50	132,315.49	54,906.78	142,144.04	62,932.82	131,151.27	61,005.80
	全检包装车间	1,003,255.76	101,345.41	129,059.37	117,048.32	118,964.69	147,611.11	130,706.62	140,866.18	117,654.05
	合计	3,339,136.90	446,841.15	309,742.50	524,172.91	283,685.04	595,911.54	319,505.07	558,607.26	300,671.47

利润预算表　筹资预算表　投资预算表　固定资产及折旧预算　收入收益预算　职工薪酬　制造费用分配表　期间费用明细表　生产成本汇总表　报告取值　…　+

财务报表管理　130%

图 4-25　辅助生产车间成本分配结果

2019年 上半年基本车间工时预算表

单位：小时

车间 / 产品	第一季度			第二季度		
	压铸	打磨攻牙	全检包装	压铸	打磨攻牙	全检包装
电脑显示屏底座	2,072	1,744	1,088	2,467	2,076	1,295
电视底座	1,897	1,683	1,192	2,409	2,137	1,513
电视壁挂件	2,487	2,071	1,589	2,691	2,241	1,720
合计	6,456	5,497	3,869	7,567	6,454	4,528

制表部门：生产中心　制表人：陆心如　制表日期：2019-1-9

图 4-26　2019 年上半年基本车间工时预算表

2019年 下半年基本车间工时预算表

单位：小时

产品＼车间	第三季度			第四季度		
	压铸	打磨攻牙	全检包装	压铸	打磨攻牙	全检包装
电脑显示屏底座	2,763	2,325	1,450	2,565	2,159	1,347
电视底座	3,012	2,671	1,892	2,721	2,413	1,709
电视壁挂件	2,799	2,331	1,788	2,788	2,322	1,782
合计	8,573	7,327	5,131	8,074	6,894	4,837

制表部门：生产中心　　制表人：陆心如　　制表日期：2019-1-9

图 4-27　2019 年下半年基本车间工时预算表

制造费用分配表

编制单位：

车间制造费用归集

车间名称	合计	辅材	折旧费	房租	模具费	水电费	加工费	修理费	其他

基本生产车间成本分配

		合计				第1季度			第2季度			第3季度			第4季度		
		第1季度	第2季度	第3季度	第4季度	压铸车间	打磨攻牙车	全检包装车	压铸车间	打磨攻牙车	全检包装车	压铸车间	打磨攻牙车	全检包装车	压铸车间	打磨攻牙车	全检包装车
产品耗用工时明细	电脑显示屏底座	D53=SUM(H53:J53)	E53=SUM(K53:M53)	F53=SUM(N53:P53)	G53=SUM(Q53:S53)												
	电视底座	D54=SUM(H54:J54)	E54=SUM(K54:M54)	F54=SUM(N54:P54)	G54=SUM(Q54:S54)												
	电视壁挂件	D55=SUM(H55:J55)	E55=SUM(K55:M55)	F55=SUM(N55:P55)	G55=SUM(Q55:S55)												
	合计	D56=SUM(H56:J56)	E56=SUM(K56:M56)	F56=SUM(N56:P56)	G56=SUM(Q56:S56)	H56=SUM(H53:H55)	I56=SUM(I53:I55)	J56=SUM(J53:J55)	K56=SUM(K53:K55)	L56=SUM(L53:L55)	M56=SUM(M53:M55)	N56=SUM(N53:N55)	O56=SUM(O53:O55)	P56=SUM(P53:P55)	Q56=SUM(Q53:Q55)	R56=SUM(R53:R55)	S56=SUM(S53:S55)
分配基本生产车间费用	电脑显示屏底座	D57=SUM(H57:J57)	E57=SUM(K57:M57)	F57=SUM(N57:P57)	G57=SUM(Q57:S57)	H57=H$60*H53/H$56	I57=I$60*I53/I$56	J57=J$60*J53/J$56	K57=K$60*K53/K$56	L57=L$60*L53/L$56	M57=M$60*M53/M$56	N57=N$60*N53/N$56	O57=O$60*O53/O$56	P57=P$60*P53/P$56	Q57=Q$60*Q53/Q$56	R57=R$60*R53/R$56	S57=S$60*S53/S$56
	电视底座	D58=SUM(H58:J58)	E58=SUM(K58:M58)	F58=SUM(N58:P58)	G58=SUM(Q58:S58)	H58=H$60*H54/H$56	I58=I$60*I54/I$56	J58=J$60*J54/J$56	K58=K$60*K54/K$56	L58=L$60*L54/L$56	M58=M$60*M54/M$56	N58=N$60*N54/N$56	O58=O$60*O54/O$56	P58=P$60*P54/P$56	Q58=Q$60*Q54/Q$56	R58=R$60*R54/R$56	S58=S$60*S54/S$56
	电视壁挂件	D59=SUM(H59:J59)	E59=SUM(K59:M59)	F59=SUM(N59:P59)	G59=SUM(Q59:S59)	H59=H$60*H55/H$56	I59=I$60*I55/I$56	J59=J$60*J55/J$56	K59=K$60*K55/K$56	L59=L$60*L55/L$56	M59=M$60*M55/M$56	N59=N$60*N55/N$56	O59=O$60*O55/O$56	P59=P$60*P55/P$56	Q59=Q$60*Q55/Q$56	R59=R$60*R55/R$56	S59=S$60*S55/S$56
	合计	D60=SUM(H60:J60)	E60=SUM(K60:M60)	F60=SUM(N60:P60)	G60=SUM(Q60:S60)	H60=D6+E45+F45	I60=D11+E46+F46	J60=D16+E47+F47	K60=D7+G45+H45	L60=D12+G46+H46	M60=D17+G47+H47	N60=D8+I45+J45	O60=D13+I46+J46	P60=D18+I47+J47	Q60=D9+K45+L45	R60=D14+K46+L46	S60=D19+K47+L47

图 4-28　基本生产车间制造费用分配表

制造费用分配表

编制单位：

车间制造费用归集

车间名称	合计	辅材	折旧费	房租	模具费	水电费	加工费	修理费	其他

基本生产车间成本分配

		合计				第1季度			第2季度			第3季度			第4季度		
		第1季度	第2季度	第3季度	第4季度	压铸车间	打磨攻牙车	全检包装车	压铸车间	打磨攻牙车	全检包装车	压铸车间	打磨攻牙车	全检包装车	压铸车间	打磨攻牙车	全检包装车
产品耗用工时明细	电脑显示屏底座	4,904.00	5,838.00	6,538.00	6,071.00	2,072.00	1,744.00	1,088.00	2,467.00	2,076.00	1,295.00	2,763.00	2,325.00	1,450.00	2,565.00	2,159.00	1,347.00
	电视底座	4,772.00	6,059.00	7,575.00	6,843.00	1,897.00	1,683.00	1,192.00	2,409.00	2,137.00	1,513.00	3,012.00	2,671.00	1,892.00	2,721.00	2,413.00	1,709.00
	电视壁挂件	6,147.00	6,652.00	6,918.00	6,892.00	2,487.00	2,071.00	1,589.00	2,691.00	2,241.00	1,720.00	2,799.00	2,331.00	1,788.00	2,788.00	2,322.00	1,782.00
	合计	15,823.00	18,549.00	21,031.00	19,806.00	6,456.00	5,498.00	3,869.00	7,567.00	6,454.00	4,528.00	8,574.00	7,327.00	5,130.00	8,074.00	6,894.00	4,838.00
分配基本生产车间费用	电脑显示屏底座	729,224.68	822,218.26	906,476.73	846,414.52	434,624.77	151,978.66	142,621.24	496,397.82	169,504.22	156,316.22	549,888.05	181,281.48	175,307.20	513,220.74	170,556.77	162,637.02
	电视底座	700,833.65	841,842.63	1,036,448.60	941,401.39	397,916.60	146,662.90	156,254.16	484,727.34	174,484.84	182,630.46	599,443.65	208,259.29	228,745.67	544,434.16	190,622.27	206,344.96
	电视壁挂件	910,445.43	932,063.31	954,973.93	956,432.37	521,675.59	180,474.66	208,295.18	541,470.01	182,976.38	207,616.91	557,052.71	181,749.30	216,171.91	557,839.93	183,433.45	215,158.99
	合计	2,340,503.76	2,596,124.20	2,897,899.26	2,744,248.29	1,354,216.96	479,116.22	507,170.58	1,522,595.17	526,965.44	546,563.59	1,706,384.41	571,290.07	620,224.78	1,615,494.83	544,612.49	584,140.97

图 4-29　基本生产车间制造费用分配结果

6. 编制期间费用预算

(1) 根据预算启动会会议纪要(图 4-30)中对费用控制要求、2018 年部分预算项目发生额及余额统计表(图 4-10)中提供的 2018 年非人工部分的销售费用、管理费用、财务费用，编制 2019 年各项费用预算，如图 4-31 所示。

预算启动会会议纪要

公司预算会〔2018〕12号　　　　签发人：罗明德

时间：2018年12月1日 9:30—12:20

罗明德总裁要求公司各部门要有勤俭持家的管理思想和意识，针对2019年年度预算的编制，罗明德总裁提出具体要求如下：

2018年12月20日完成各经营部门分部完成采购预算、生产10%测算；销售人员2019年按照年初新招聘2人，每人每年综合人工成本84000元，原来人员按照2018年平均水平考虑涨薪10%测算；生产人员为计件工资，2019年按照产量及在2018年单位产品人工成本基础上考虑涨薪影响上涨5%。 *股东会〔2018〕12号会议纪要*

期间费用：人工成本以外的管理费用按照2018年水平不变；人工成本以外的销售费用按照2018年占销售收入的比率不变；借款利息以外的财务费用按照2018年占销售收入的比率不变。

图 4-30　预算启动会会议纪要

期间费用明细表

编制单位：

年度 预算项目	2018年发生额	2019年预算额				合计	备注
		第一季度	第二季度	第三季度	第四季度		
其他管理费用（付现）						H8=SUM(D8:G8)	
二、销售费用	C9=SUM(C10:C12)	D9=SUM(D10:D12)	E9=SUM(E10:E12)	F9=SUM(F10:F12)	G9=SUM(G10:G12)	H9=SUM(H10:H12)	
人工成本		D10=职工薪酬!I8	E10=职工薪酬!K8	F10=职工薪酬!M8	G10=职工薪酬!O8	H10=SUM(D10:G10)	
折旧费用						H11=SUM(D11:G11)	
其他销售费用						H12=SUM(D12:G12)	
三、财务费用	C13=SUM(C14:C15)	D13=SUM(D14:D15)	E13=SUM(E14:E15)	F13=SUM(F14:F15)	G13=SUM(G14:G15)	H13=SUM(H14:H15)	
贷款利息费用						H14=SUM(D14:G14)	
其他财务费用	C15	D15=D16*$C15/$C16	E15=E16*$C15/$C16	F15=F16*$C15/$C16	G15=G16*$C15/$C16	H15=SUM(D15:G15)	
四、营业收入	C16	D16=收入收益预算!F9	E16=收入收益预算!I9	F16=收入收益预算!L19	G16=收入收益预算!O19	H16=SUM(D16:G16)	

编制说明：期间费用明细项目编制预算，也可按照公司设定的费效比进行总额控制。

图 4-31　期间费用明细表

(2) 根据董事会会议纪要（图 4-32）了解公司 2019 年预算新增借款金额、借款利率、借款时长计算新增借款的利息费用，并结合公司长期借款合同（图 4-33）中利率信息及期初贷款金额，计算并填制"贷款利息费用"指标。期间费用预算编制结果如图 4-34 所示。

主持：罗明德

公司2019年第一次董事会决定：　　董事会[2019]1号会议纪要

同意向中国光大银行股份有限公司申请流动贷款（币种、金额、利率）人民币1000000元，期限1年（12个月），年利率4.4%

同意向中国民生银行股份有限公司申请长期贷款（币种、金额、利率）人民币1000000元，期限3年（36个月），年利率5.5%

以上银行借款于2019年一季度末发放到账。

图 4-32　董事会会议纪要

5 贷款利率与利息利率

5.1 利率：

5.1.1 此项贷款采用（以下两者择一，以“√”选择）：　　公司长期借款合同截图

√固定利率　□浮动利率

5.1.2 合同期内利率的确定（如适用，请在“□”划“√”）：

5.1.2.1 发放人民币贷款的，

以□定价日适用的中国人民银行公布的___个月/3年金融机构人民币贷款基准利率为基准利率，或

以□定价日前1个工作日全国银行间同行拆借中心公布的贷款基础利率（LPR）为基准利率，或

以√　　　5.5%　　　为基准利率；

□加/□减____个基本点（BPs），或□上浮/□下浮___10___%。

图 4-33　公司长期借款合同

期间费用明细表

编制单位：

预算项目 \ 年度	2018年发生额	2019年预算额 第一季度	第二季度	第三季度	第四季度	合计	备注
一、管理费用	1, 337, 454. 97	828, 061. 47	828, 061. 47	828, 061. 47	828, 061. 47	3, 312, 245. 88	
人工成本		477, 806. 98	477, 806. 98	477, 806. 98	477, 806. 98	1, 911, 227. 91	
折旧费用		15, 890. 75	15, 890. 75	15, 890. 75	15, 890. 75	63, 563. 00	
其他管理费用（付现）	1, 337, 454. 97	334, 363. 74	334, 363. 74	334, 363. 74	334, 363. 74	1, 337, 454. 97	
二、销售费用	1, 680, 855. 40	541, 603. 82	603, 991. 17	651, 484. 38	718, 855. 35	2, 515, 934. 72	
人工成本		214, 835. 25	214, 835. 25	214, 835. 25	214, 835. 25	859, 340. 99	
折旧费用						0. 00	
其他销售费用	1, 680, 855. 40	326, 768. 57	389, 155. 92	436, 649. 13	504, 020. 11	1, 656, 593. 73	
三、财务费用	139, 641. 00	45, 799. 77	75, 732. 74	79, 678. 35	85, 275. 35	286, 486. 22	
贷款利息费用		18, 652. 70	43, 402. 70	43, 402. 70	43, 402. 70	148, 860. 81	
其他财务费用	139, 641. 00	27, 147. 06	32, 330. 04	36, 275. 65	41, 872. 65	137, 625. 40	
四、营业收入	28, 311, 475. 90	5, 503, 924. 07	6, 554, 745. 00	7, 354, 696. 48	8, 489, 459. 06	27, 902, 824. 60	

编制说明：期间费用可以按照明细项目编制预算，也可以按照公司设定的费效比进行总额控制

利润预算表　筹资预算表　投资预算表　固定资产及折旧预算　收入收益预算　职工薪酬　制造费用分配表　期间费用明细表　生产成本汇总表　报告取值

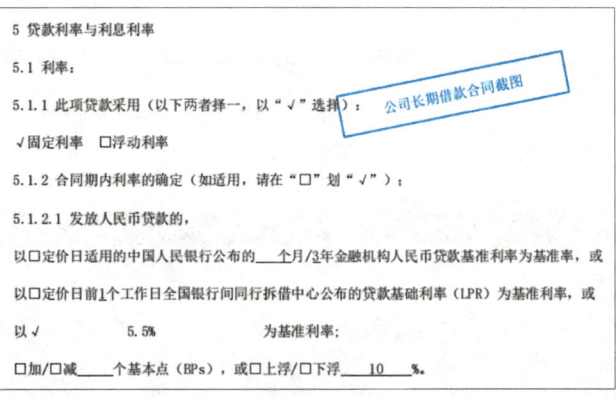

图 4-34　期间费用预算编制结果

7. 编制生产成本预算

根据 2019 年主材料采购预算表(图 4-35)提供的各产品主材采购数量和单价信息，计算主材料采购金额并填制生产成本汇总表中“原材料”信息，如图 4-36 所示。

2019年 主材料采购预算表

单位：千克

原材料	第一季度采购量	第二季度采购量	第三季度采购量	第四季度采购量	采购价格控制（元/千克）
铝合金	121,837	149,858	177,854	162,720	8.83
其中：电脑显示屏底座	61,179	72,832	81,572	75,746	-
电视底座	60,657	77,025	96,282	86,974	-
锌合金（电视壁挂件）	63,158	68,353	71,087	70,814	10.94

制表部门：采购中心　制表人：王龙翔　制表日期：2019-1-10

图 4-35　2019 年主材采购预算表

生产成本预算汇总表

编制单位：

年度 预算项目	单位	电脑显示屏底座					电视底座					电视壁挂件					备注
		2019年一季度预算	2019年二季度预算	2019年三季度预算	2019年四季度预算	2019年度合计预算	2019年一季度预算	2019年二季度预算	2019年三季度预算	2019年四季度预算	2019年度合计预算	2019年一季度预算	2019年二季度预算	2019年三季度预算	2019年四季度预算	2019年度合计预算	
（一）原材料																	
铝合金	元	D6	E6	F6	G6	H6=SUM(D6:G6)	I6	J6	K6	L6	M6=SUM(I6:L6)	N6	O6	P6	Q6	R6=SUM(N6:Q6)	
锌合金	元	D7	E7	F7	G7	H7=SUM(D7:G7)	I7	J7	K7	L7	M7=SUM(I7:L7)	N7	O7	P7	Q7	R7=SUM(N7:Q7)	
原材料合计		D8=SUM(D6:D7)	E8=SUM(E6:E7)	F8=SUM(F6:F7)	G8=SUM(G6:G7)	H8=SUM(D8:G8)	I8=SUM(I6:I7)	J8=SUM(J6:J7)	K8=SUM(K6:K7)	L8=SUM(L6:L7)	M8=SUM(I8:L8)	N8=SUM(N6:N7)	O8=SUM(O6:O7)	P8=SUM(P6:P7)	Q8=SUM(Q6:Q7)	R8=SUM(N8:Q8)	
（二）人工成本																	
工资及福利费		D10=职工薪酬!I10	E10=职工薪酬!K10	F10=职工薪酬!M10	G10=职工薪酬!O10	H10=SUM(D10:G10)	I10=职工薪酬!I11	J10=职工薪酬!K11	K10=职工薪酬!M11	L10=职工薪酬!O11	M10=SUM(I10:L10)	N10=职工薪酬!I12	O10=职工薪酬!K12	P10=职工薪酬!M12	Q10=职工薪酬!O12	R10=SUM(N10:Q10)	
小计		D11=SUM(D10:D10)	E11=SUM(E10:E10)	F11=SUM(F10:F10)	G11=SUM(G10:G10)	H11=SUM(H10:H10)	I11=SUM(I10:I10)	J11=SUM(J10:J10)	K11=SUM(K10:K10)	L11=SUM(L10:L10)	M11=SUM(M10:M10)	N11=SUM(N10:N10)	O11=SUM(O10:O10)	P11=SUM(P10:P10)	Q11=SUM(Q10:Q10)	R11=SUM(R10:R10)	
（三）制造费用																	
制造费用小计		D13=制造费用分配表!D57	E13=制造费用分配表!E57	F13=制造费用分配表!F57	G13=制造费用分配表!G57	H13=SUM(D13:G13)	I13=制造费用分配表!D58	J13=制造费用分配表!E58	K13=制造费用分配表!F58	L13=制造费用分配表!G58	M13=SUM(I13:L13)	N13=制造费用分配表!D59	O13=制造费用分配表!E59	P13=制造费用分配表!F59	Q13=制造费用分配表!G59	R13=SUM(N13:Q13)	
生产成本合计		D14=D13+D11+D8	E14=E13+E11+E8	F14=F13+F11+F8	G14=G13+G11+G8	H14=H13+H11+H8	I14=I13+I11+I8	J14=J13+J11+J8	K14=K13+K11+K8	L14=L13+L11+L8	M14=M13+M11+M8	N14=N13+N11+N8	O14=O13+O11+O8	P14=P13+P11+P8	Q14=Q13+Q11+Q8	R14=R13+R11+R8	
产量		D15=职工薪酬!H10	E15=职工薪酬!J10	F15=职工薪酬!L10	G15=职工薪酬!N10	H15=SUM(D15:G15)	I15=职工薪酬!H11	J15=职工薪酬!J11	K15=职工薪酬!L11	L15=职工薪酬!N11	M15=SUM(I15:L15)	N15=职工薪酬!H12	O15=职工薪酬!J12	P15=职工薪酬!L12	Q15=职工薪酬!N12	R15=SUM(N15:Q15)	
单位生产成本		D16=D14/D15	E16=E14/E15	F16=F14/F15	G16=G14/G15	H16=H14/H15	I16=I14/I15	J16=J14/J15	K16=K14/K15	L16=L14/L15	M16=M14/M15	N16=N14/N15	O16=O14/O15	P16=P14/P15	Q16=Q14/Q15	R16=R14/R15	

资金预算汇总表　利润预算表　筹资预算表　投资预算表　固定资产及折旧预算　收入收益预算　职工薪酬　制造费用分配表　期间费用明细表　生产成本汇总表

图 4-36　生产成本预算汇总表

根据职工薪酬表中测算的 2019 年生产人员的人工成本情况，填制生产成本汇总表中“人工成本”信息。

根据制造费用分配表中测算的 2019 年各产品的制造费用情况，填制生产成本汇总表中“制造费用”信息。

根据资金预算汇总表中提供各产品的产量信息，填制生产成本汇总表中“产量”信息，计算各产品的“单位生产成本”。

生产成本预算编制结果如图 4-37 所示。

8. 编制筹资预算表

（1）根据董事会会议纪要（图 4-38）了解公司股东筹资预算情况，并填制筹资预算表中“股权筹资”指标，如图 4-39 所示。

（2）根据董事会会议纪要（图 4-40）了解公司负债筹资预算情况，并填制筹资预算表中“短期借款”“长期借款”指标。

筹资预算编制结果如图 4-41 所示。

生产成本预算汇总表

编制单位：

年度预算项目	单位	电脑显示屏底座					电视底座					电视壁挂件					备注
		2019年一季度预算	2019年二季度预算	2019年三季度预算	2019年四季度预算	2019年度合计预算	2019年一季度预算	2019年二季度预算	2019年三季度预算	2019年四季度预算	2019年度合计预算	2019年一季度预算	2019年二季度预算	2019年三季度预算	2019年四季度预算	2019年度合计预算	
(一)原材料																	
铝合金	元	521,429	620,749	769,225	722,585	2,633,989	605,614	720,970	807,486	749,808	2,883,878						
锌合金	元											599,621	713,835	799,495	742,388	2,855,340	
原材料合计		521,429	620,749	769,225	722,585	2,633,989	605,614	720,970	807,486	749,808	2,883,878	599,621	713,835	799,495	742,388	2,855,340	
(二)人工成本																	
工资及福利费		127,273	151,515	187,756	176,372	642,915	150,293	178,920	200,390	186,077	715,680	156,776	186,638	209,034	194,103	746,550	
小计		127,273	151,515	187,756	176,372	642,915	150,293	178,920	200,390	186,077	715,680	156,776	186,638	209,034	194,103	746,550	
(三)制造费用																	
制造费用小计		729,225	822,218	906,477	846,415	3,304,334	700,834	941,543	1,036,449	941,401	3,620,826	910,445	932,063	954,974	956,432	3,753,915	
生产成本合计		1,377,926	1,594,482	1,863,458	1,745,372	6,581,239	1,456,741	1,741,732	2,044,325	1,877,286	7,120,084	1,666,842	1,832,536	1,963,503	1,892,924	7,355,805	
产量		310,800	370,000	458,500	430,700	1,570,000	298,200	355,000	397,600	369,200	1,420,000	189,000	225,000	252,000	234,600	900,000	
单位生产成本		4.43	4.31	4.06	4.05	4.19	4.89	4.91	5.14	5.08	5.01	8.82	8.14	7.79	8.09	8.17	

说明：本表反映本单位预算年度全部成本费用支出情况。

图 4-37　生产成本预算编制结果

主持：罗明德

股东会(2019)2号会议纪要

公司2019年第二次股东会决定：

同意公司增加的注册资本人民币壹拾贰万伍仟元整（RMB125,000），增资方认缴公司新增注册资本应支付相应对价，即RMB500000元整。

以上增资额于2019年一季度末完成。

图 4-38　股东会会议纪要

筹资预算表

编制单位：

筹资项目	行次	2018年数	2019年增加数	2019年年减少数	2019年预算数	利息费用	明本年增减变动发生
一、短期筹资	1	D4=D5+D8+D9	E4=E5+E8+E9	F4=F5+F8+F9	G4=G5+G8+G9	H4=H5+H8+H9	
(一)短期借款	2	D5=D6+D7	E5=E6+E7	F5=F6+F7	G5=D5+E5-F5	H5=H6+H7	
其中：银行借款	3	D6	E6	F6	G6=D6+E6-F6	H6	
非银行金融机构借款	4	D7	E7	F7	G7	H7	
(二)短期企业债	5	D8	E8	F8	G8	H8	
(三)其他短期筹资	6	D9	E9	F9	G9	H9	
二、长期筹资	7	D10=D11+D14+D16+D17+D18	E10=E11+E14+E16+E17+E18	F10=F11+F14+F16+F17+F18	G10=G11+G14+G16+G17+G18	H10=H11+H14+H16+H17+H18	
(一)长期借款	8	D11=D12+D13	E11=E12+E13	F11=F12+F13	G11=D11+E11-F11	H11=H12+H13	
其中：银行借款	9	D12	E12	F12	G12=D12+E12-F12	H12	
非银行金融机构借款	10	D13	E13	F13	G13	H13	
(二)股权筹资	11	D14	E14	F14	G14=D14+E14-F14	H14	
其中：股东筹资	12	D15	E15	F15	G15	H15	
(三)债券筹资	13	D16	E16	F16	G16	H16	
(四)融资租赁	14	D17	E17	F17	G17	H17	
(五)其他长期筹资	15	D18	E18	F18	G18	H18	
对外筹资合计	16	D19=D4+D10	E19=E4+E10+E14	F19=F4+F10	G19=G4+G10	H19=H4+H10	

注：若本年有新增长期借款，则该年无还本金计划，只支付利息。

图 4-39　筹资预算表

> 主持：罗明德
>
> 董事会〔2019〕1号会议纪要
>
> 公司2019年第一次董事会决定：
>
> 同意向中国光大银行股份有限公司申请流动贷款（币种、金额、利率）人民币1000000元，期限1年（12个月），年利率4.4%。
>
> 同意向中国民生银行股份有限公司申请长期贷款（币种、金额、利率）人民币1000000元，期限3年（36个月），年利率5.5%。
>
> 以上银行借款于2019年一季度末发放到账。

图4-40　董事会会议纪要

筹资预算表

编制单位：

筹资项目	行次	2018年数	2019年增加数	2019年年减少数	2019年预算数	利息费用	备注（说明本年增减变动发生的时点）
一、短期筹资	1	0.00	1,000,000.00	0.00	1,000,000.00	33,000.00	
（一）短期借款	2	0.00	1,000,000.00		1,000,000.00	33,000.00	
其中：银行借款	3		1,000,000.00		1,000,000.00	33,000.00	
非银行金融机构借款	4						
（二）短期企业债	5						
（三）其他短期筹资	6						
二、长期筹资	7	1,356,560.25	1,500,000.00	0.00	2,856,560.25	115,860.81	
（一）长期借款	8	1,356,560.25	1,000,000.00		2,356,560.25	115,860.81	
其中：银行借款	9	1,356,560.25	1,000,000.00		2,356,560.25	115,860.81	
非银行金融机构借款	10						
（二）股权筹资	11		500,000.00		500,000.00		
其中：股东筹资	12		500,000.00				
（三）债券筹资	13						
（四）融资租赁	14						
（五）其他长期筹资	15						
对外筹资合计	16	1,356,560.25	2,500,000.00	0.00	3,856,560.25	148,860.81	

注：若本年有新增长期借款，则该年无还本金计划，只支付利息。

图4-41　筹资预算编制结果

9. 编制投资预算表

（1）根据投委会会议纪要（图4-42）了解公司预计投资情况。

> 公司2019年投委会决定：2019年新增电脑显示屏底座生产线1套，电视底座生产线0套，电视壁挂件生产线0套；增加省内电子配件经销商股权比例至10%，预计投资成本20万元；引入德国XW型烤漆工艺，预计成本15万元，预期引入新工艺后，公司主要产品的单位价格在2018年销售均价基础上浮10%，年度销售率不低于88%。
>
> 投委会〔2019〕1号会议纪要
>
> 以上投资事项，在2019年一季度完成。

图4-42　投委会会议纪要

（2）填制投资预算表中"固定资产投资""长期股权投资""无形资产及其他投资"指标，如图 4-43 所示。

资本性支出预算

编制单位：

投资项目	支出类型	2019年预算				2019年合计	预计当年投资收益	预算依据
		1季度	2季度	3季度	4季度			
一、固定资产投资合计	—	D5=SUM(D6:D11)	E5=SUM(E6:E11)	F5=SUM(F6:F11)	G5=SUM(G6:G11)	H5=SUM(H6:H11)	I5=SUM(I6:I11)	
		D6	E6	F6	G6	H6=SUM(D6:G6)	I6	
		D7	E7	F7	G7	H7=SUM(D7:G7)	I7	
		D8	E8	F8	G8	H8=SUM(D8:G8)	I8	
		D9	E9	F9	G9	H9=SUM(D9:G9)	I9	
		D10	E10	F10	G10	H10=SUM(D10:G10)	I10	
		D11	E11	F11	G11	H11=SUM(D11:G11)	I11	
二、长期股权投资合计	—	D12=SUM(D13:D16)	E12=SUM(E13:E16)	F12=SUM(F13:F16)	G12=SUM(G13:G16)	H12=SUM(H13:H16)	I12=SUM(I13:I16)	—
		D13	E13	F13	G13	H13=SUM(D13:G13)	I13	
		D14	E14	F14	G14	H14=SUM(D14:G14)	I14	
		D15	E15	F15	G15	H15=SUM(D15:G15)	I15	
		D16	E16	F16	G16	H16=SUM(D16:G16)	I16	
三、长期债权投资合计	—	D17=SUM(D18:D21)	E17=SUM(E18:E21)	F17=SUM(F18:F21)	G17=SUM(G18:G21)	H17=SUM(H18:H21)	I17=SUM(I18:I21)	—
		D18	E18	F18	G18	H18=SUM(D18:G18)	I18	
		D19	E19	F19	G19	H19=SUM(D19:G19)	I19	
		D20	E20	F20	G20	H20=SUM(D20:G20)	I20	
		D21	E21	F21	G21	H21=SUM(D21:G21)	I21	
四、无形资产及其他投资合计		D22=SUM(D23:D26)	E22=SUM(E23:E26)	F22=SUM(F23:F26)	G22=SUM(G23:G26)	H22=SUM(H23:H26)	I22=SUM(I23:I26)	
		D23	E23	F23	G23	H23=SUM(D23:G23)	I23	
		D24	E24	F24	G24	H24=SUM(D24:G24)	I24	
		D25	E25	F25	G25	H25=SUM(D25:G25)	I25	
		D26	E26	F26	G26	H26=SUM(D26:G26)	I26	
投资项目合计		D27=SUM(D5,D12,D17,D22)	E27=SUM(E5,E12,E17,E22)	F27=SUM(F5,F12,F17,F22)	G27=SUM(G5,G12,G17,G22)	H27=SUM(H5,H12,H17,H22)	I27=SUM(I5,I12,I17,I22)	

注：按项目填列

图 4-43　投资预算表

投资预算表编制结果如图 4-44 所示。

资本性支出预算

编制单位：

投资项目	2019年预算				2019年合计	预计当年投资收益	预算依据
	1季度	2季度	3季度	4季度			
一、固定资产投资合计	231,000.00	0.00	0.00	0.00	231,000.00	0.00	—
	231,000.00				231,000.00		
					—		
					—		
					0.00		
					0.00		
二、长期股权投资合计	200,000.00	0.00	0.00	0.00	200,000.00	0.00	—
	200,000.00				200,000.00		
					0.00		
					0.00		
					0.00		
三、长期债权投资合计	0.00	0.00	0.00	0.00	0.00	0.00	—
					0.00		
					0.00		
					0.00		
					0.00		
四、无形资产及其他投资合计	150,000.00	0.00	0.00	0.00	150,000.00	0.00	—
	150,000.00				150,000.00		
					0.00		
					0.00		
					0.00		
投资项目合计	581,000.00	0.00	0.00	0.00	581,000.00	0.00	

注：按项目填列

图 4-44　投资预算表编制结果

10. 完成经营预算编制

根据企业预算相关资料,检查编制好的全部经营预算。

思政驿站

知识拓展

任务二　财务预算编制

任务目标

一、知识目标

1. 概括现金预算、预计利润表、预计资产负债表的含义。
2. 熟知现金预算、预计利润表、预计资产负债表的编制依据。
3. 认识现金预算、预计利润表、预计资产负债表的作用。

二、技能目标

1. 能够结合企业资料准确编制现金预算。
2. 能够结合企业资料准确编制预计利润表。
3. 能够结合企业资料准确编制预计资产负债表。

三、思政目标

1. 培养学生的数据敏感性和分析能力,使学生能够理解财务数据背后的经济活动和业务逻辑,从而作出合理的预算决策。
2. 引导学生养成做任何事情都事前充分准备的习惯,培养预算思维和预算意识。
3. 强化学生的成本意识和风险管理意识,通过财务预算编制,让学生认识到合理控制成本和有效管理风险对企业的重要性。
4. 引导学生认识到财务预算在企业战略规划中的重要作用,培养学生的长远规划和战略思维能力。
5. 通过财务预算的实践操作,加强学生的法律法规意识,让学生认识到遵守财务纪律和规范操作的重要性。

案例背景

渝之兴集团为编制2025年度销售预算,收集整理相关背景资料。

一、现金预算编制的背景资料

渝之兴集团每一季度末现金余额的额定范围为50 000～100 000元,如果达不到50 000元,则需要向银行借款,借款的数额一般为50 000元的倍数,借款年利率为12%,期限半年,一般于每季度初借入,隔一季度初还本,每季度末支付利息。现金多余时,可购买有价证券,购进的份额也是50 000元的倍数。已知渝之兴集团2024年年末的现金余额为88 000元。

二、预计利润表编制的背景资料

渝之兴集团 2024 年年末未分配利润为 152 870 元,法定盈余公积的提取比例为 10%,任意盈余公积的提取比例为 5%。

三、预计资产负债表编制的背景资料

渝之兴集团 2024 年 12 月 31 日的资产负债表,如表 4-13 所示。

表 4-13　　　　　　　　　　渝之兴集团 2024 年资产负债表
2024 年 12 月 31 日　　　　　　　　　　　　单位:元

资产	金额	负债及所有者权益	金额
现金	88 000	应付账款	50 000
应收账款	216 000	应交所得税	128 000
原材料	37 800	负债合计	178 000
产成品	31 500	实收资本	260 000
流动资产合计	373 300	资本公积	0
固定资产原值	900 000	盈余公积	370 430
减:累计折旧	312 000	未分配利润	152 870
固定资产净值	588 000	所有者权益合计	783 300
资产合计	961 300	负债及所有者权益合计	961 300

此外,渝之兴集团 2025 年度的经营预算、专门决策预算、现金预算和预计利润表已编制完成。

任务要求

1. 编制渝之兴集团 2025 年现金预算。
2. 编制渝之兴集团 2025 年预计利润表。
3. 编制渝之兴集团 2025 年预计资产负债表。

任务解析

财务预算是反映企业在预期内有关现金收支、财务状况和经营成果的预算,主要包括现金预算、预计利润表、预计资产负债表等。

一、编制现金预算

(一) 现金预算的定义

现金预算是在经营预算和专门决策预算的基础上,对企业预算期内的现金收入、现金支出、现金余缺和现金筹措使用情况和期初、期末现金余额水平等情况进行规划与测算而编制的预算。现金预算一般由财务部门负责编制。

(二) 现金预算的编制流程

现金预算的编制必须以经营预算和专门决策预算为基础，其编制的具体流程如下：

(1) 确定预算期期初现金余额。预算期期初现金余额等于上一期期末现金余额。

(2) 估算本期现金收入。本期现金收入等于预算期内预计发生的经营现金收入和非经营现金收入之和。前者包括本期现销收入、收回以前期的应收账款、应收票据到期兑现和票据贴现收入等内容；后者包括转让或处置长期资产（包括固定资产和无形资产）所取得的现金收入。

(3) 确定预算期可运用现金。预算期可运用现金等于期初现金余额与本期现金收入之和。

(4) 估算本期现金支出。本期现金支出等于预算期内预计发生的经营现金支出和资本性现金支出之和。前者包括预算期内预计发生的采购现金支出、直接人工成本现金支出、制造费用现金支出、销售费用现金支出、管理费用现金支出、应交税费的现金支出、偿还应付款项现金支出、支付利润现金支出；后者包括有关设备的购置费等。

(5) 计算现金余缺。现金余缺又称现金收支差额，预算期现金余缺等于该期可运用现金与现金支出的差额。如果差额为正，说明收入大于支出，现金有多余；如果差额为负，说明支出大于收入，现金不足。

(6) 现金的筹集与运用。根据企业期末应保持的现金余额的变动范围，结合预算期现金余缺的性质、数额的大小和企业资金管理的有关政策，预计预算期计划筹集或运用资金的数额。如果现金不足，可以向银行取得借款、转让短期投资的有价证券、增发股票或公司债券。如果现金多余，可用于偿还借款，也可用于购买作为短期投资的有价证券。

(7) 确定期末现金余额。期末现金余额为现金余缺和现金的筹集与运用的综合结果，为确保下期生产经营活动的正常开展，通常要求企业期末现金余额保持在一定的数额范围之内。

(三) 现金预算的作用

编制现金预算的目的是合理地处理现金收支业务，正确地调度资金，保证企业资金的正常流转，确保生产经营活动的正常进行。

二、编制预计利润表

(一) 预计利润表的定义

预计利润表是以货币形式综合反映预算期内企业经营成果计划水平的一种财务预算。

(二) 预计利润表的编制依据

预计利润表是在经营预算、专门决策预算和现金预算的基础上，对企业预算期内的生产经营活动及其成果按照利润表的格式和计算方法进行汇总测算而编制的预算。

预计利润表一般由财务部门负责编制，其编制依据主要是业务预算中的销售预算、制造费用预算、产品成本预算、销售及管理费用预算和专门决策预算中的一次性专门业务预算以及现金预算所涉及的企业生产经营活动及其成果的资料。除企业管理需要外，预计利润表通常按年编制。

(三) 预计利润表的作用

通过编制预计利润表,可以了解企业预期的盈利水平。如果预计利润与企业战略管理中的目标利润有较大的不一致,就要调整部门预算,设法达到目标,或者经企业管理层同意后调整目标利润。

三、编制预计资产负债表

(一) 预计资产负债表的定义

预计资产负债表是用于综合反映企业预算期期末资产、负债、所有者权益等财务状况的财务预算。

(二) 预计资产负债表的编制依据

预计资产负债表是在以前期期末资产负债表的基础上,根据销售预算、生产预算、成本预算的有关资料进行汇总调整而编制的。预计资产负债表除上年期末数已知外,其余项目均应在前述各项经营预算和专门决策预算的基础上分析填列。预计资产负债表一般由财务部门负责编制。

(三) 预计资产负债表的作用

通过编制预计资产负债表,可以为企业管理层提供企业预期财务状况的信息,有助于管理当局预测未来期间的经营状况,并采取适当的改进调整措施。

现将财务预算编制的主要内容归纳总结,如图 4-45 所示。

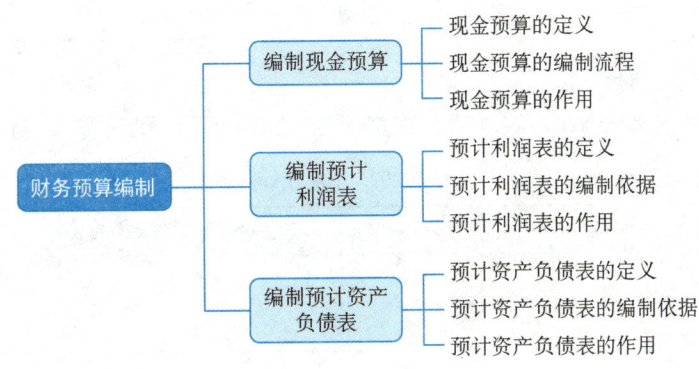

图 4-45　财务预算编制的思维导图

工作流程

1. 编制现金预算

根据前述案例背景资料,编制渝之兴集团 2025 年度现金预算,如表 4-14 所示。

表 4-14　　　　　　　　渝之兴集团 2025 年度现金预算　　　　　　　　单位:元

项目	第一季度	第二季度	第三季度	第四季度	全年
期初现金余额					

(续表)

项目	第一季度	第二季度	第三季度	第四季度	全年
加：销售现金收入					
可运用现金合计					
减：各项现金支出					
直接材料					
直接人工					
制造费用					
销售及管理费用					
应付股利					
应交所得税					
购买固定资产					
现金支出合计					
现金余缺					
加：向银行借款					
减：归还银行借款					
减：有价证券投资					
期末现金余额					

2. 编制预计利润表

（1）根据前述的各种预算，编制渝之兴集团2025年度预计利润表，如表4-15所示。

表 4-15　　　　　　　　　　　渝之兴集团 2025 年度预计利润表　　　　　　　　　　单位：元

项目	第一季度	第二季度	第三季度	第四季度	全年
销售收入					
减：变动生产成本					
税金及附加					
边际贡献（生产阶段）					
减：变动销售费用					
边际贡献（销售阶段）					
减：固定制造费用					
固定销售费用					
管理费用					
财务费用					
利润总额					

(续表)

项目	第一季度	第二季度	第三季度	第四季度	全年
减:所得税费用					
净利润					

（2）根据前述背景资料和预算表，编制渝之兴集团 2025 年度预计利润分配表，如表 4-16 所示。

表 4-16　　　　　　　　　渝之兴集团 2025 年度预计利润分配表　　　　　　单位:元

项目	金额
年初未分配利润	
加:本年实现净利润	
减:提取法定盈余公积	
提取任意盈余公积	
提取盈余公积合计	
可供投资者分配的利润	
减:向投资者分配股利	
年末未分配利润	

3. 编制预计资产负债表

根据前述案例背景资料和预算表，编制渝之兴集团 2025 年度预计资产负债表，如表 4-17 所示。

表 4-17　　　　　　　　　渝之兴集团 2025 年预计资产负债表　　　　　　　单位:元

资产	期初数	期末数	负债及所有者权益	期初数	期末数
现金			应付账款		
应收账款			应交所得税		
原材料			负债合计		
产成品			实收资本		
流动资产合计			资本公积		
固定资产原值			盈余公积		
减:累计折旧			未分配利润		
固定资产净值			所有者权益合计		
资产合计			负债及所有者权益合计		

 **实践操作**

进入财经大数据应用服务平台,在管理会计实验课程页面选择"预算编制"任务,如图 4-46 所示,按操作步骤完成任务。

图 4-46 选择预算编制任务

1. 阅读案例资料

点击"案例资料"阅读长城实业有限责任公司预算启动会会议纪要及其相关资料,如图 4-47 所示。

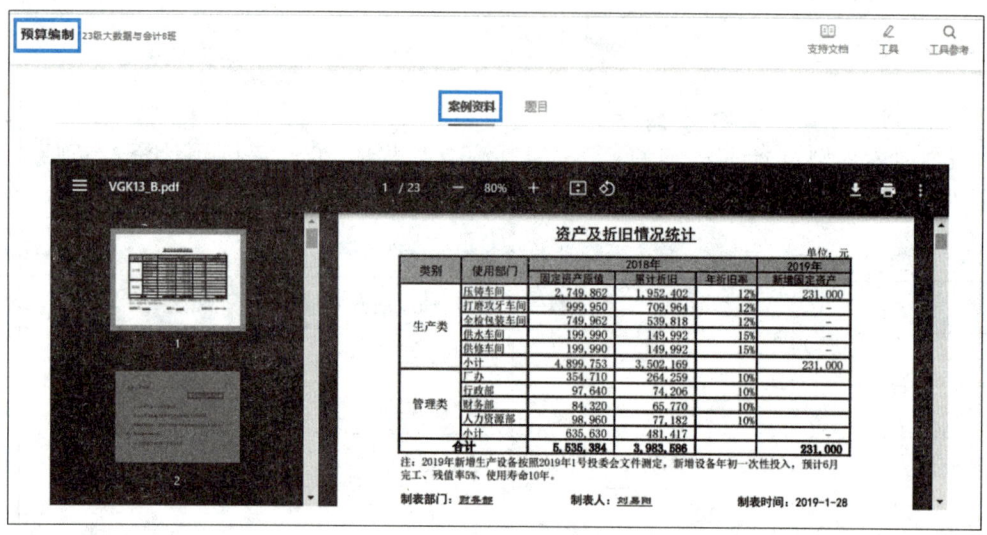

图 4-47 阅读案例资料

2. 编制利润预算汇总表

(1) 查阅 2019 年利润预算汇总表(图 4-48)各分项数据,在分项预算明细编制的基础上,查看利润表各分项取数的逻辑和结果。根据公司税收政策统计表(图 4-49)提供的相关信息及营业收入信息,计算"税金及附加"指标。

(2) 根据利润总额及所得税率信息,填列"所得税"指标,并计算"净利润"指标。利润预算汇总表编制结果如图 4-50 所示。

2019年利润预算汇总表

编制单位：　　　　　　　　　　　　　　　　　　　　　　　　　　　　单位：元

利润项目	日期	季度预算				2019年度合计
		2019年第一季度	2019年第二季度	2019年第三季度	2019年第四季度	
一、营业收入		C5=收入收益预算!F19	D5=收入收益预算!I19	E5=收入收益预算!L19	F5=收入收益预算!O19	G5=SUM(C5:F5)
减：营业成本		C6=收入收益预算!D6*生产成本汇总表!D16+收入收益预算!D7*生产成本汇总表!I16+收入收益预算!D8*生产成本汇总表!N16	D6=收入收益预算!G6*生产成本汇总表!E16+收入收益预算!G7*生产成本汇总表!J16+收入收益预算!G8*生产成本汇总表!O16	E6=收入收益预算!J6*生产成本汇总表!F16+收入收益预算!J7*生产成本汇总表!K16+收入收益预算!J8*生产成本汇总表!P16	F6=收入收益预算!M6*生产成本汇总表!G16+收入收益预算!M7*生产成本汇总表!L16+收入收益预算!M8*生产成本汇总表!Q16	G6=SUM(C6:F6)
税金及附加						G7=SUM(C7:F7)
销售费用		C8=期间费用明细表!D9	D8=期间费用明细表!E9	E8=期间费用明细表!F9	F8=期间费用明细表!G9	G8=SUM(C8:F8)
管理费用		C9=期间费用明细表!D5	D9=期间费用明细表!E5	E9=期间费用明细表!F5	F9=期间费用明细表!G5	G9=SUM(C9:F9)
财务费用		C10=预间费用明细表!D13	D10=期间费用明细表!E13	E10=期间费用明细表!F13	F10=期间费用明细表!G13	G10=SUM(C10:F10)
资产减值损失		C11	D11	E11	F11	G11=SUM(C11:F11)
信用减值损失		C12	D12	E12	F12	G12=SUM(C12:F12)
加：其他收益		C13	D13	E13	F13	G13=SUM(C13:F13)
投资收益		C14	D14	E14	F14	G14=SUM(C14:F14)
公允价值变动收益		C15	D15	E15	F15	G15=SUM(C15:F15)
资产处置收益		C16	D16	E16	F16	G16=SUM(C16:F16)
二、营业利润		C17=C5-C6-C7-C8-C9-C10+C11+C12	D17=D5-D6-D7-D8-D9-D10+D11+D12	E17=E5-E6-E7-E8-E9-E10+E11+E12	F17=F5-F6-F7-F8-F9-F10+F11+F12	G17=SUM(C17:F17)
营业外收入		C18=收入收益预算!F13	D18=收入收益预算!I13	E18=收入收益预算!L13	F18=收入收益预算!O13	G18=SUM(C18:F18)
减：营业外支出		C19=收入收益预算!F14	D19=收入收益预算!I14	E19=收入收益预算!L14	F19=收入收益预算!O14	G19=SUM(C19:F19)
三、利润总额		C20=C17+C18-C19	D20=D17+D18-D19	E20=E17+E18-E19	F20=F17+F18-F19	G20=SUM(C20:F20)
减：所得税		C21=C20*0.25	D21=D20*0.25	E21=E20*0.25	F21=F20*0.25	G21=SUM(C21:F21)
四、净利润		C22=C20-C21	D22=D20-D21	E22=E20-E21	F22=F20-F21	G22=SUM(C22:F22)

图 4-48　2019 年利润预算汇总表

公司税收政策统计表

税种	税率	计税依据
增值税	4%	营业收入
企业所得税	25%	利润总额
城市维护建设税	7%	增值税
教育费附加及地方教育费	5%	增值税

注：增值税税率为简化税率，根据产品毛利率计算，供内部经营测算使用

制表部门：项目中心　　　制表人：曾雪照　　　制表时间：2019-1-28

图 4-49　公司税收政策统计表

2019年利润预算汇总表

编制单位：　　　　　　　　　　　　　　　　　　　　　　　　　　　单位：元

利润项目	季度预算				2019年度合计
	2019年第一季度	2019年第二季度	2019年第三季度	2019年第四季度	
一、营业收入	5,503,924.07	6,554,745.00	7,354,696.48	8,489,459.06	27,902,824.60
减：营业成本	3,778,669.93	4,310,692.38	4,752,673.86	5,530,166.31	18,372,202.49
税金及附加	26,418.84	31,862.78	35,302.54	40,749.40	133,933.56
销售费用	541,603.82	603,991.17	651,484.38	718,855.35	2,515,934.72
管理费用	828,061.47	828,061.47	828,061.47	828,061.47	3,312,245.88
财务费用	45,799.77	75,732.74	79,678.35	85,275.35	286,486.22
资产减值损失					0.00
信用减值损失					0.00
加：其他收益					0.00
投资收益					0.00
公允价值变动收益					0.00
资产处置收益					0.00
二、营业利润	283,370.24	704,804.46	1,007,495.88	1,286,351.16	3,282,021.74
营业外收入	0.00	0.00	0.00	0.00	0.00
减：营业外支出	0.00	0.00	0.00	0.00	0.00
三、利润总额	283,370.24	704,804.46	1,007,495.88	1,286,351.16	3,282,021.74
减：所得税	70,842.56	176,201.12	251,873.97	321,587.79	820,505.44
四、净利润	212,527.68	528,603.35	755,621.91	964,763.37	2,461,516.31

图 4-50　2019 年利润预算汇总表编制结果

3. 编制资金预算汇总表

（1）查阅2019年资金预算汇总表（图4-51）各分项数据，在分项预算明细编制的基础上，查看资金预算表各分项取数的逻辑和结果。

2019年资金预算汇总表

编制单位：　　　　　　　　　　　　　　　　　　　　　　　　　　　　　　　　　单位：元

资金项目	日期	季度预算				2019年度合计
		第一季度	第二季度	第三季度	第四季度	
一、收入项目						
（一）经营收入		C6=SUM(C7:C9)	D6=SUM(D7:D9)	E6=SUM(E7:E9)	F6=SUM(F7:F9)	G6=SUM(G7:G9)
1、营业收入		C7=利润预算表!C5*0.93	D7=利润预算表!D5*0.93	E7=利润预算表!E5*0.93	F7=利润预算表!F5*0.93	G7=SUM(C7:F7)
2、营业外净收入		C8	D8	E8	F8	G8=SUM(C8:F8)
3、其他收入		C9	D9	E9	F9	G9=SUM(C9:F9)
（二）筹资收入		C10=SUM(C11:C12)	D10=SUM(D11:D12)	E10=SUM(E11:E12)	F10=SUM(F11:F12)	G10=SUM(G11:G12)
1、短期筹资收入		C11=筹资预算表!E4	D11	E11	F11	G11=SUM(C11:F11)
2、长期筹资收入		C12=筹资预算表!E10	D12	E12	F12	G12=SUM(C12:F12)
（三）投资收入		C13=SUM(C14:C15)	D13=SUM(D14:D15)	E13=SUM(E14:E15)	F13=SUM(F14:F15)	G13=SUM(G14:G15)
1、收回投资收入		C14	D14	E14	F14	G14=SUM(C14:F14)
2、投资收益		C15	D15	E15	F15	G15=SUM(C15:F15)
收入项目合计		C16=SUM(C6,C10,C13)	D16=SUM(D6,D10,D13)	E16=SUM(E6,E10,E13)	F16=SUM(F6,F10,F13)	G16=SUM(G6,G10,G13)
二、支出项目		C17	D17	E17	F17	G17
（一）经营支出		C19=SUM(C19,C20,C28,C29,C33)	D19=SUM(D19,D20,D28,D29,D33)	E19=SUM(E19,E20,E28,E29,E33)	F19=SUM(F19,F20,F28,F29,F33)	G18=SUM(G19,G20,G28,G29,G33)
1、原材料采购支出		C19	D19	E19	F19	G19=SUM(C19:F19)
2、车间费用支出		C20=SUM(C21:C27)	D20=SUM(D21:D27)	E20=SUM(E21:E27)	F20=SUM(F21:F27)	G20=SUM(C20:F20)
车间辅材采购		C21=制造费用分配表!E32	D21=制造费用分配表!E33	E21=制造费用分配表!E34	F21=制造费用分配表!E35	G21=SUM(C21:F21)
车间租金		C22=制造费用分配表!G32	D22=制造费用分配表!G33	E22=制造费用分配表!G34	F22=制造费用分配表!G35	G22=SUM(C22:F22)
模具采购费用		C23=制造费用分配表!H32	D23=制造费用分配表!H33	E23=制造费用分配表!H34	F23=制造费用分配表!H35	G23=SUM(C23:F23)
水电费		C24=制造费用分配表!I32	D24=制造费用分配表!I33	E24=制造费用分配表!I34	F24=制造费用分配表!I35	G24=SUM(C24:F24)
委外加工费		C25=制造费用分配表!J32	D25=制造费用分配表!J33	E25=制造费用分配表!J34	F25=制造费用分配表!J35	G25=SUM(C25:F25)
修理费支出		C26=制造费用分配表!K32	D26=制造费用分配表!K33	E26=制造费用分配表!K34	F26=制造费用分配表!K35	G26=SUM(C26:F26)
其他		C27	D27	E27	F27	G27=SUM(C27:F27)
3、职工薪酬支出		C28=职工薪酬!I6	D28=职工薪酬!K6	E28=职工薪酬!M6	F28=职工薪酬!O6	G28=SUM(C28:F28)
4、其他经营支出		C29=SUM(C30:C32)	D29=SUM(D30:D32)	E29=SUM(E30:E32)	F29=SUM(F30:F32)	G29=SUM(C29:F29)
管理费用类		C30=期间费用明细表!D8	D30=期间费用明细表!E8	E30=期间费用明细表!F8	F30=期间费用明细表!G8	G30=SUM(C30:F30)
营销费用类		C31=期间费用明细表!D12	D31=期间费用明细表!E12	E31=期间费用明细表!F12	F31=期间费用明细表!G12	G31=SUM(C31:F31)
财务费用类（不含借款利息）		C32=期间费用明细表!D15	D32=期间费用明细表!E15	E32=期间费用明细表!F15	F32=期间费用明细表!G15	G32=SUM(C32:F32)
5、税金支出		C33=利润预算表!C7+利润预算表!C21	D33=利润预算表!D7+利润预算表!D21	E33=利润预算表!E7+利润预算表!E21	F33=利润预算表!F7+利润预算表!F21	G33=SUM(C33:F33)
（二）筹资支出		C34=SUM(C35:C37)	D34=SUM(D35:D37)	E34=SUM(E35:E37)	F34=SUM(F35:F37)	G34=SUM(G35:G37)
1、归还短期借款		C35	D35	E35	F35	G35=SUM(C35:F35)
2、归还长期借款		C36	D36	E36	F36	G36=SUM(C36:F36)
3、借款利息支出		C37=期间费用明细表!D14	D37=期间费用明细表!E14	E37=期间费用明细表!F14	F37=期间费用明细表!G14	G37=SUM(C37:F37)
（三）投资支出		C38=SUM(C39:C43)	D38=SUM(D39:D43)	E38=SUM(E39:E43)	F38=SUM(F39:F43)	G38=SUM(G39:G43)
1、固定资产投资支出		C39	D39	E39	F39	G39=SUM(C39:F39)
2、长期股权投资支出		C40	D40	E40	F40	G40=SUM(C40:F40)
3、长期债券投资支出		C41	D41	E41	F41	G41=SUM(C41:F41)
4、无形资产投资支出		C42	D42	E42	F42	G42=SUM(C42:F42)
5、其他资本性投资支出		C43	D43	E43	F43	G43=SUM(C43:F43)
支出项目合计		C44=SUM(C18,C34,C38)	D44=SUM(D18,D34,D38)	E44=SUM(E18,E34,E38)	F44=SUM(F18,F34,F38)	G44=SUM(G18,G34,G38)
三、本期资金净流量		C45=C16-C44	D45=D16-D44	E45=E16-E44	F45=F16-F44	G45=G16-G44
四、期初资金余额		C46	D47=C47	E46=D47	F47=E46+E45	C46
五、期末资金余额		C47=C46+C45	D47=D46+D45	E47=E46+E45	F47=F46+F45	G47=G46+G45

图4-51　2019年资金预算表

（2）根据2018年部分预算项目发生额及余额统计表（图4-52）中货币资金期初余额，填列资金预算汇总表"期初资金余额"指标，观察各季度末货币资金余额是否出现资金风险情况及经营资金峰值情况。

（3）编制2019年资金预算汇总表，编制结果如图4-53所示。

2018年 部分预算项目发生额及余额统计表

项目	发生额	余额
货币资金		1,271,433.79
长期借款		1,356,560.25
营业收入	28,311,475.90	
销售费用总额	2,309,347.21	
销售费用中包含的人力费用	628,491.81	
管理费用中包含的人力费用	1,562,934.46	
管理费用（不含人力、折旧费用）	1,337,454.97	
财务费用（不含借款利息费用）	139,641.00	

制表部门：财务中心　　制表人：刘昌阳　　制表时间：2019-1-29

图 4-52　2018 年部分预算项目发生额及余额统计表

2019年资金预算汇总表

编制单位：　　　　　　　　　　　　　　　　　　　　　　　　　　　单位：元

资金项目	第一季度	第二季度	第三季度	第四季度	2019年度合计
一、收入项目					
（一）经营收入	5,118,649.38	6,095,912.85	6,839,867.72	7,895,196.92	25,949,626.88
1、营业收入	5,118,649.38	6,095,912.85	6,839,867.72	7,895,196.92	25,949,626.88
3、营业外净收入					0.00
4、其他收入					0.00
（二）筹资收入	2,500,000.00	0.00	0.00	0.00	2,500,000.00
1、短期筹资收入	1,000,000				1,000,000.00
2、长期筹资收入	1,500,000				1,500,000.00
（三）投资收入	0.00	0.00	0.00	0.00	0.00
1、收回投资收入					0.00
2、投资收益					0.00
收入项目合计	7,618,649.38	6,095,912.85	6,839,867.72	7,895,196.92	28,449,626.88
二、支出项目					
（一）经营支出	5,869,804	6,690,388.01	7,474,850.55	7,292,079.70	27,327,122.67
1、原材料采购支出	1,766,769	2,071,028	2,348,143	2,211,523	8,397,462.55
2、车间费用支出	2,190,511.29	2,446,131.73	2,742,420.54	2,588,769.57	9,967,833.13
车间辅材采购	79,728.11	94,744.90	108,705.75	101,482.24	384,661.00
车间租金	301,384.40	301,384.40	301,384.40	301,384.40	1,205,537.60
模具采购费用	215,962.66	253,646.12	287,743.99	270,611.22	1,027,963.99
水电费	1,350,661.29	1,606,319.13	1,842,709.70	1,719,571.90	6,519,262.02
委外加工费	177,274.28	109,741.22	109,741.22	109,741.22	506,497.94
修理费支出	65,500.55	80,295.96	92,135.48	85,978.59	323,910.58
其他					0.00
3、职工薪酬支出	1,126,983.12	1,209,714.72	1,289,822.37	1,249,193.67	4,875,713.90
4、其他经营支出	688,279.38	755,849.71	807,288.52	880,256.50	3,131,674.10
管理费用类	334,363.74	334,363.74	334,363.74	334,363.74	1,337,454.97
销售费用类	326,768.57	389,155.92	436,649.13	504,020.11	1,656,593.73
财务费用类（不含借款利息）	27,147.06	32,330.04	36,275.65	41,872.65	137,625.40
5、税金支出	97,261	207,664	287,177	362,337	954,438.99
（二）筹资支出	18,653	43,402.70	43,402.70	43,402.70	148,860.81
1、归还短期借款					0.00
2、归还长期借款					0.00
3、借款利息支出	18,652.70	43,402.70	43,402.70	43,402.70	148,860.81
（三）投资支出	581,000.00	0.00	0.00	0.00	581,000.00
1、固定资产投资支出	231,000				231,000.00
2、长期股权投资支出	200,000				200,000.00
3、长期债券投资支出					0.00
4、无形资产投资支出	150,000				150,000.00
5、其他资本性投资支出					
支出项目合计	6,469,457.12	6,733,790.72	7,518,253.25	7,335,482.40	28,056,983.49
三、本期资金净流量	1,149,192.26	-637,877.86	-678,385.53	559,714.52	392,643.39
四、期初资金余额	1,271,434	2,420,626.05	1,782,748.19	1,104,362.66	1,271,433.79
五、期末资金余额	2,420,626.05	1,782,748.19	1,104,362.66	1,664,077.18	1,664,077.18

图 4-53　2019 年资金预算汇总表编制结果

4. 完成财务预算编制

根据企业预算相关资料，检查编制完成的财务预算表。

思政驿站

知识拓展

模块五 成本控制

任务一 变动成本法应用

任务目标

一、知识目标
1. 了解成本计算、变动成本法的概念。
2. 掌握变动成本法与完全成本法的区别。
3. 清楚变动成本法与完全成本法下营业利润可能产生差额的现象。

二、技能目标
能够合理运用变动成本法与完全成本法进行财务会计核算。

三、思政目标
学习变动成本法,明白事物之间普遍联系的道理,具备大局意识、风险思维。

案例背景

成本计算是按一定的成本对象,对生产、经营过程中所发生的成本、费用进行归集,以确定各对象的总成本和单位成本的一种专门方法。成本计算是企业经营管理的一项基本工具,也是企业成本管理的重要组成部分。管理会计采用广义成本计算,其基本内容如图5-1所示。

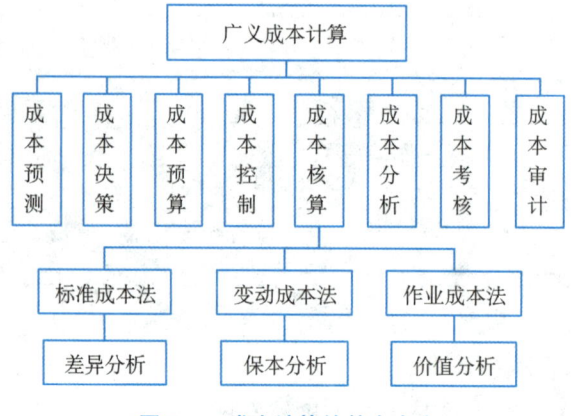

图5-1 成本计算的基本内容

渝之兴集团洞察时代趋势,加大对高新技术研发的投入力度,积极拓展电子产品的多元化创新领域,旗下子公司专注于手机配件及周边产品的生产,手机配件及周边产品不仅匹配渝之兴集团自产的手机系列,还广泛面向市场,满足消费者的多样化需求。2024 年渝之兴集团旗下子公司生产的快充数据线,销售单价为 30 元,无期初存货。渝之兴集团 2024 年快充数据线的成本资料如表 5-1 所示。

表 5-1　　　　　　　　　渝之兴集团 2024 年快充数据线成本资料

项目	第一季度	第二季度	第三季度	第四季度	合计
期初存货(件)	0	260	500	730	1 000
本期生产量(件)	980	950	1 020	1 050	4 000
本期销售量(件)	720	710	790	780	3 000
期末存货(件)	260	500	730	1 000	1 000
单位直接材料(元)	3	3	3	3	
单位直接人工(元)	2	2	2	2	
单位变动生产成本(元)	7.50	7.50	7.50	7.50	8 000
单位变动非生产成本(元)	3.80	4.10	4.00	4.10	12 000
固定生产成本(元)	3 000	3 000	3 000	3 000	8 000
固定性非生产成本(元)	1 990	1 970	2 040	2 000	4 000

任务要求

1. 采用变动成本法计算当期税前利润。
2. 采用完全成本法来计算当期税前利润。
3. 不同成本计算法所计算的税前利润差异分析。

一、变动成本法

生产产品所发生的成本一般可归纳为三个成本项目:直接材料、直接人工和制造费用。

传统成本计算将全部的制造成本(即直接材料、直接人工和制造费用)都计入产品成本,而将非制造成本(如销售费用和管理费用)作为期间成本计入当期损益。

变动成本法是在组织常规的产品成本计算过程中,以成本性态分析为前提,只将变动生产成本作为产品成本的构成内容,而将固定生产成本及非生产成本作为期间成本,按贡献式损益确定程序计量损益的一种成本计算模式。

变动成本法的特点主要体现在以下两个方面。

1. 产品成本只包括变动生产成本

在管理会计学中,以成本性态分析作为产品成本计算的基础或前提,产品的成本大小应与产品产量密切相关。在生产工艺没有发生实质性变化、成本水平不变的条件下,所发生的产品成本总额应当随着完成的产品产量成正比例变动。若不存在产品这个物质承担者,就不应当有产品成本存在。因此,在变动成本法下,产品成本是指随产品实体的流动而流动、当产品实现销售时与相关收入实现配比、并得以补偿的成本,也就是说,只有变动生产成本才能构成产品成本的内容。显然,这比完全成本法仅从生产过程与产品之间的因果关系出发,将全部生产成本作为产品成本、全部非生产成本作为期间成本的做法更为合理。

2. 固定生产成本作为期间成本处理

在管理会计学中,期间成本是指不随产品实体的流动而流动、只能于发生的当期计入损益表、并由当期收入补偿的成本。期间成本随企业生产经营持续期间的长短而增减,其效益随期间的推移而消逝,不能递延到下期,只能于发生的当期直接转作本期费用。按照变动成本法的概念,在生产过程中所发生的固定性制造费用只是定期地创造了可供利用的生产能量,因而与期间的关系更为密切,即在相关范围内与各期的实际产量无关。在这一点上它与销售费用、管理费用和财务费用等只是定期创造维持企业经营的必要条件的非生产成本一样具有时效性,不管这些条件是否在当期被有效利用,这种成本发生额都不会受到影响,其效益随着时间的推移而逐渐丧失,不能递延到下期。因此,固定性制造费用(即固定生产成本)应当与非生产成本同样作为期间成本处理。

二、变动成本法与完全成本法比较

变动成本法是相对于传统的完全成本法而言的,两者的区别体现在以下四个方面。

1. 成本计算目的和构成内容不同

变动成本法主要满足企业内部经营管理的需要,利润与销售量之间有一定规律性的联系,主要适用于管理会计系统,用于编制对内管理会计报告,提供服务于预测、决策、规划、控制和业绩考核等内部管理工作的信息。变动成本法以成本性态分析为前提,把全部成本划分为变动成本和固定成本两大部分,尤其要把混合成本性质的制造费用按生产量分解为变动性制造费用和固定性制造费用两部分。

完全成本法依据公认会计原则汇集企业在一定期间内所发生的成本,但利润与销售量之间的联系缺乏规律性,主要适用于财务会计系统,提供用于存货计价、损益计算、报表编制等相关信息。凡在生产领域中为生产产品发生的成本就归于生产成本,发生在流通领域和服务领域、组织日常销售或进行日常行政管理而发生的成本则归属于非生产成本。

变动成本法和完全成本法对比,如表 5-2 所示。

表 5-2　　　　　　　　变动成本法和完全成本法对比表

成本计算法	变动成本法		完全成本法	
应用前提	按成本性态划分		按成本用途划分	
成本划分的类别	变动成本	变动生产成本	直接材料 直接人工 变动制造费用	生产成本	直接材料 直接人工 制造费用

(续表)

成本计算法	变动成本法			完全成本法	
成本划分的类别	变动成本	变动非生产成本	变动销售费用 变动管理费用	生产成本	直接材料 直接人工 制造费用
	固定成本	固定生产成本	固定性制造费用	非生产成本	销售费用 财务费用 管理费用
		固定非生产成本	固定销售费用 固定管理费用		
产品成本构成内容	变动成本	变动生产成本	直接材料 直接人工 变动性制造费用	生产成本	直接材料 直接人工 制造费用
期间费用	变动成本	变动非生产成本	变动销售费用 变动管理费用	非生产成本	销售费用 财务费用 管理费用
	固定成本	固定生产成本	固定制造费用		
		固定非生产成本	固定销售费用 固定管理费用		

2. 存货估价及成本流程不同

变动成本法的存货成本必然小于完全成本法的存货成本。两种成本计算法下存货估价及成本流程图如图 5-2 所示。

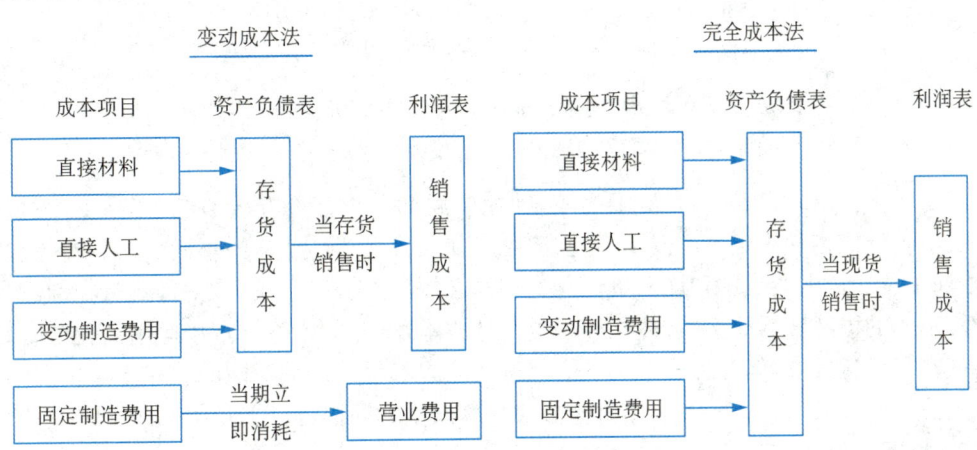

图 5-2　两种成本计算法下存货估价及成本流程图

1) 完全成本计算法下的收益与成本配合程序

第一步,计算营业毛利:

$$营业毛利=营业收入-产品营业成本(销货成本)$$

产品营业成本＝期初存货完全生产成本＋本期完全生产成本－期末存货完全成本
　　　　　　＝可供销售的产品成本－期末存货完全成本

第二步,计算税前利润:

$$税前利润 = 营业毛利 - (销售费用 + 财务费用 + 管理费用)$$

2）变动成本计算法下的收益与成本配合程序

第一步，计算边际贡献（贡献毛益）：

$$边际贡献 = 营业收入 - 变动成本总额$$

$$\begin{aligned}变动成本总额 &= 变动生产成本 + 变动非生产成本\\ &= 单位变动生产成本 \times 本期销售量 + 单位变动非生产成本 \times 本期销售量\end{aligned}$$

第二步，确定税前利润：

$$税前利润 = 边际贡献 - 固定成本总额$$

3. 销货成本计算公式不同

从理论上说，如果企业期初存货不为零且采用先进先出法结转存货成本，在当期销售量大于或等于期初存货量时，两种成本计算方法下企业本期销货成本和期末存货成本的通用计算公式为：

$$本期销货成本 = 期初存货成本 + (本期销售量 - 期初存货量) \times 本期单位产品成本$$

$$\begin{aligned}期末存货成本 &= (期初存货量 + 本期生产量 - 本期销售量) \times 本期单位产品成本\\ &= 期末存货量 \times 本期单位产品成本\end{aligned}$$

在相关范围内，企业前、后期的成本性态不会发生变化，即单位变动生产成本、固定生产成本是不变的。因此，变动成本法下的期初单位存货成本、本期单位产品成本和期末单位存货成本三者完全相等，即前、后各期单位产品成本都等于单位变动生产成本。

这种情况下，企业本期销货成本和期末存货成本可以用下列简化公式计算：

$$本期销货成本（变动成本法）= 单位变动生产成本 \times 本期销售量$$

$$期末存货成本（变动成本法）= 单位变动生产成本 \times 期末存货量$$

完全成本法下，如果期初存货不为零，即使前后期存货计价方法不变，产品生产过程中单位变动生产成本和固定生产成本不变，但由于前后各期产品产量的不同，期初单位存货成本、本期单位完全生产成本和期末单位存货成本必然不同。完全成本法下，只有在前后各期产量均不变的极特殊情况下，上述三种单位产品成本才相同，才可以直接运用简化公式计算销货成本和存货成本，但两种成本法下的单位产品成本水平还是不同的。在多数情况下，完全成本法需要按通用公式而不能按简化公式计算确定本期销货成本和期末存货成本。

4. 利润表格式不同

由于完全成本法和变动成本法下的产品成本构成不同，利润表中两种成本方法的成本费用的排列也有差别。

在完全成本法下，利润表的成本分为营业成本和营业费用（包括销售费用、财务费用和管理费用）两大类。营业收入减去营业成本后的余额为营业毛利，营业毛利再减去营业费用，得出企业的营业利润。完全成本法编制的利润表把所有成本项目按生产、销售、管理等不同经济职能进行排列，主要是为了适应与企业有经济利益关系的外界团体或个人的需要而编制的，故又称职能式利润表。在完全成本法下，必须按照传统式损益确定程序计量营业损益，利润表格式采用职能式利润表。

在变动成本法下,利润表的成本分为变动成本和固定成本两大类,营业收入减去变动成本后的余额称为边际贡献。边际贡献反映产品的盈利能力及其对企业营业利润所作的贡献。边际贡献总额同产品营业数量直接相关,是企业经营决策和利润计划的重要依据,也是企业管理人员关心的重点。边际贡献再减去全部固定成本则是企业的营业利润。变动成本法下编制的利润表把所有成本项目按成本性态分为变动成本和固定成本两大类,主要是为了便于取得边际贡献信息,故又称贡献式利润表。在变动成本法下,只能按贡献式损益确定程序计量营业损益,利润表格式采用贡献式利润表。两种成本法下利润表的格式如表 5-3 所示。

表 5-3　　　　　　　　　　两种成本法下利润表的格式

按变动成本法计算的税前利润表(贡献式)		按完全成本法计算的税前利润表(职能式)	
营业收入		营业收入	
减:变动成本		减:营业成本	
变动性生产成本		期初存货成本	
变动性销售费用		本期产品成本	
变动性财务费用		可供销售的产品成本	
变动性管理费用		减:期末存货成本	
变动成本合计		营业成本合计	
边际贡献		营业毛利	
减:固定成本		减:期间成本	
固定性制造费用		销售费用	
固定性销售费用		财务费用	
固定性财务费用		管理费用	
固定性管理费用			
固定成本合计		期间成本合计	
税前利润		税前利润	

从表 5-3 中可以看出,在完全成本法下,本期发生的销售费用、管理费用作为期间成本,在计算营业利润前列在营业费用项下从销售毛利中全部扣减;在变动成本法下,销售费用、管理费用则是按其性态分别处理的:变动部分作为变动成本的组成部分,在计算边际贡献前被扣除,固定成本则在边际贡献后被扣除。虽然本期发生的销售费用、管理费用在贡献式利润表中被扣除的位置不同,却无法改变它们属于期间成本的性质。因此,无论在哪一种成本计算法下,本期发生的销售费用、管理费用都是期间成本,都要全额计入利润表,只是在计入利润表的位置和补偿途径方面存在形式上的区别。基于上述理由,在应用变动成本法时,如果销售费用和管理费用都是已知的数据,且用于计算营业利润,则可以不必将它们分解为固定和变动两部分,只需将它们视为固定成本,与固定性制造费用合并处理。这样既可以简化

手续,又不会妨碍营业利润的正确计算。

现将变动成本法与完全成本法归纳总结,如图5-3所示。

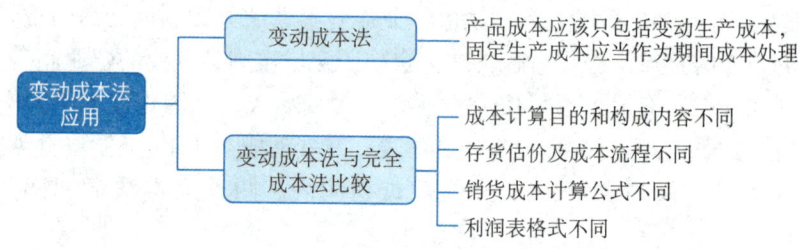

图5-3 变动成本法应用思维导图

工作流程

1. 采用完全成本法来计算快充数据线的当期税前利润

2024年渝之兴集团旗下子公司生产的快充数据线,销售单价为30元,无期初存货,根据背景资料编制完全成本法利润表,如表5-4所示。

表5-4　　　　　　　　　　　完全成本法利润表　　　　　　　　　　　单位:元

项目	第一季度	第二季度	第三季度	第四季度	合计
营业收入	21 600	21 300	23 700	23 400	90 000
减:营业成本					
期初存货成本					—
加:本期生产成本	10 350	10 125	10 650	10 875	38 000
本期可供销售的商品成本					
减:期末存货成本					
营业成本					
营业毛利					
营业费用	4 726	4 881	5 200	5 198	16 005
营业利润					

2. 采用变动成本法计算快充数据线的当期税前利润

根据背景资料,编制变动成本法利润表,如表5-5所示。

表5-5　　　　　　　　　　　变动成本法利润表　　　　　　　　　　　单位:元

项目	第一季度	第二季度	第三季度	第四季度	合计
营业收入	21 600	21 300	23 700	23 400	90 000
减:销货成本(变动生产成本)					
生产边际贡献					—

(续表)

项目	第一季度	第二季度	第三季度	第四季度	合计
减:期间成本					
固定生产成本					
非生产成本					
期间成本合计					
营业利润					

3. 分析完全成本法和变动成本法的税前利润差异

实践操作

进入财经大数据应用服务平台,在管理会计实验课程页面选择"变动成本法"任务,按操作步骤完成任务。

1. 阅读案例资料

点击"案例资料"查阅产销分季统计表等获得案例数据,如图5-4所示。

图5-4 产销分季统计表等案例资料

2. 采用完全成本法计算当期税前利润

1) 填列基本信息

点击"工具",根据案例资料背景资料提供的信息,填列变动成本分析——基础数据表中的"本期生产量""本期销售量""单位变动生产成本""单位变动非生产成本""固定生产成本""固定性非生产成本""单价"等指标,如图5-5所示。

变动成本分析

1、基础数据数据表格

信息	项目	备注
业务量信息	期初存货量	Q_1
	本期生产量	x_1
	本期销售量	x_2
	期末存货量	$Q_2=Q_1+x_1-x_2$
成本信息	单位变动生产成本	b_1
	单位变动非生产成本	b_2
	固定生产成本	a_1
	固定性非生产成本	a_2
	单价	p
计算信息	生产成本	$T_1=a_1+b_1x_1$
	非生产成本	$T_2=a_2+b_2x_2$
	营业收入	px_2

假定：存货采用先进先出法计价。

图 5-5　基本数据表格

2）计算完全成本法的关键指标

计算填列完全成本法利润表的"营业收入""本期生产成本""营业费用"，计算关键指标，从而得出完全成本法下的当期税前利润，如图5-6所示。

变动成本分析

2、完全成本法利润表

序号	项目	备注
①	营业收入	px_2
	减：营业成本	
②	期初存货成本	U_1Q_1
③	加：本期生产成本	$T_1=a_1+b_1x_1$
④=②+③	本期可供销售的商品成本	
⑤	减：期末存货成本	U_2Q_2
⑥=④-⑤	营业成本	
⑦=①-⑥	营业毛利	
⑧	营业费用	T_2
⑨=⑦-⑧	营业利润	

注：营业费用为期间费用。

图 5-6　完全成本法利润表

3. 采用变动成本法计算当期税前利润

将基础数据表中计算得出的营业收入填列到变动成本法利润表的"营业收入"项目中，计算出关键指标，从而得出变动成本法下的当期税前利润，如图 5-7 所示。

变动成本分析

3、变动成本法利润表

序号	项目	备注	第一季度	第二季度	第三季度	第四季度	合计
①	营业收入	px_2					—
②	减：销货成本（变动生产成本）	b_1x_2					—
③=①-②	生产边际贡献						—
	减：期间成本						
④	固定生产成本	a_1					—
⑤	非生产成本	T_2					—
⑥							
⑦=⑤+⑥	期间成本合计						—
⑧=③-⑦	营业利润						—

图 5-7 变动成本法利润表

将完全成本法利润表和变动成本法利润表进行对比，形成综合分析，如图 5-8 所示。

变动成本分析

4、综合分析

项目	第一季度	第二季度	第三季度	第四季度
产量(x_1)				
销量(x_2)				
完全成本法利润P_1				
变动成本法利润P_2				
利润差额 $\triangle P=P_1-P_2$				
利润差额的属性				
产销关系				
Q_2/Q_1（期末存货量/期初存货量）				
x_1/x_0（本期产量/上期产量）				
Q_2/Q_1 与 x_1/x_0 的关系				
$\triangle P$				

①	完全成本法单位期末存货中的固定生产成本u_2				
②	期末存货量Q_2				
③=①×②	完全成本法期末存货吸收的固定生产成本u_2Q_2				
④	完全成本法单位期初存货中的固定生产成本u_1				
⑤	期初存货量Q_1				
⑥=④×⑤	完全成本法期初存货释放的固定生产成本u_1Q_1				
⑦=③-⑥	完全成本法期末期初存货吸收释放的固定生产成本				

变动成本分析(电脑显示屏底座) 变动成本分析(电视底座) 变动成本分析(电视壁挂件) ＋

图 5-8 综合分析

4. 形成结论

根据企业成本相关资料，分别用完全成本法和变动成本法计算出税前利润，进行差异分析，形成结论，如图 5-9 所示。

148 智能管理会计应用

变动成本法

支持文档　工具　工具参考

案例资料　**题目**

管理会计实验变动成本法

报告摘要：变动成本法也称直线成本法，是变动成本计算的简称，是指在组织常规的成本计算过程中，以成本性态分析为前提条件，只将变动生产成本作为产品成本的构成内容，而将固定生产成本和非生产成本作为期间成本，并按贡献式损益确定程序计算损益的一种成本计算模式。企业管理的科学化要求会计为企业内部管理提供信息资料，以作为对经济活动进行预测、决策、计划和控制的依据，传统的全部成本核算法无法适应竞争日益加剧的市场经济。第二世界大战后，对会计提出更高的要求，变动成本法开始在西方企业诞生，时至今日，普及地应用于西方企业的内部管理。

1.编制电脑显示屏底座完全成本法利润表，电脑显示屏底座第三季度利润

　　　　万元（四舍五入精确到万元）。

2.编制电视底座变动成本法利润表，电视底座第二季度利润

　　　　万元（四舍五入精确到万元）。

3.同时编制电视壁挂件完全成本法利润表和变动成本法利润表，电视壁挂件第二季度两种方法下的利润差（完全成本法-变动成本法）为

　　　　元（四舍五入精确到元）。

思政驿站

图 5-9　变动成本法结论

　　**标准成本法应用**

任务目标

一、知识目标
1. 理解标准成本法的概念。
2. 准确区分并制定企业各项标准成本。

二、技能目标
能够完成标准成本与实际成本的差异计算与财务处理。

三、思政目标
明白企业还应承担社会责任，将新时代国家战略发展目标，内化为精神追求、外化为企业生产制造的自觉行动。

案例背景

2024年，渝之兴集团生产的摄像头的标准成本卡如表 5-6 所示。

表 5-6　　　　　　　　　　单位产品标准成本卡(产品:摄像头)

成本项目	标准价格(元/千克)	原材料标准毛重(千克/件)
直接材料	11.00	1.72
成本项目	标准工资率(元/小时)	人工标准工时(元/小时)
直接人工	22.71	0.32
成本项目	变动制造费用标准分配率(元/小时)	机器标准工时(小时/件)
变动制造费用	12.00	0.18
成本项目	固定制造费用标准分配率(元/小时)	固定制造费用预算数(元)	生产能量(元)
固定制造费用	5.20	31 850	6 125

任务要求

1. 分别计算分析原材料成本差异、直接人工成本差异、变动制造费用差异。
2. 用两差异法和三差异法分别计算固定制造费用差异。

任务解析

一、标准成本法

标准成本法也称标准成本制度,是指预先制定标准成本,将标准成本与实际成本相比较,以揭示成本差异,对成本差异进行分析处理并据以加强成本控制的一种成本控制方法。

标准成本系统是围绕标准成本的相关指标设计的,具有事前估算成本、事中与事后计算与分析成本的功能,是将成本的前馈控制、反馈控制及核算功能有机结合而形成的成本控制系统,具体包括以下三方面内容:

(1) 标准成本的制定。在标准成本的制定阶段,需要对产品的生产工艺、技术流程及生产和供销过程的各个方面进行全面分析研究,制定标准成本。因此,标准成本的制定与成本的前馈控制相联系,是采用标准成本系统的前提和关键,据此可以达到事前成本控制的目的。

(2) 成本差异的计算与分析。在产品生产的进程中,将发生的实际成本同事先制定的标准成本进行比较,揭示成本差异并进行差异分析,发现问题、分析原因,使成本在生产的进程中得到控制。因此,成本差异的计算分析与成本的反馈控制相联系,是标准成本系统的重点,借此可以促使成本控制目标的实现,并据以进行业绩考评。

(3) 成本差异的账务处理。在成本发生时,计算成本并对成本及其差异进行相应的账务处理,为存货计价和收益的计量提供成本资料。因此,成本差异的账务处理需与成本的日常核算相联系。

二、标准成本的制定方法

每一成本项目的标准成本都由用量标准和价格标准两项内容构成。用量标准和价格标准应由管理人员组织工程技术部、生产部、会计部、采购部、销售部、人事部等相关人员分析研究确定。

每一成本项目标准成本计算的通用公式如下:

$$标准成本 = \sum(用量标准 \times 价格标准)$$

产品成本包括直接材料、直接人工和制造费用三个成本项目。制定单位产品的标准成本,应分别就直接材料成本、直接人工成本和制造费用进行制定。

(一) 单位产品直接材料标准成本的制定

1. 单位产品直接材料用量标准的制定

单位产品直接材料用量标准,是指在现有生产技术条件和正常经营条件下,生产单位产品所需要的原料及主要材料的标准用量。其一般由生产技术部门制定(提供);定额健全时,也可依据材料消耗定额制定;还可以根据产品的不同情况由管理人员会同负责产品设计的工程技术人员确定。

2. 单位产品直接材料价格标准的制定

单位产品直接材料价格标准,是指产品生产所需要的各种材料的标准价格,以订货合同为基础和购买材料应当支付的价格,包括材料的买价和运杂费等采购费用,是企业编制的材料计划价格,即标准单价。其应由采购部门负责,征求财务部门意见,考虑市场价格的变动和发展趋势,以及影响价格因素的订货批量和运输方式等因素共同协商制定。

单位产品直接材料标准成本等于单位产品所需要的各种材料用量标准与各自的标准价格的乘积之和,计算公式如下:

$$单位产品直接材料标准成本 = \sum(直接材料标准用量 \times 直接材料标准价格)$$

(二) 单位产品直接人工标准成本的制定

单位产品直接人工标准,是指可以直接归属到产品、为制造该产品而直接发生的人员薪酬,由直接人工用量标准(工时标准)和直接人工价格标准(标准人工率)构成。

1. 单位产品直接人工用量标准的制定

单位产品直接人工用量标准,是指在现有生产技术条件下生产工人生产每单位产品所需要的工作时间,包括对产品直接加工所需要的工时、必要的间歇和停工工时,以及不可避免的废品耗用工时等。其通常由劳资部门和生产技术部门根据技术测定和统计调查资料确定,需考虑员工的平均技术水平,按产品加工工序分别计算并按产品分别汇总确定。

2. 单位产品直接人工价格标准的制定

单位产品直接人工价格标准即直接人工标准人工率,是指每个直接人工标准工时应获取的人工额,包括生产工人的工资及根据工资计提的其他职工薪酬等。其通常由劳资部门会同财会部门,按照工种或作业性质分别确定(可能是预定的人工率,也可能是正常的人工率)。如果采用计件工资制,标准人工率是预定的每件产品支付的人工额除以标准工时,或者是预定的小时人工;如果采用月薪制,需要根据月工资总额和可用工时总量来计算标准人工率,应根据企业自身的现行工资制度合理确定标准人工率。

单位产品直接人工标准成本应由直接人工价格标准和直接人工用量标准相乘求得,即:

单位产品直接人工标准成本=$\sum$(单位产品直接人工标准用量×单位产品直接人工标准价格)

=$\sum$(单位产品直接人工标准工时×单位产品直接人工标准人工率)

(三) 单位产品制造费用标准成本的制定

制造费用标准成本需要先按照部门分别编制,再将同一产品涉及的各部门单位制造费用标准加以汇总,得出整个产品制造费用标准成本。

1. 变动制造费用标准成本的制定

在变动成本法下,单位产品的标准成本中不包括固定制造费用的标准成本,即企业只需要制定变动制造费用的标准成本,固定制造费用的控制通过预算管理来进行。

变动制造费用标准成本需要分别确定价格标准和用量标准来制定。

变动制造费用的价格标准是每一工时变动制造费用的标准分配率,它根据变动制造费用预算和预算的标准总工时计算求得。计算公式如下:

变动制造费用标准分配率=变动制造费用预算÷预算的标准工时

变动制造费用的用量标准是生产单位产品所需的工时,通常采用单位产品直接人工工时标准。

变动制造费用标准成本的计算公式为:

单位产品变动制造费用标准成本=变动制造费用标准分配率×单位产品标准工时

各车间变动制造费用标准成本确定之后,可汇总出单位产品的变动制造费用标准成本。

2. 固定制造费用标准成本的制定

在完全成本法下,固定制造费用要计入产品成本,制造费用预算需分别按照变动制造费用和固定制造费用进行编制。变动制造费用预算应根据变动成本特性,并参照以往的经验,由有关部门加以确定。固定制造费用预算可参照历史资料并考虑预期生产力的利用程度加以估计。

固定制造费用的价格标准是其每小时的标准分配率,它根据固定制造费用预算和预算的标准总工时计算求得,计算公式如下:

固定制造费用标准分配率=固定制造费用预算÷预算的标准工时

固定制造费用的用量标准与变动制造费用的用量标准相同,包括直接人工工时、机器工时、其他用量标准等,并且两者要保持一致,以便进行差异分析,这个标准用量与制定直接人工标准用量的方法类似。计算公式如下:

单位产品固定制造费用标准成本=固定制造费用标准分配率×单位产品标准工时

各车间固定制造费用的标准成本确定之后,可汇总出单位产品的固定制造费用标准成本。

（四）单位产品标准成本的制定

在直接材料、直接人工、制造费用等成本项目的标准成本确定之后，就可以按照产品进行汇总，即可确定单位产品的标准成本。通常，企业可编制单位产品标准成本卡以反映产成品标准成本的具体构成。在每种产品生产之前，标准成本卡要送达有关人员，包括各级生产部门负责人、财会部门、仓库等，作为领料、派工和支出其他费用的依据。

三、成本差异的计算与分析方法

成本差异，是指在一定时期生产一定数量产品所发生的实际成本与其标准成本之间的差额，其计算公式如下：

$$成本差异＝实际成本－标准成本$$

（一）成本差异计算分析的基本模式

在实务中，为便于成本差异的分因素定量分析，通常将成本差异分解为价格差异和用量差异两个因素，分别计算成本差异额，进行因素分析。具体计算公式如下：

$$价格差异＝（实际用量×实际价格）－（实际用量×标准价格）$$
$$＝（实际价格－标准价格）×实际用量$$
$$用量差异＝（实际用量×标准价格）－（标准用量×标准价格）$$
$$＝（实际用量－标准用量）×标准价格$$

（二）直接材料成本差异的计算分析

直接材料成本差异，是指在实际产量下，直接材料实际总成本与直接材料标准总成本之间的差额。

直接材料成本是变动成本，可以进一步分解为以下两种差异：一是实际材料用量脱离标准用量而形成的材料用量差异，二是材料实际价格脱离标准价格而形成的材料价格差异。

1. 直接材料成本差异的计算

$$直接材料成本差异＝直接材料实际成本－直接材料标准成本$$
$$＝直接材料用量差异＋直接材料价格差异$$

2. 直接材料用量差异的计算

$$直接材料用量差异＝（材料实际用量×材料标准价格）－（材料标准用量×材料标准价格）$$
$$＝（材料实际用量－材料标准用量）×材料标准价格$$

3. 直接材料价格差异的计算

$$直接材料价格差异＝（材料实际用量×材料实际价格）－（材料实际用量×材料标准价格）$$
$$＝（材料实际价格－材料标准价格）×材料实际用量$$

（三）直接人工成本差异的计算分析

直接人工成本差异，是指在实际产量下，直接人工实际总成本与直接人工标准总成本之间的差额。

直接人工成本也是变动成本，可以进一步分解为以下两种差异：一是实际人工工时用量脱离标准工时用量而形成的人工用量差异，即效率差异；二是人工实际价格脱离标准价格而形成的人工价格差异,类似于材料价格差异。

1. 直接人工成本差异的计算

直接人工成本差异＝直接人工实际成本－直接人工标准成本
＝直接人工用量差异＋直接人工价格差异

2. 直接人工用量差异的计算

直接人工用量差异＝(实际工时×标准人工价格)－(标准工时×标准人工价格)
＝(实际工时－标准工时)×标准人工价格

3. 直接人工价格差异的计算

直接人工价格差异＝(实际工时×实际人工价格)－(实际工时×标准人工价格)
＝(实际人工价格－标准人工价格)×实际工时

(四) 变动制造费用成本差异的计算分析

变动制造费用成本差异,是指在实际产量下,变动制造费用实际总成本与其标准总成本之间的差额。

变动制造费用成本差异可以进一步分解为以下两种差异:一是实际工时用量脱离标准工时用量而形成的用量差异,也叫效率差异;二是实际变动制造费用分配率脱离其标准而形成的价格差异,又称耗费差异或开支差异。

1. 变动制造费用成本差异的计算

变动制造费用成本差异＝实际变动制造费用－标准变动制造费用
＝变动制造费用效率差异＋变动制造费用耗费差异

2. 变动制造费用效率差异的计算

变动制造费用效率差异＝(实际工时×标准分配率)－(标准工时×标准分配率)
＝(实际工时－标准工时)×标准分配率

3. 变动制造费用耗费差异的计算

变动制造费用耗费差异＝(实际工时×实际分配率)－(实际工时×标准分配率)
＝(实际分配率－标准分配率)×实际工时

变动制造费用耗费差异类似于材料价格差异和直接人工工资率差异,变动制造费用效率差异类似于材料用量差异和直接人工效率差异。因此,变动制造费用成本差异的计算分析方法类似于直接材料成本差异或直接人工成本差异。

(五) 固定制造费用成本差异的计算分析

固定制造费用成本差异,是指一定期间的实际固定制造费用与标准固定制造费用之间的差额。其计算公式为:

固定制造费用成本差异＝实际产量下实际固定制造费用－实际产量下标准固定制造费用

固定制造费用是固定成本,它在一定业务量范围内不随业务量的变动而变动。因此,固定制造费用成本差异不能简单地分为价格差异和数量差异两种类型。根据固定制造费用不随业务量的变动而变动的特性,计算固定制造费用标准分配率应根据固定制造费用预算,设定一个预算工时,实际工时与预算工时的差异导致的固定制造费用成本差异是其生产能力利用程度差异。因此,固定制造费用成本差异除了与变动制造费用相同包括耗费差异和效率差异,还包括生产能力利用差异。

固定制造费用成本差异的计算分析有其特殊性,分为两差异法和三差异法。

1. 两差异法

两差异法,也称两差异分析法、二因素分析法,是将固定制造费用成本差异分为耗费差异(实际固定制造费用脱离预算而形成的预算差异)和能量差异(固定制造费用预算脱离标准而形成的除数差异)两种差异。其计算公式如下:

固定制造费用耗费差异＝固定制造费用实际数－固定制造费用预算数
　　　　　　　　　　＝实际产量下实际固定制造费用
　　　　　　　　　　－预算产量下标准固定制造费用
固定制造费用能量差异＝预算产量下标准固定制造费用－实际产量下标准固定制造费用
　　　　　　　　　　＝(预算产量标准工时－实际产量标准工时)
　　　　　　　　　　×固定制造费用标准分配率

2. 三差异法

三差异法,也称三差异分析法、三因素分析法,是将固定制造费用成本差异分为以下三种差异:一是实际固定制造费用脱离预算而形成的耗费差异(开支差异);二是由于实际工时未能达到生产能量而形成的生产能力利用差异;三是实际工时脱离标准工时而形成的效率差异。其计算公式如下:

固定制造费用耗费差异＝实际产量下实际固定制造费用－预算产量下标准固定制造费用
　　　固定制造费用能量差异＝(预算产量标准工时－实际产量实际工时)
　　　　　　　　　　　　×固定制造费用标准分配率
　　固定制造费用效率差异＝(实际产量实际工时－实际产量标准工时)
　　　　　　　　　　　　×固定制造费用标准分配率

现将标准成本法归纳总结,如图 5-10 所示。

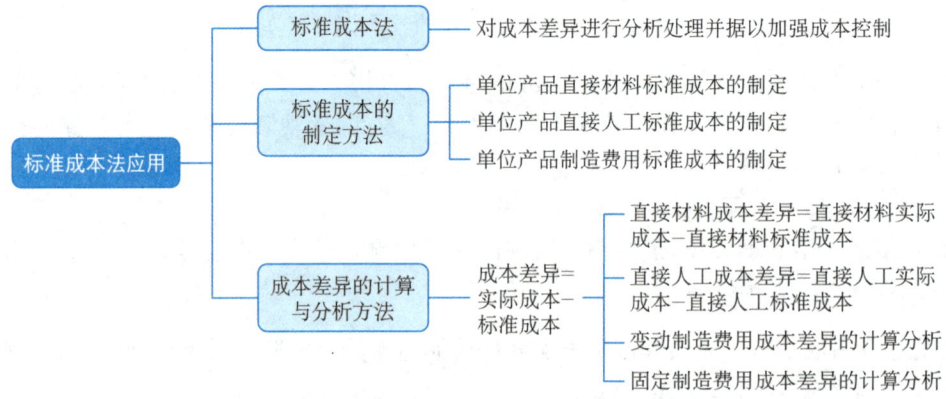

图 5-10　标准成本法思维导图

工作流程

根据任务背景中的资料,同时已知 2024 年生产摄像头 30 240 件,实际耗用原材料 52 312.80 千克,价格为 11.11 元/千克;直接人工实际工资率 23.36 元/小时,使用工时 9 910 小时;变动制造费用实际分配率 12.19 元/小时,使用工时 6 048 小时;固定制造费用实际数 34 639.94 元;固定制造费用实际数 34 639.94 元。

(1) 分别计算分析直接材料成本差异、直接人工成本差异、变动制造费用差异:

直接材料成本差异＝

直接人工成本差异＝

变动制造费用成本差异＝

(2) 分别采用两差异法和三差异法计算分析固定制造费用差异:

两差异法:固定制造费用成本差异＝

三差异法:固定制造费用成本差异＝

实践操作

进入财经大数据应用服务平台,在管理会计实验课程页面选择"标准成本分析"任务,按操作步骤完成任务。

1. 阅读案例

点击"案例资料"阅读案例背景,获取产品标准成本信息,如图 5-11 所示。

2019年电视壁挂件标准成本信息

项目	数值	单位
铝合金素材标准价格	11	元/千克
铝合金素材标准毛重	1.72	千克/件
直接人工标准工时	0.32	小时/件
人工标准工资率	22.71	元/小时
机器标准工时	0.18	小时/件
变动制造费用标准分配率	12	元/小时
固定制造费用标准分配率	5.2	元/小时

制表部门:财务中心　　　　制表人:刘易阳　　　　制表时间:2019-1-10

图 5-11　标准成本信息

2. 计算分析原材料成本差异、直接人工成本差异、变动制造费用差异

根据案例资料提供的信息，填列标准成本分析表中的“本期投产数量”指标；原材料的“实际数量”“标准数量”“实际价格”“标准价格”指标；直接人工的“实际工时”“标准工时”“实际工资率”“标准工资率”指标；变动制造费用的“实际工时”“标准工时”“实际分配率”“标准分配率”指标，如图 5-12 所示。填列完成后，系统自动计算原材料成本差异、直接人工成本差异和变动制造费用差异值。

标准成本分析

电视壁挂件成本差异计算及分析				本期投产数量：					
差异类型		实际数量	标准数量	实际价格	标准价格		差异金额	有利差异（F）/不利差异（U）	差异的成因及差异分析
原材料成本差异	材料数量差异						-	有利差异（F）	
	材料价格差异						-	有利差异（F）	
差异类型		实际工时	标准工时	实际工资率	标准工资率		差异金额	有利差异（F）/不利差异（U）	差异的成因及差异分析
直接人工成本差异	人工效率差异						-	有利差异（F）	
	工资率差异						-	有利差异（F）	
差异类型		实际工时	标准工时	实际分配率	标准分配率		差异金额	有利差异（F）/不利差异（U）	差异的成因及差异分析
变动制造费用差异	效率差异						-	有利差异（F）	
	耗费差异						-	有利差异（F）	

图 5-12 填列基本信息

3. 分别采用两差异法和三差异法计算分析固定制造费用差异

根据背景资料信息填列标准成本分析表中的“固定制造费用实际数”“固定制造费用预算数”“固定制造费用标准分配率”“生产能量”“实际产量标准工时”“实际产量实际工时”指标，得出不同因素分析法下的固定制造费用差异，如图 5-13 所示。

	A	B	C	D	E	F	G	H	I	J	K
1–2	标准成本分析										
3	电视壁挂件成本差异计算及分析				本期投产数量：						
13	差异类型		固定制造费用实际数	固定制造费用预算数	固定制造费用标准分配率	生产能量	实际产量标准工时	实际产量实际工时	差异金额	有利差异（F）/不利差异（U）	差异的成因及差异分析
14	固定制造费用两差异分析法	固定制造费用耗费差异							-	有利差异（F）	
15		固定制造费用能量差异							-	有利差异（F）	
16	差异类型		固定制造费用实际数	固定制造费用预算数	固定制造费用标准分配率	生产能量	实际产量标准工时	实际产量实际工时	差异金额	有利差异（F）/不利差异（U）	差异的成因及差异分析
17	固定制造费用三差异分析法	固定制造费用耗费差异							-	有利差异（F）	
18		固定制造费用闲置能量差异							-	有利差异（F）	
19		固定制造费用效率差异							-	有利差异（F）	

图 5-13 两差异法和三差异法对比计算

4. 形成结论

根据案例资料中成本相关资料，计算分析成本差异及其原因，如图 5-14 所示。

模块五 成本控制

标准成本分析

支持文档　工具　工具参考

案例资料　**题目**

管理会计实验标准成本分析

报告摘要：标准成本法，又称标准成本会计，是指以预先制定的标准成本为基础，用标准成本与实际成本进行比较，核算和分析成本差异的一种产品成本计算方法，也是加强成本控制、评价经济业绩的一种成本控制制度。它的核心是按标准信息记录和反映产品成本的形成过程和结果，并借以实现对成本的控制。

1．结合电视壁挂件产品的标准成本卡片，直接材料数量差异为

　　　　元（有利差异为"-"，不利差异为"+"）（四舍五入保留至元整数位）。

2．结合电视壁挂件产品的标准成本卡片，直接材料价格差异为

　　　　元（有利差异为"-"，不利差异为"+"）（四舍五入保留至元整数位）。

3．结合电视底座产品的标准成本卡片，变动制造费用效率差异为

　　　　元（有利差异为"-"，不利差异为"+"）（四舍五入保留至元整数位）。

4．结合电视底座产品的标准成本卡片，变动制造费用耗费差异为

图 5-14　成本差异分析结论

思政驿站

任务三　作业成本法应用

任务目标

一、知识目标

1．熟知作业成本法的概念。

2．熟知作业成本法的计算步骤。

3．熟知作业成本法的应用场景技能目标。

二、技能目标

1．能够合理运用作业成本法计算产品成本。

2．能够识别影响成本改革的信息技术。

3．能够判断智能制造时代成本创新的方向和总结成本管理的新模式思政目标。

三、思政目标

1．把握社会主义现代化国家全面建设征程中诸要素协同运行的重要性，具备系统思维和全局意识。

2．结合中国特色社会主义发展道路和信息技术发展，采用先进的成本管理思想，精准推进信息化与工业化深度，具备创新意识、创新思维。

案例背景

渝之兴集团旗下子公司生产的手机电池，分为标配版（主料为镍氢电池）和高配版（主料为

锂电池)两种产品,采用传统成本分析方法计算出两种产品的成本。基本信息如表 5-7 所示。

表 5-7　　　　　　　　　　　　基本信息

项目	高配版	标配版	合计	备注
产量(块)	200	40	240	
定购次数(次)	2	5	7	
生产工时(小时)	400	160	560	
单位生产工时(小时/块)	2	4	6	
制造费用(元)		2 352		按工时分配
直接材料成本(元)	24 000	2 000	26 000	
直接人工成本(元)	3 000	600	3 600	
直接人工单位成本(元/块)	15	15	—	
直接材料单位成本(元/块)	120	50	—	
单位售价(元/块)	200	85	—	
毛利(元/块)	56.6	3.2	—	
毛利率	28.3%	3.8%	—	
市价(元/块)	220	80	—	同类产品价格

渝之兴集团以作业为核算对象,首先根据作业对资源的消耗情况将资源的成本分配到作业,再由作业依成本动因追踪到产品成本的形成和积累过程,由此得出最终产品制造费用明细及成本动因(表 5-8),用作业成本法计算产品成本。

表 5-8　　　　　　　　　　　　制造费用明细及成本动因

成本动因	材料验收成本	产品验收成本	燃料及水电成本	开工成本	职工福利成本	设备折旧	厂房折旧	材料储存成本	经营薪金	合计
制造费用(元)	300	470	402	220	190	300	230	140	100	2 352
成本库	定购次数	定购次数	机器制造工时	定购次数	间接人工成本	机器制造工时	产量制造费用	间接材料成本	产量制造费用	—
类别	批次级作业成本	批次级作业成本	设施级作业成本	批次级作业成本	单位级作业成本	设施级作业成本	单位级作业成本	单位级作业成本	单位级作业成本	

任务要求

1. 采用传统成本法计算单位产品总成本。
2. 采用作业成本法计算单位产品总成本。
3. 比较传统成本法和作业成本法的差异。

任务解析

一、作业成本法

1. 作业成本法的概念

作业成本法，又称作业成本分析法、作业成本计算法、作业成本核算法，是以生产产品或者提供劳务所进行的作业为核心，确认和计量耗用企业资源的所有作业，将耗用的资源成本准确地计入作业，然后选择成本动因，将所有作业成本分配给成本计算对象的一种成本计算方法。

作业成本法把作业分为四类：单位级作业、批次级作业、品种级作业和设施级（管理级）作业。

（1）单位级作业的重点是"单位"，是使单位产品或顾客受益的作业，它的成本与产品产量直接相关，或属于以产品产量为基础的变动成本。例如，原材料费用，即生产一件产品要使用固定的原材料，其成本的大小与产品的产量直接相关。

（2）批次级作业的重点是"批次"，是使一批产品或顾客受益的作业，其特点是作业的成本与产品批次成比例变动。比如，人工准备费用，即生产一批产品要准备一次，而生产两批产品则需要准备两次，以此类推。这样，成本与批次是成比例的。需要注意的是，就生产批次而言它属变动成本，但就某一特定批产品而言它属于固定成本。

（3）品种级作业的重点是"品种"，是使一种产品或顾客受益的作业，其特点是作业的成本与产品种类成比例关系。比如，产品设计费，即某种产品的设计费，只与本种产品有关，只使本种产品受益，与其他种类的产品无关。同时也需要注意，就品种而言，它是变动成本；但就特定产品而言，它属于固定成本。

（4）设施级（管理级）作业的重点是"设施"，是为支持整体生产经营、维持产品生产能力而发生的各项作业，其特点是作业与基础设施、生产环境等直接相关，是各类产品的共同成本。比如，车间、厂房提取的折旧费，其支持的是整个车间、厂房内的生产经营活动，属于基础设备，为生产提供必要的环境支持，而与某种产品、某批产品的单位成本无关，是所有产品的共同成本。

2. 成本动因

成本动因，亦称成本驱动因素，是指导致成本发生的因素，即成本的诱因。成本动因通常以作业活动耗费的资源来进行度量，如质量检查次数、用电度数等。在作业成本法下，成本动因是成本分配的依据。作业成本法下成本动因又可以分为资源动因（决定一项作业所耗费资源的因素，反映作业量与资源耗费间的因果关系）和作业动因（将作业中心的成本分配到产品或劳务、顾客等成本目标中的标准，也是将资源消耗与最终产出相沟通的中介）。

3. 成本库

成本库是指作业所发生的成本的归集。在传统的成本会计中，各类制造费用的归集通常以部门为单位进行；而在作业成本法中，每一个作业中心所发生的成本或消耗的资源归集起来作为一个成本库。一个成本库是由同质的成本动因组成的，它对库内同质费用的耗费水平负有责任。

上述概念之间的关系为：资源按照资源动因分配到作业或作业中心，作业成本按照成本动因分配到产品中，如图 5-15 所示。其中，分配到作业的资源构成该作业的成本要素（图 5-15 中的黑点),多个成本要素构成作业成本池(图5-15中的小方框),多个作业成本池构成作业中心。

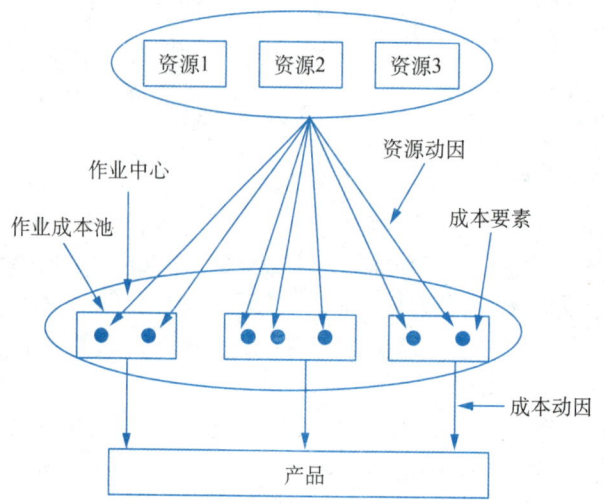

图5-15 作业成本各概念之间的关系示意图

二、作业成本法的计算步骤

作业成本法的计算过程可归纳为以下几个步骤。

1. 直接成本费用的归集

直接成本的计算方法与传统的成本计算方法一样。直接材料通常在生产成本中占有较大的比重,为了加强控制、促进节约、保证费用归集的正确性,直接材料从数量到价格等各个方面,都必须按照成本核算的原则和要求认真对待。直接人工是直接用于产品生产而发生的人工费用,其确定和归集均非常明确。

2. 作业的确定

在企业采用作业成本法之前,要先分析确定构成企业作业链的具体作业,这些作业受业务量而不是产出量的影响。作业的确定是作业成本信息系统成功运行的前提条件。作业的鉴定与划分是设计作业成本核算系统的难点与重点,作业划分得当,能确保作业成本信息系统的正确性与可操作性。

3. 成本库费用的归集

在确定企业的作业划分之后,需要以作业为对象,根据作业消耗资源的情况,归集每个作业发生的各种费用,并把每个作业发生的费用集合分别列作一个成本库。

作业成本法可以大大提高制造费用分配的准确度,但并不可以完全准确地分配制造费用。

4. 成本动因的确定

成本动因即引起成本发生的因素。为各成本库确定合适的成本动因,是作业成本法成本库费用分配的关键。通常情况下,一个成本库有几个成本动因,有的成本动因与成本库费用之间存在弱线性关系,有的成本动因与成本库费用之间存在强线性关系。这一步的关键在于为每一成本库选择一个与成本库费用存在强线性关系的成本动因。

5. 成本动因费率计算

成本动因费率是指单位成本动因所引起的制造费用的数量。成本动因费率的计算公式如下:

成本动因费率＝成本库的费用÷成本库的成本动因总量

6. 成本库费用的分配

计算得出成本动因费率后，根据各产品消耗各成本库的成本动因数量进行成本库费用的分配，每种产品从各成本库中分配所得的费用之和，即为每种产品的费用分配额。

7. 产品成本的计算

生产产品的总成本为生产产品所发生的直接成本与制造费用之和，即：

总成本＝直接材料＋直接人工＋制造费用

现将作业成本法归纳总结，如图 5-16 所示。

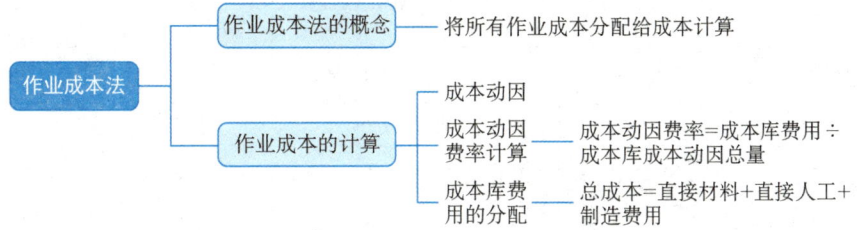

图 5-16　作业成本法思维导图

工作流程

1. 采用传统成本法计算单位产品总成本

（1）计算制造费用分配率：

制造费用分配率＝制造费用总额÷机器工时总额

（2）分配制造费用：

制造费用＝制造费用分配率×单位产品机器工时

（3）计算单位产品总成本：

单位产品总成本＝直接单位材料成本＋直接人工单位成本＋制造费用

2. 采用作业成本法计算单位产品总成本

3. 比较传统成本法和作业成本法计算单位产品总成本的差异

实践操作

1. 新建作业成本分析表和相关模板

1）新建作业成本分析表

新建 Excel 工作簿，将 Sheet 工作表命名为"作业成本分析"，将案例背景中的产量、直接成本等资料(表 5-7)和制造费用明细及成本动因(表 5-8)复制到新建的"作业成本分析"工作表中,如图 5-17 所示。

表5-7 产量、直接成本等资料

项目	高配版	标配版	合计	备注
产量(块)	200	40	240	
定购次数(次)	2	5	7	
生产工时(小时)	400	160	560	
单位生产工时(小时/块)	2	4	6	
制造费用(元)		2352		按工时分配
直接材料成本(元)	24000	2000	26000	
直接人工成本(元)	3000	600	3600	
直接人工单位成本(元/块)	15	15	—	
直接材料单位成本(元/块)	120	50	—	
单位售价(元/块)	200	85		
毛利(元/块)	56.6	3.2		
毛利率	28.3%	3.8%		
市价(元/块)	220	80		

表5-8 制造费用明细及成本动因

成本动因	材料验收成本	产品验收成本	燃料及水电成本	开工成本	职工福利成本	设备折旧	厂房折旧	材料储存成本	经营薪金	合计
制造费用(元)	300	470	402	220	190	300	230	140	100	2352
成本库	定购次数	定购次数	机器制造工时	定购次数	间接人工成本	机器制造工时	产量制造费用	间接材料成本	产量制造费用	——
类别	批次级作业成本	批次级作业成本	设施级作业成本	批次级作业成本	单位级作业成本	设施级作业成本	单位级作业成本	单位级作业成本	单位级作业成本	

图 5-17 基础数据获取

2) 新建各单位产品总成本模板

在新建的"作业成本分析"工作表中依次新建"传统成本法计算单位产品总成本""作业成本法计算单位产品总成本"和"传统成本法与作业成本法下产品的差异"模板,如图 5-18 至图 5-20 所示。

1. 传统成本法计算单位产品总成本

	制造费用分配率	单位产品总成本
高配版		
标配版		

图 5-18 传统成本法计算单位产品总成本模板

2. 作业成本法计算单位产品总成本

项目	定购次数	产量制造费用	机器制造工时	间接人工成本	间接材料成本	合计
分配率						
高配版						
标配版						

图 5-19 作业成本法计算单位产品总成本模板

3. 传统成本法与作业成本法下产品的差异

项目	传统成本核算法		作业成本核算法	
	高配版产品	标配版产品	高配版产品	标配版产品
直接成本	——	——	——	——
1. 直接材料成本				
2. 直接人工成本				
间接成本	——	——	——	——
3. 制造费用成本			——	——
4. 订购次数成本	——	——		
5. 产量成本	——	——		
6. 机器工时成本	——	——		
7. 人工成本				
8. 材料成本				
9. 产品单位成本				

图 5-20　传统成本法与作业成本法下产品的差异模板

2. 编制传统成本法下的产品成本表

填列完基本数据后，在"传统成本法计算单位产品总成本"模板中，计算填列制造费用分配率和单位产品总成本。根据公式"制造费用分配率＝制造费用总额÷机器工时总额"，在高配版制造费用分配率单元格中输入"＝B8/D6"，如图 5-21 所示。

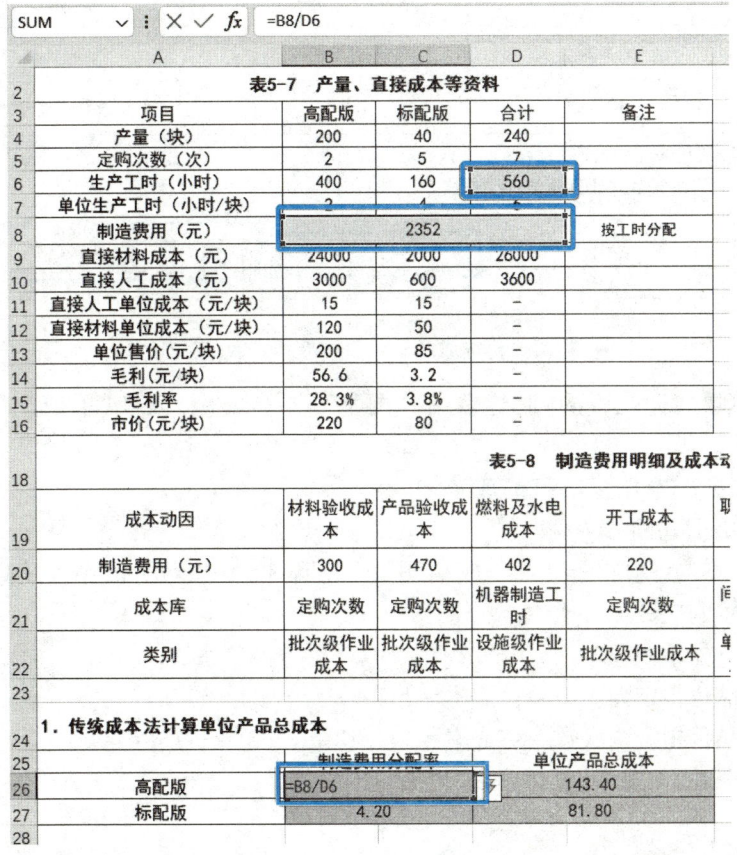

图 5-21　传统成本法制造费用分配率

根据公式"单位产品总成本=直接单位材料成本+直接人工单位成本+制造费用",在高配版单位产品总成本单元格中输入"=B12+B11+B26*B7",如图5-22所示。

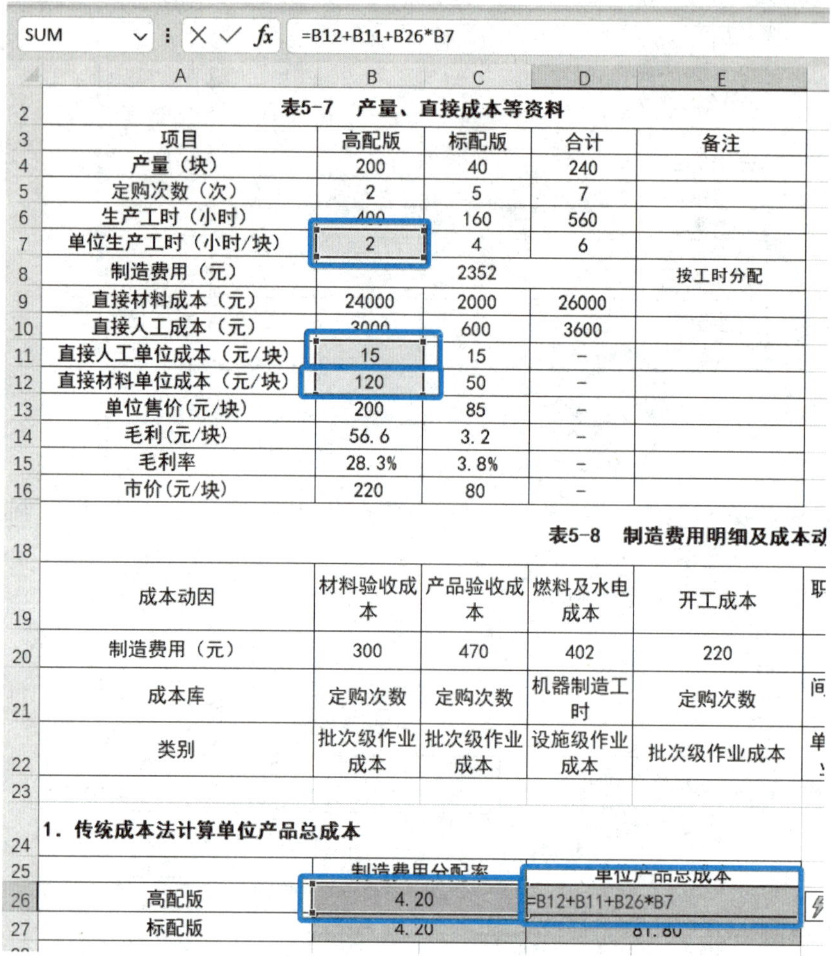

图5-22 传统成本法单位产品总成本(高配版)

同理,计算填列标配版的"制造费用分配率"(同高配版)以及"单位产品总成本",如图5-23所示。

3. 编制作业成本法下的产品成本表

1) 按定购次数分配

在"作业成本法计算单位产品总成本"中,计算填列定购次数分配率以及高配版、标配版产品应负担的定购次数单位成本。

定购次数分配率=(300+470+220)÷7=141.43
高配版产品负担定购次数单位成本=141.43×2÷200=1.41(元)
标配版产品负担定购次数单位成本=141.43×5÷40=17.68(元)

具体计算公式,如图5-24至图5-26所示。

模块五 成本控制

	A	B	C	D	E
1			表5-7 产量、直接成本等资料		
2					
3	项目	高配版	标配版	合计	备注
4	产量（块）	200	40	240	
5	定购次数（次）	2	5	7	
6	生产工时（小时）	400	160	560	
7	单位生产工时（小时/块）	2	4	6	
8	制造费用（元）		2352		按工时分配
9	直接材料成本（元）	24000	2000	26000	
10	直接人工成本（元）	3000	600	3600	
11	直接人工单位成本（元/块）	15	15	—	
12	直接材料单位成本（元/块）	120	50	—	
13	单位售价（元/块）	200	85	—	
14	毛利（元/块）	56.6	3.2	—	
15	毛利率	28.3%	3.8%	—	
16	市价（元/块）	220	80	—	

SUM =L12=C12+C11+B27*C7

表5-8 制造费用明细及成本动因

19	成本动因	材料验收成本	产品验收成本	燃料及水电成本	开工成本
20	制造费用（元）	300	470	402	220
21	成本库	定购次数	定购次数	机器制造工时	定购次数
22	类别	批次级作业成本	批次级作业成本	设施级作业成本	批次级作业成本

1．传统成本法计算单位产品总成本

25		制造费用分配率	单位产品总成本
26	高配版	4.20	143.40
27	标配版	4.20	=L12=C12+C11+B27*C7

图 5-23 传统成本法单位产品总成本（标配版）

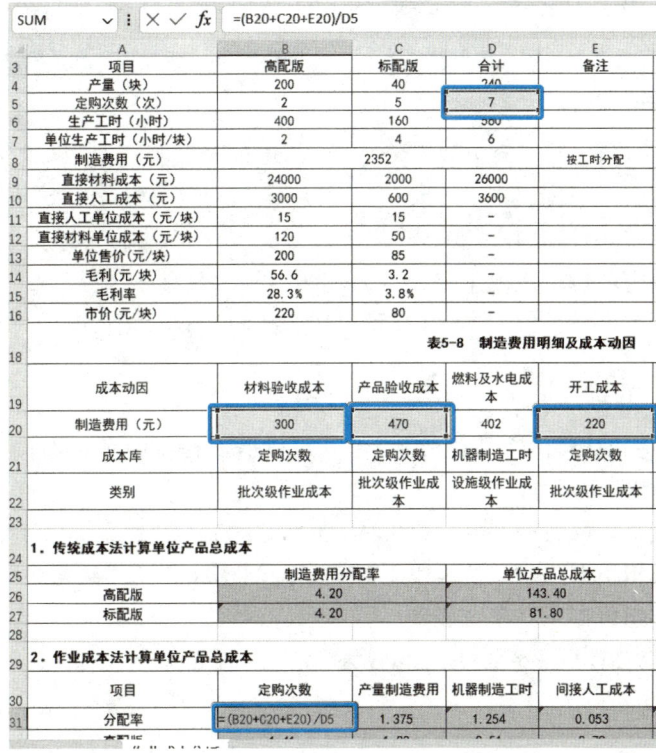

图 5-24 定购次数分配率

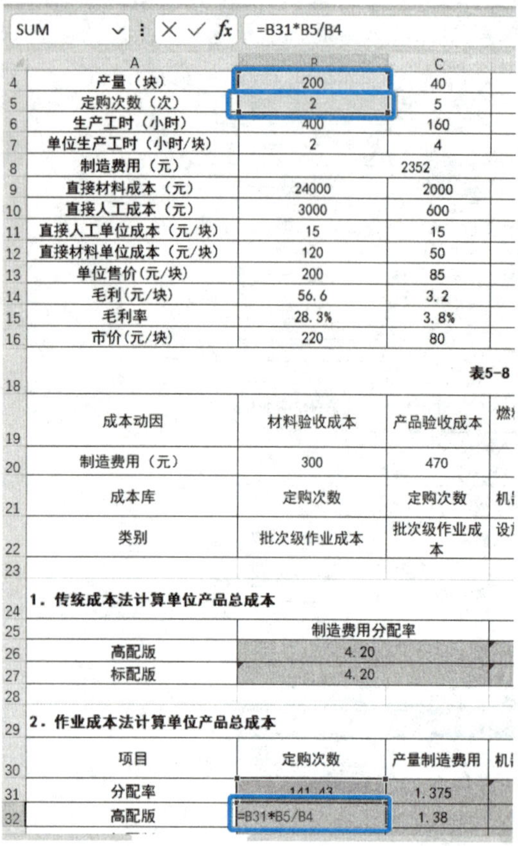

图 5-25 高配版产品负担定购次数单位成本   图 5-26 标配版产品负担定购次数单位成本

2）按产量分配

在"作业成本法计算单位产品总成本"中，计算填列产量制造费用分配率以及高配版、标配版产品应负担的产量单位成本。

产量分配率＝(230＋100)÷(200＋40)＝1.375

高配版产品负担产量单位成本＝1.375×200÷200＝1.375(元)

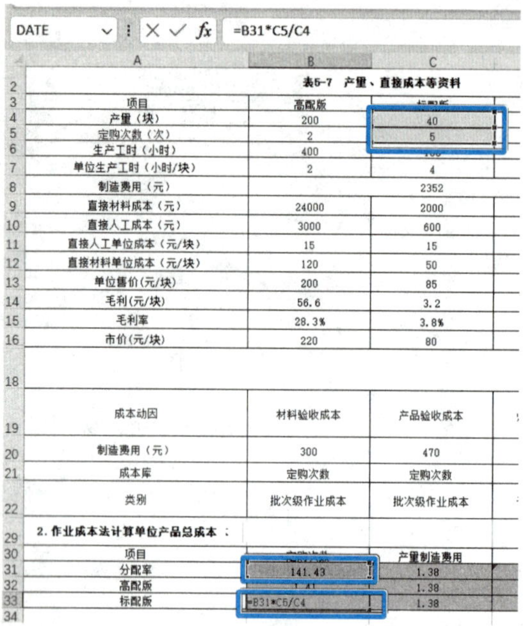

标配版产品负担产量单位成本＝1.375×40÷40＝1.375(元)

具体计算公式，如图 5-27 所示。

3）按机器工时分配

在"作业成本法计算单位产品总成本"中计算机器制造工时分配率以及高配版、标配版产品应负担的机器工时单位成本。

机器工时分配率＝(402＋300)÷(400＋160)＝1.254

高配版产品负担机器工时单位成本＝400×1.254÷200＝2.51(元)

标配版产品负担机器工时单位成本＝160×1.254÷40＝5.01(元)

具体计算公式，如图 5-28 至图 5-30 所示。

图 5-27 产量分配率

SUM fx =(H20+J20)/D4

	A	B	C	D	E	F	G	H	I	J
3	项目	高配版	标配版	合计	备注					
4	产量（块）	200	40	240						
5	定购次数（次）	2	5	7						
6	生产工时（小时）	400	160	560						
7	单位生产工时（小时/块）	2	4	6						
8	制造费用（元）		2352		按工时分配					
9	直接材料成本（元）	24000	2000	26000						
10	直接人工成本（元）	3000	600	3600						
11	直接人工单位成本（元/块）	15	15	—						
12	直接材料单位成本（元/块）	120	50	—						
13	单位售价（元/块）	200	85	—						
14	毛利（元/块）	56.6	3.2							
15	毛利率	28.3%	3.8%							
16	市价（元/块）	220	80							
18			表5-8 制造费用明细及成本动因							
19	成本动因	材料验收成本	产品验收成本	燃料及水电成本	开工成本	职工福利成本	设备折旧	厂房折旧	材料储存成本	经营薪金
20	制造费用（元）	300	470	402	220	190	300	230	140	100
21	成本库	定购次数	定购次数	机器制造工时	定购次数	间接人工工时	机器制造工时	产量	间接材料成本	产量
22	类别	批次级作业成本	批次级作业成本	设施级作业成本	批次级作业成本	单位级作业成本	设施级作业成本	单位级作业成本	单位级作业成本	单位级作业成本

1．传统成本法计算单位产品总成本

	制造费用分配率	单位产品总成本
高配版	4.20	143.40
标配版	4.20	81.80

2．作业成本法计算单位产品总成本

项目	定购次数	产量制造费用	机器制造工时	间接人工成本	间接材料成本	合计
分配率	141.43	=(H20+J20)/D4	1.254	0.053	0.0054	—

图 5-27　产量分配率

图 5-28 机器工时分配率

SUM fx =(D20+G20)/D6

	A	B	C	D	E	F	G
6	生产工时（小时）	400	160	560			
7	单位生产工时（小时/块）	2	4	6			
8	制造费用（元）		2352		按工时分配		
9	直接材料成本（元）	24000	2000	26000			
10	直接人工成本（元）	3000	600	3600			
11	直接人工单位成本（元/块）	15	15	—			
12	直接材料单位成本（元/块）	120	50	—			
13	单位售价（元/块）	200	85	—			
14	毛利（元/块）	56.6	3.2				
15	毛利率	28.3%	3.8%				
16	市价（元/块）	220	80				
18			表5-8 制造费用明细及成本动因				
19	成本动因	材料验收成本	产品验收成本	燃料及水电成本	开工成本	职工福利成本	设备折旧
20	制造费用（元）	300	470	402	220	190	300
21	成本库	定购次数	定购次数	机器制造工时	定购次数	间接人工成本	机器制造工时
22	类别	批次级作业成本	批次级作业成本	设施级作业成本	批次级作业成本	单位级作业成本	设施级作业成本

1．传统成本法计算单位产品总成本

	制造费用分配率	单位产品总成本
高配版	4.20	143.40
标配版	4.20	81.80

2．作业成本法计算单位产品总成本

项目	定购次数	产量制造费用	机器制造工时	间接人工成本	间接材料成本	合计
分配率	141.43	1.375	=(D20+G20)/D6	0.053	0.0054	—

图 5-28　机器工时分配率

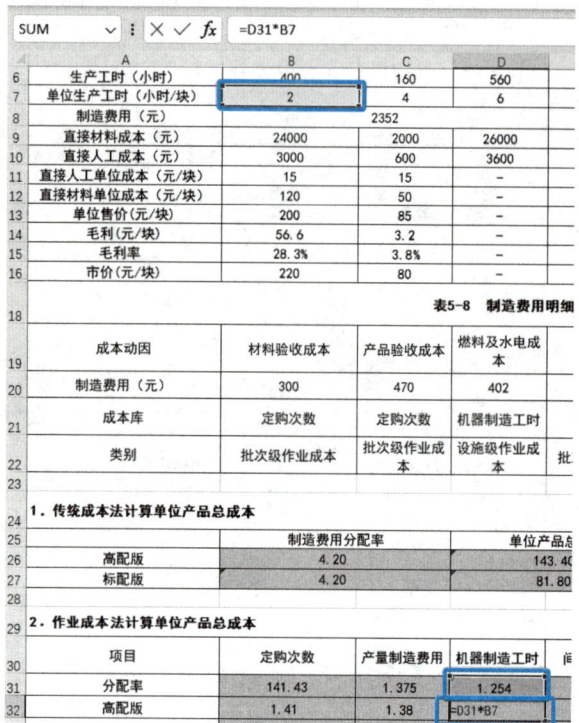

图 5-29 高配版产品机器工时单位成本

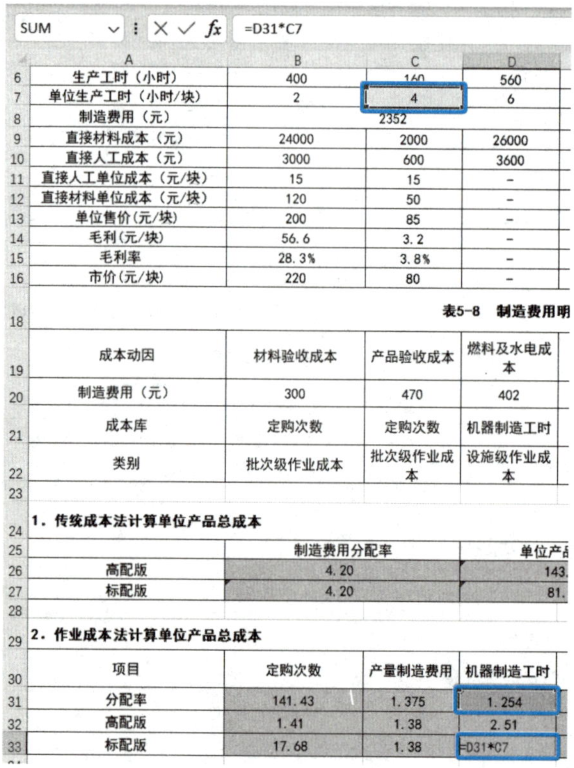

图 5-30 标配版产品机器工时单位成本

4）按间接人工分配

在“作业成本法计算单位产品总成本”中，计算间接人工成本分配率以及高配版、标配版产品应负担的间接人工单位成本。

间接人工分配率＝190÷(3 000＋600)＝0.053

高配版产品负担间接人工单位成本＝3 000×0.053÷200＝0.79(元)

标配版产品负担间接人工单位成本＝600×0.053÷40＝0.79(元)

具体计算公式如图 5-31 至图 5-33 所示。

SUM　=F20/D10

	A	B	C	D	E	F
6	生产工时（小时）	400	160	560		
7	单位生产工时（小时/块）	2	4	6		
8	制造费用（元）	2352			按工时分配	
9	直接材料成本（元）	24000	2000	26000		
10	直接人工成本（元）	3000	600	3600		
11	直接人工单位成本（元/块）	15	15	-		
12	直接材料单位成本（元/块）	120	50	-		
13	单位售价(元/块)	200	85	-		
14	毛利(元/块)	56.6	3.2	-		
15	毛利率	28.3%	3.8%	-		
16	市价(元/块)	220	80	-		
18			表5-8 制造费用明细及成本动因			
19	成本动因	材料验收成本	产品验收成本	燃料及水电成本	开工成本	职工福利成本
20	制造费用（元）	300	470	402	220	190
21	成本库	定购次数	定购次数	机器制造工时	定购次数	间接人工成本
22	类别	批次级作业成本	批次级作业成本	设施级作业成本	批次级作业成本	单位级作业成本
23						
24	**1. 传统成本法计算单位产品总成本**					
25		制造费用分配率		单位产品总成本		
26	高配版	4.20		143.40		
27	标配版	4.20		81.80		
28						
29	**2. 作业成本法计算单位产品总成本**					
30	项目	定购次数	产量制造费用	机器制造工时	间接人工成本	间接材料成本
31	分配率	141.43	1.375	1.254	=F20/D10	0.0054
32	高配版	1.41	1.38	2.51	0.79	0.65
33	标配版	17.68	1.38	5.01	0.79	0.27

图 5-31　间接人工分配率

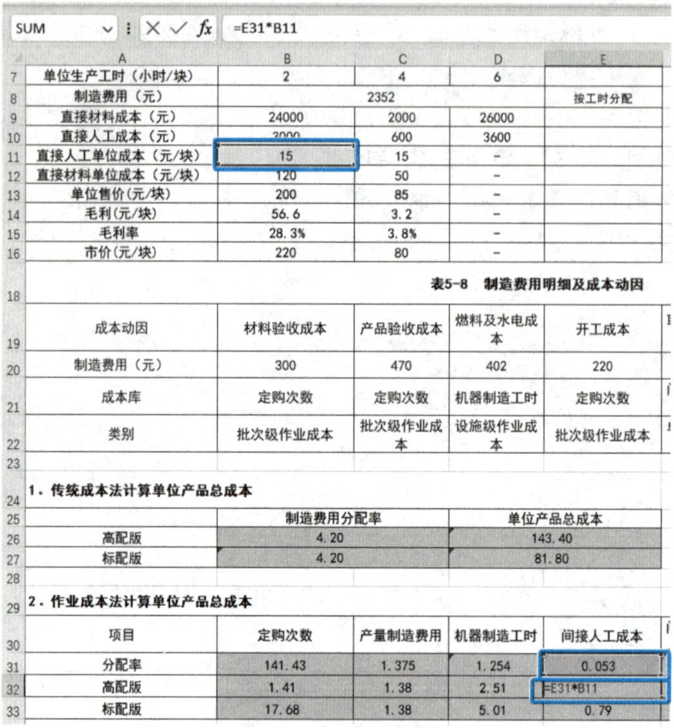

SUM =E31*B11

	A	B	C	D	E
7	单位生产工时（小时/块）	2	4	6	
8	制造费用（元）		2352		按工时分配
9	直接材料成本（元）	24000	2000	26000	
10	直接人工成本（元）	3000	600	3600	
11	直接人工单位成本（元/块）	15	15	-	
12	直接材料单位成本（元/块）	120	50	-	
13	单位售价(元/块)	200	85	-	
14	毛利(元/块)	56.6	3.2	-	
15	毛利率	28.3%	3.8%	-	
16	市价(元/块)	220	80	-	

表5-8 制造费用明细及成本动因

	A	B	C	D	E
19	成本动因	材料验收成本	产品验收成本	燃料及水电成本	开工成本
20	制造费用（元）	300	470	402	220
21	成本库	定购次数	定购次数	机器制造工时	定购次数
22	类别	批次级作业成本	批次级作业成本	设施级作业成本	批次级作业成本

1. 传统成本法计算单位产品总成本

	制造费用分配率	单位产品总成本
高配版	4.20	143.40
标配版	4.20	81.80

2. 作业成本法计算单位产品总成本

项目	定购次数	产量制造费用	机器制造工时	间接人工成本
分配率	141.43	1.375	1.254	0.053
高配版	1.41	1.38	2.51	=E31*B11
标配版	17.68	1.38	5.01	0.79

图 5-32 高配版产品负担间接人工单位成本

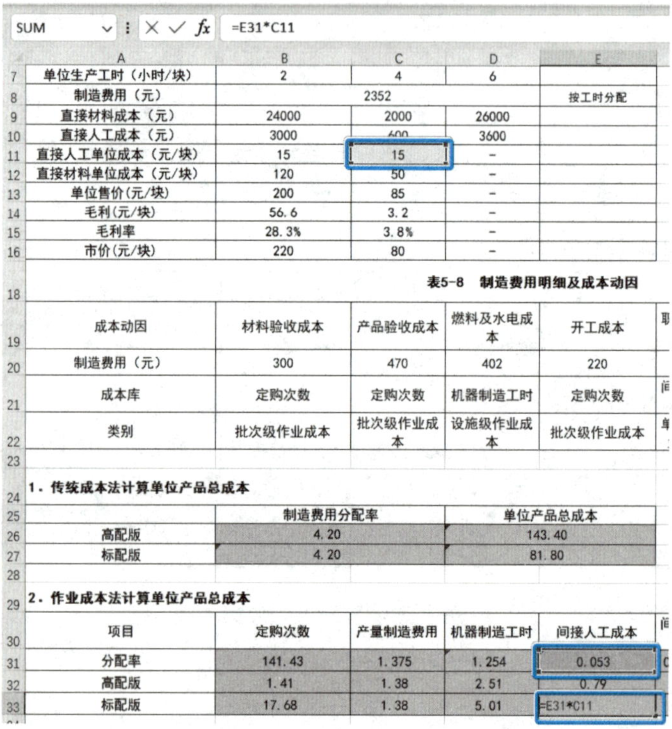

SUM =E31*C11

	A	B	C	D	E
7	单位生产工时（小时/块）	2	4	6	
8	制造费用（元）		2352		按工时分配
9	直接材料成本（元）	24000	2000	26000	
10	直接人工成本（元）	3000	600	3600	
11	直接人工单位成本（元/块）	15	15	-	
12	直接材料单位成本（元/块）	120	50	-	
13	单位售价(元/块)	200	85	-	
14	毛利(元/块)	56.6	3.2	-	
15	毛利率	28.3%	3.8%	-	
16	市价(元/块)	220	80	-	

表5-8 制造费用明细及成本动因

	A	B	C	D	E
19	成本动因	材料验收成本	产品验收成本	燃料及水电成本	开工成本
20	制造费用（元）	300	470	402	220
21	成本库	定购次数	定购次数	机器制造工时	定购次数
22	类别	批次级作业成本	批次级作业成本	设施级作业成本	批次级作业成本

1. 传统成本法计算单位产品总成本

	制造费用分配率	单位产品总成本
高配版	4.20	143.40
标配版	4.20	81.80

2. 作业成本法计算单位产品总成本

项目	定购次数	产量制造费用	机器制造工时	间接人工成本
分配率	141.43	1.375	1.254	0.053
高配版	1.41	1.38	2.51	0.79
标配版	17.68	1.38	5.01	=E31*C11

图 5-33 标配版产品负担间接人工单位成本

5) 按间接材料分配

在"作业成本法计算单位产品总成本"中,计算间接材料成本分配率以及高配版、标配版产品应负担的间接材料单位成本。

间接材料分配率=140÷(24 000+2 000)=0.005 4
高配版产品负担间接材料单位成本=0.005 4×120=0.65(元)
标配版产品负担间接材料单位成本=0.005 4×50=0.27(元)

具体计算公式如图 5-34 至图 5-36 所示。

4. 比较传统成本法和作业成本法的差异

根据案例背景资料、传统成本法计算单位产品总成本和作业成本法计算单位产品总成本,制作传统成本法和作业成本法计算单位产品总成本差异对比表,并对结果传统成本法和作业成本法的差异进行分析。

思政驿站

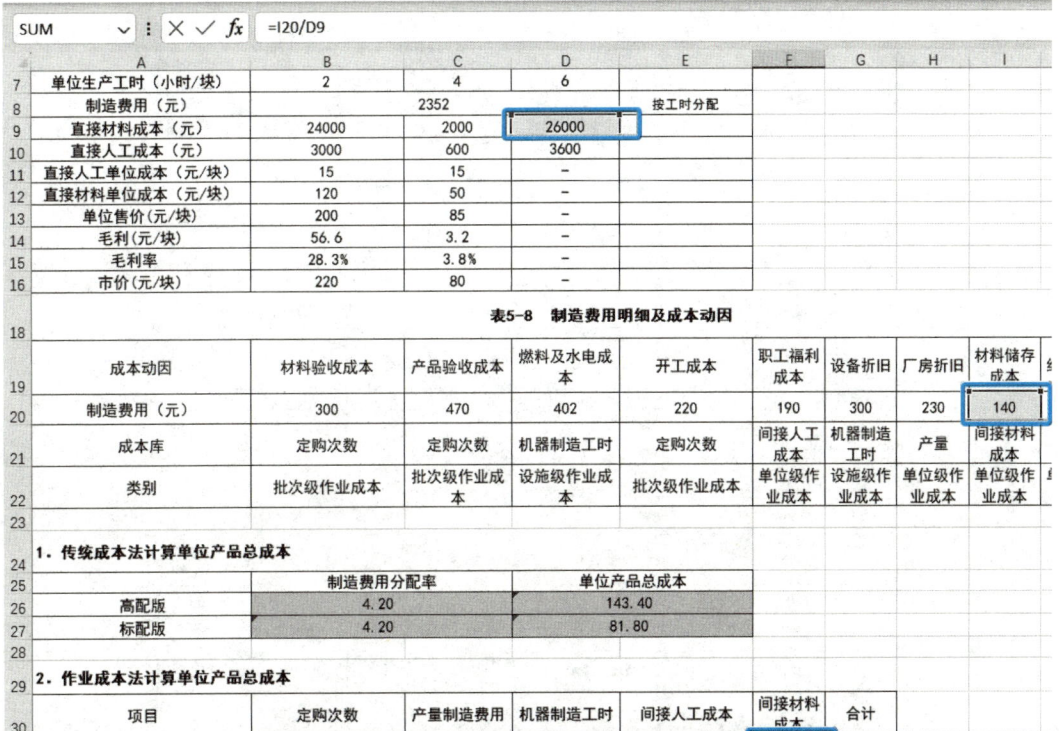

图 5-34　间接材料分配率

	A	B	C	D	E	F	
7	单位生产工时（小时/块）	2	4	6			
8	制造费用（元）		2352		按工时分配		
9	直接材料成本（元）	24000	2000	26000			
10	直接人工成本（元）	3000	600	3600			
11	直接人工单位成本（元/块）	15	15	-			
12	直接材料单位成本（元/块）	120	50	-			
13	单位售价(元/块)	200	85	-			
14	毛利(元/块)	56.6	3.2	-			
15	毛利率	28.3%	3.8%	-			
16	市价(元/块)	220	80	-			
18			表5-8 制造费用明细及成本动因				
19	成本动因	材料验收成本	产品验收成本	燃料及水电成本	开工成本	职工福利成本	设
20	制造费用（元）	300	470	402	220	190	
21	成本库	定购次数	定购次数	机器制造工时	定购次数	间接人工成本	机
22	类别	批次级作业成本	批次级作业成本	设施级作业成本	批次级作业成本	单位级作业成本	设
23							
24	1．传统成本法计算单位产品总成本						
25		制造费用分配率		单位产品总成本			
26	高配版	4.20		143.40			
27	标配版	4.20		81.80			
28							
29	2．作业成本法计算单位产品总成本						
30	项目	定购次数	产量制造费用	机器制造工时	间接人工成本	间接材料成本	
31	分配率	141.43	1.375	1.254	0.053	0.0054	
32	高配版	1.41	1.38	2.51	0.79	=F31*B12	14
33	标配版	17.68	1.38	5.01	0.79	0.27	9

图 5-35 高配版产品负担间接材料单位成本

SUM | f_x =F31*C12

	A	B	C	D	E	F	
7	单位生产工时（小时/块）	2	4	6			
8	制造费用（元）		2352		按工时分配		
9	直接材料成本（元）	24000	2000	26000			
10	直接人工成本（元）	3000	600	3600			
11	直接人工单位成本（元/块）	15	15	-			
12	直接材料单位成本（元/块）	120	50	-			
13	单位售价(元/块)	200	85	-			
14	毛利(元/块)	56.6	3.2	-			
15	毛利率	28.3%	3.8%	-			
16	市价(元/块)	220	80	-			
18			表5-8 制造费用明细及成本动因				
19	成本动因	材料验收成本	产品验收成本	燃料及水电成本	开工成本	职工福利成本	设
20	制造费用（元）	300	470	402	220	190	
21	成本库	定购次数	定购次数	机器制造工时	定购次数	间接人工成本	机
22	类别	批次级作业成本	批次级作业成本	设施级作业成本	批次级作业成本	单位级作业成本	设
23							
24	1．传统成本法计算单位产品总成本						
25		制造费用分配率		单位产品总成本			
26	高配版	4.20		143.40			
27	标配版	4.20		81.80			
28							
29	2．作业成本法计算单位产品总成本						
30	项目	定购次数	产量制造费用	机器制造工时	间接人工成本	间接材料成本	
31	分配率	141.43	1.375	1.254	0.053	0.0054	
32	高配版	1.41	1.38	2.51	0.79	0.65	1
33	标配版	17.68	1.38	5.01	0.79	=F31*C12	

图 5-36 标配版产品负担间接材料单位成本

模块六 绩效评价

任务一 责任中心业绩评价

任务目标

一、知识目标
1. 熟知业绩中心类别。
2. 熟知业绩中心业绩评价方法。

二、技能目标
1. 能够掌握业绩评价方法的适用范围。
2. 能够运用业绩评价方法评价业绩中心绩效。

三、思政目标
1. 秉持责任归属原则,强化责任意识。
2. 具备优化资源配置的能力。
3. 具备勇于担当、善于协同合作的能力。

案例背景

渝之兴集团通过高新技术研发,拓展开发多个创新领域,近五年内发展迅速,下设10个子公司,形成了实体经济与网络平台互动发展的良好势头。

随着公司业务日益增长,公司组织机构不断扩张,组织内管理层级增多,信息传达速度下降、信息反馈滞后现象出现;传统的管理机制、考核方式阻碍企业发展,原有的考核方式注重流程、标准,缺乏灵活性,无法激发创新动力、活力。渝之兴集团决定建立以责任中心为基础的业绩评价体系,划分若干个责任中心,选拔基层负责人监管,完善考核指标,健全制度,形成有效的责任中心考评机制体制,调动员工的积极性与主动性,从根源上激发员工的工作激情,激发并释放员工潜能,提高公司管理水平。

渝之兴集团组织架构分为四个层级,总部设综合管理部、财务部、市场研发部、生产部、质量检测部、事业发展部六个部门;综合管理部下设人力资源中心和后勤保障中心;财务部下设财务中心、审计中心和成本中心;市场研发部下设销售中心和产品研发中心;生产部下设采购中心、生产中心和仓储中心;质量检测部下设检测中心和售后中心;事业发展部下设规划中心和运营中心。渝之兴集团组织架构,如图6-1所示。

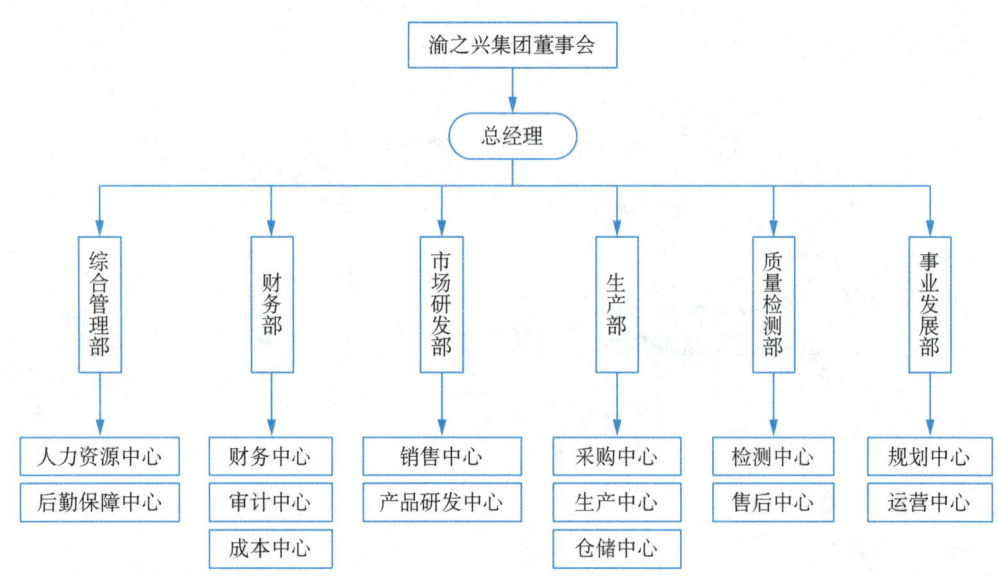

图 6-1　渝之兴集团组织架构图

(1) 人力资源中心职责：负责员工的招聘、培训、绩效考核、薪酬福利、企业文化建设、合规管理。

(2) 后勤保障中心职责：确保组织运作所需的物资、设备和服务的供应和支持。具体职责包括维护和维修、安全和保障、环境卫生、交通服务、通信服务等。

(3) 财务中心职责：负责企业的财务管理、资金运营、预算控制等方面的工作。具体职责包括财务管理、资金运营、预算控制、会计核算、税务管理、风险控制等。

(4) 审计中心职责：负责企业内部审计工作，包括财务审计、内部控制审计、合规性审计等，确保企业内部审计的独立性和权威性。

(5) 成本中心职责：确保成本的有效控制和管理，为企业的成本控制和决策提供支持。具体职责包括成本控制、成本核算、成本分析和决策、成本报告等。

(6) 销售中心职责：负责制定和实施销售策略，达成公司的销售目标。具体职责包括市场调研和分析、制订销售计划、客户开发和管理、销售团队管理、市场推广、客户服务。销售中心的职责是多方面的，既要负责销售目标的实现，也要关注客户服务和市场推广，为公司的创造利润提供支持。

(7) 产品研发中心职责：负责产品规划与设计、技术研究与开发、技术支持与服务、知识产权管理。

(8) 采购中心职责：负责制订采购计划、寻找供应商、合同管理、采购成本控制、采购流程优化、供应商管理、信息管理。

(9) 生产中心职责：负责产品或服务的生产、制造、运营等方面的工作。具体职责包括制订生产计划、生产过程管理，管理生产所需的物料、设备、人力等资源，确保生产过程中的资源供应和合理利用。

(10) 仓储中心职责：负责商品的存储和管理、商品的出入库操作、库房设备工具的维护保养，保证库房设备的正常运行，参与制定库存管理和商品保管的相关制度，负责库房的安全管理和环境保护工作。

（11）检测中心职责：负责对各项产品和服务进行质量检测和评估，跟踪和分析产品质量趋势，建立和管理检测实验室，保证实验室设备的正常运行和维护，对检测数据进行分析和处理，提供准确和可靠的检测结果。

（12）售后中心职责：负责提供优质的客户支持和服务，确保客户满意度，并促进企业的发展。具体职责包括处理客户投诉、维修和更换产品、收集客户反馈、提供售后服务以及管理客户关系。

（13）规划中心职责：负责企业的发展规划和战略制定。具体职责包括研究市场趋势、制定发展规划、指导企业决策、监控企业运营、优化企业管理。

（14）运营中心职责：负责计划、实施和监控企业的日常运营活动，以实现企业的战略目标和提高企业的效率和效益。具体职责包括制订企业的年度、季度、月度和周度计划，并跟踪和报告计划的执行情况、监测和分析企业的运营数据，提供决策支持和业务建议。

基于上述责任中心职责，渝之兴集团参照责任中心绩效管理办法，将14个责任中心归纳为3个类别中心，每个责任中心对应绩效考核指标，如表6-1所示。根据类别中心进行绩效管理，并依据绩效考核指标实现绩效评价。

表6-1 责任中心绩效管理

责任中心	绩效考核指标
人力资源中心	目标成本降低额 目标成本降低率
后勤保障中心	目标成本降低额 目标成本降低率
财务中心	目标成本降低额 目标成本降低率
审计中心	目标成本降低额 目标成本降低率
成本中心	目标成本降低额 目标成本降低率
采购中心	目标成本降低额 目标成本降低率
仓储中心	目标成本降低额 目标成本降低率
检测中心	目标成本降低额 目标成本降低率
售后中心	目标成本降低额 目标成本降低率
销售中心	边际贡献、税前利润
产品研发中心	边际贡献、税前利润
生产中心	边际贡献、税前利润

(续表)

责任中心	绩效考核指标
规划中心	投资利润率、剩余收益
运营中心	投资利润率、剩余收益

任务要求

1. 完成企业成本中心业绩评价。
2. 完成企业利润中心业绩评价。
3. 完成企业投资中心业绩评价。

任务解析

责任中心,是指企业内部承担一定经济责任,并拥有相应管理权限、享受相应利益的责任单位。按照责任对象的特点和责任范围的大小,责任中心可以分为成本中心、利润中心和投资中心。

一、成本中心

1. 成本中心的含义

成本中心,是指只能控制成本,从而只对成本负责的责任中心。成本中心有狭义和广义之分。狭义的成本中心是指对产品生产或劳务提供资源的耗费负责的责任中心,主要指生产产品或提供劳务的责任中心;广义的成本中心除狭义的成本中心外,还包括那些非生产性的以控制经营管理费用为主的责任中心,也称费用中心。

成本中心往往没有收入,或者有少量的收入但不成为主要的考核内容。成本中心的应用范围最广泛,任何发生成本的责任区域都可以确定为成本中心。对这类责任中心只考核成本,而不考核其他内容。

2. 成本中心的特点

1)成本中心只考评成本费用

成本中心没有经营权或销售权,无法控制收益,其责任只是对其在职权范围内发生的成本或费用负责。成本中心的目标是在保质保量完成生产任务或完成管理工作的前提下控制和降低成本和费用。

2)成本中心只对可控成本负责

为了正确确定成本中心的责任对象,提高成本中心控制的有效性,必须将成本划分为可控成本和不可控成本。凡是责任中心能控制的各种耗费称为可控成本,凡是责任中心不能控制的耗费则为不可控成本。一般来讲,对某一个成本中心来说,可控成本应具备以下几个条件:①可预计,即成本中心能够预计其耗费的性质;②可计量,即成本中心能够计量其耗费;③可控制,即成本中心能够控制并调节其耗费。

3. 成本中心考核指标

成本中心的考核指标包括目标成本降低额和目标成本降低率。其计算公式为：

$$目标成本降低额 = 目标（或预算）成本 - 实际成本$$

$$目标成本降低率 = \frac{目标成本降低额}{目标成本} \times 100\%$$

二、利润中心

1. 利润中心的含义

利润中心是对利润负责的责任中心。由于利润等于收入减去成本和费用，利润中心实际上既要对收入负责，又要对成本和费用负责。通常，一个利润中心能同时控制生产和销售，但没有责任或没有权力决定该中心资产投资的水平，因而，对利润中心的评价标准是利润的多少。

建立利润中心的主要目的是通过授予必要的经营权和确立利润这一综合性指标来推动和促进各责任中心扩大销售、节约成本，努力实现自己的利润目标，使企业有限的资金得到最有效的利用。同时，通过利润这一综合性指标的考核，将各利润中心的经营业绩与其经济效益紧密挂钩，有效地调动全体职工的工作积极性。

2. 利润中心的特点

利润中心的成本和收入，对利润中心来说都必须是可控的，以可控收入减去可控成本就是利润中心的可控利润，即责任利润。

1）利润中心考评可控收入

一般来说，企业内部的各个单位都有自己的可控成本，成为利润中心的关键在于是否存在可控收入。利润中心的可控收入通常包括以下三种：①对外销售产品取得的收入；②按照包含利润的内部结算价格转出本中心的完工产品而取得的收入；③按照成本型内部结算价格转出本中心的完工产品而取得的收入。

2）利润中心考评责任成本

利润中心要对利润负责，需要以计算和考核责任成本为前提。利润中心的成本计算有以下两种方式可供选择：

（1）利润中心只计算可控成本，不分摊共同成本。这种方式主要适用于共同成本难以进行合理分摊或无需分摊的情况。按照这种方式计算的盈利不是一般意义上的利润，而是相当于边际贡献总额。企业各利润中心的边际贡献总和减去未分配的共同成本，才是企业利润总额。因此，采用这种方法计算的利润中心，实质上不是完全意义上的利润中心，而是边际贡献中心。人为利润中心适合采用这种成本计算方法。

（2）利润中心不仅计算可控成本，还分摊共同成本。这种方式主要适用于共同成本易于合理分摊或者不存在共同成本分摊的情况。如果采用变动成本法，应先计算边际贡献，再减去固定成本，才是税前利润；如果采用完全成本法，可以直接计算出利润中心的税前利润，企业各利润中心的税前利润之和就是企业利润总额。自然利润中心适合采用这种成本计算方法。

3. 利润中心考核指标

利润中心业绩的评价和考核主要是通过一定期间实现的利润与责任预算所确定的预计利润数进行比较,进而对差异形成的原因和责任进行具体剖析,借以对经营的得失和有关人员的功过作出全面而正确的评价。利润中心业绩评价的主要指标是责任利润,而责任利润又有多种含义或多种选择,主要的评价指标包括可控边际贡献、部门边际贡献和税前部门利润等。

1) 可控边际贡献

可控边际贡献也称部门可控边际,是部门经理在其权责范围内有能力控制因而应对其负责的全部边际贡献,是最符合责任利润概念的指标。可控边际贡献通常是考核利润中心业绩最主要的指标。其计算公式如下:

$$可控边际贡献=营业收入总额-变动成本总额-部门经理可控的固定成本$$
$$=边际贡献-部门经理可控固定成本$$

上述公式可看作严格意义上的边际贡献在利润中心业绩评价中的自然延伸,是可控性原则的具体体现。可控边际贡献指标主要用于评价利润中心(分部)负责人的经营业绩,因而必须就部门经理的可控成本进行评价、考核。为此,可控边际贡献指标必须在各部门可追溯固定成本的基础上,进一步将成本区分为部门经理可控成本和不可控成本,并就部门经理可控成本进行业绩评价、考核。这是因为有些成本尽管可追溯到部门却不为部门经理所控制,如广告费、保险费等。

2) 部门边际贡献

部门边际贡献又称部门毛利,反映利润中心为整个企业实际作出的贡献,对评价其在企业中所具有的重要性、确定其应有的客观地位具有重要意义。其计算公式如下:

$$部门边际贡献=部门可控边际贡献-部门经理不可控固定成本$$

部门边际贡献指标主要用于对利润中心(分部)的业绩进行评价和考核,因而仅将为分部所控制的可追溯固定成本从边际贡献中扣除,其反映的是部门为补偿共同性固定成本及提供企业利润所作的贡献。由于该指标包含部门不可控的因素,与责任利润概念不完全相符,只能作为利润中心业绩评价的参考指标。

3) 税前部门利润

税前部门利润是指将部门边际贡献调整到与整个企业税前利润相一致的指标,其意义在于提醒部门经理企业中还有共同成本存在,只有当各个利润中心都产生足够的边际贡献来弥补这些共同成本时,整个企业才有可能获利。以税前部门利润指标评价利润中心的业绩,能够促使各个利润中心自觉地为实现企业整体目标而努力。其计算公式如下:

$$税前部门利润=部门边际贡献-分摊的企业共同费用$$

三、投资中心

1. 投资中心的含义

投资中心是对投资负责的责任中心,即投资中心既对成本、收入和利润负责,又对其投资及其利用效益负责。投资中心在责任中心中处于最高层次,不但在产品的生产和销售上享有较大的自主权,而且具有一定的投资决策权,能够相对独立地运用其所掌握的资金,因而投资中心既要对成本和利润负责,又要对资金的合理运用负责。

2. 投资中心的特点

企业投资的目的是获取盈利,投资中心实质上也是利润中心,但它的控制区域和职权范围比一般的利润中心要大得多。当然,它具有决策权,也承担责任。

为了准确地计算各投资中心的经济效益,必须对各投资中心共同使用的资产进行划分;对共同发生的成本按照适当的标准进行分配;各投资中心之间相互调剂使用的现金、存货、固定资产等均应计息清偿,实行有偿使用,以符合责任会计的要求,正确计算、评价与考核各投资中心的经济效益和工作业绩。

3. 投资中心考核指标

投资中心业绩评价指标有投资报酬率、剩余收益和经济附加值。

1) 投资报酬率

投资报酬率也称投资利润率,是投资中心所获得的利润与其经营资产(或投资额)之间的比率,是反映投资获利能力的指标。其计算公式如下:

$$投资报酬率 = \frac{营业利润}{经营资产(或投资额)} \times 100\%$$

公式中的营业利润,是指扣减利息费用和所得税之前的利润,即息税前利润。相对应地,公式中的经营资产是指一个投资中心经营活动中占用的全部资产,包括固定资产和流动资产等,经营资产应按照平均占用额或投资额计算,通过采用期初、期末的平均数来计算。

2) 剩余收益

剩余收益是指投资中心的营业利润减去其经营资产按照规定的最低报酬率计算的投资报酬后的余额。剩余收益是一个绝对数值指标,其含义是只要投资收益超过平均或期望的报酬额,对企业和投资中心都是有利的。其计算公式如下:

$$剩余收益 = 营业利润 - (经营资产 \times 规定的最低报酬率)$$

上述公式中,从投资中心营业利润中所扣除的并非其实际发生的资本成本,而是机会成本。规定的最低报酬率一般是指各投资中心的平均报酬率或企业预期的报酬率,是整个企业为保证其生产经营健康、持续进行必须达到的最低投资报酬率,通常可按照整个企业各投资中心的加权平均收益率计算。根据经营资产和最低报酬率测算出企业最低的收益水平,只要投资项目收入高于要求的最低收益水平,就会给企业带来利润,增加投资中心的剩余收益,也确保了投资中心的决策行为与企业总体目标的一致性。

3) 经济附加值

为了避免以投资报酬率和剩余收益指标评价业绩所产生的短期行为,一个较好的解决方法就是使用经济附加值指标。经济附加值(economic value added,EVA)是一种特殊形式的剩余收益,它是税后利润减去全年资金使用的总成本的差额。

经济附加值实质上是一定时期的企业(或企业的业务部门)资本收益与投资成本的差额。计算经济附加值的关键在于计算税后利润、期初投资资本、加权平均资本成本三项内容。其计算公式如下:

$$经济附加值 = 税后利润 - (加权平均资本成本 \times 期初投资资本)$$

如果经济附加值是正数,表示该公司是盈利的;如果经济附加值是负数,则表示该公司的资金正在减少。从长期来看,只有不断地创造资本或财富的公司才能生存。以经济附加值指标评价投资中心的经营业绩,能够激励管理者使用现有的和新增的资金去获得更大的利润。经济附加值指标的重要特征就在于它强调税后利润和资金的实际成本。

现将责任中心绩效评价相关概念与评价方法归纳总结,如图6-2所示。

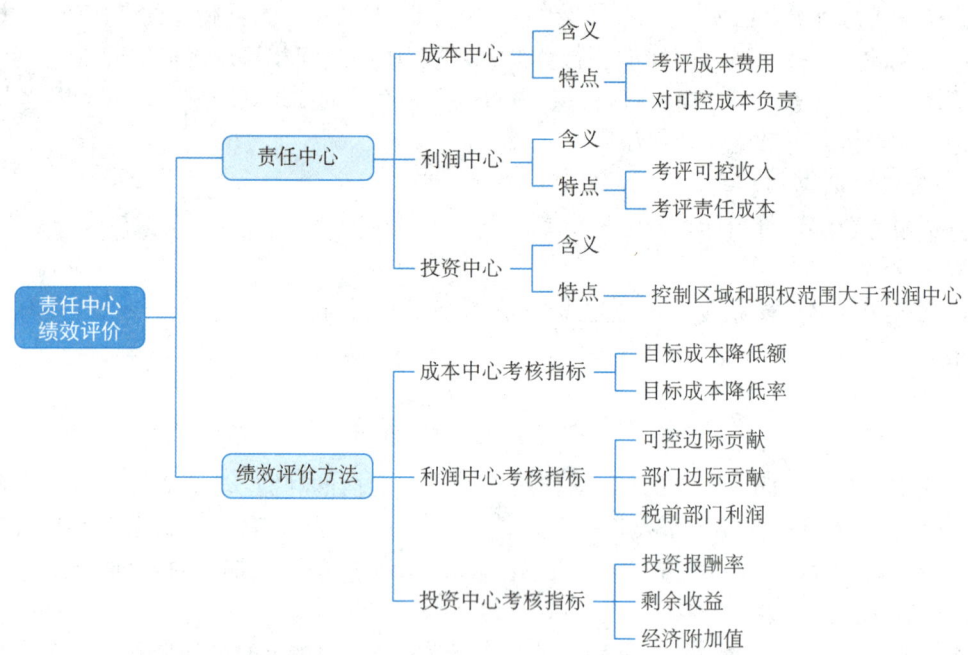

图6-2 责任中心绩效评价思维导图

工作流程

1. 完成人力资源中心、检测中心、售后中心的业绩评价

通过查阅企业年度资产负债表、利润表、企业预算等数据,获取责任成本中的预算数和实际数,形成企业成本中心的业绩评价报告,如表6-2所示。

表6-2　　　　　　　　　　企业成本中心业绩评价报告　　　　　　　　　　单位:元

成本中心	预算数	实际数
下属成本中心转来的责任成本		
人力资源中心 检测中心 售后中心	360 000 400 000 340 000	320 000 420 000 380 000
小计		
成本中心可控成本		
人力资源中心	150 000	160 000

(续表)

成本中心	预算数	实际数
检测中心	540 000	560 000
售后中心	200 000	160 000
小计	890 000	880 000
成本中心责任成本合计		

2. 完成利润中心的业绩评价

企业销售中心、产品研发中心、生产中心三个利润中心有关数据，如表6-3所示。

表6-3　　　　　　　　　　企业利润中心有关数据表　　　　　　　　单位：元

项目	销售中心	产品研发中心	生产中心
销售收入	920 000	620 000	1 040 000
变动成本	560 000	500 000	600 000
部门可控固定成本	180 000	100 000	140 000
部门不可控固定成本	40 000	30 000	60 000
分摊的企业共同费用	30 000	20 000	50 000

3. 完成投资中心的业绩评价

企业规划中心、运营中心两个投资中心业绩报告的部分资料，如表6-4所示，最低收益率为15％。

表6-4　　　　　　　　　　企业投资中心业绩报告　　　　　　　　金额单位：元

项目	规划中心	运营中心
销售收入		600 000
营业利润		60 000
营业资产	288 000	
销售利润率	12％	
资产周转率	4	
投资利润率		
剩余收益		

要求：编制规划中心、运营中心两个投资中心的投资业绩报告（把表格数据填写完整，有关指标的计算需要列出计算过程）。

实践操作

1. 新建Excel表格

将企业成本中心业绩评价报告（表6-2）复制到Excel工作簿中，并将Sheet 1工作表重命名为"成本中心业绩考核",如图 6-3 所示。

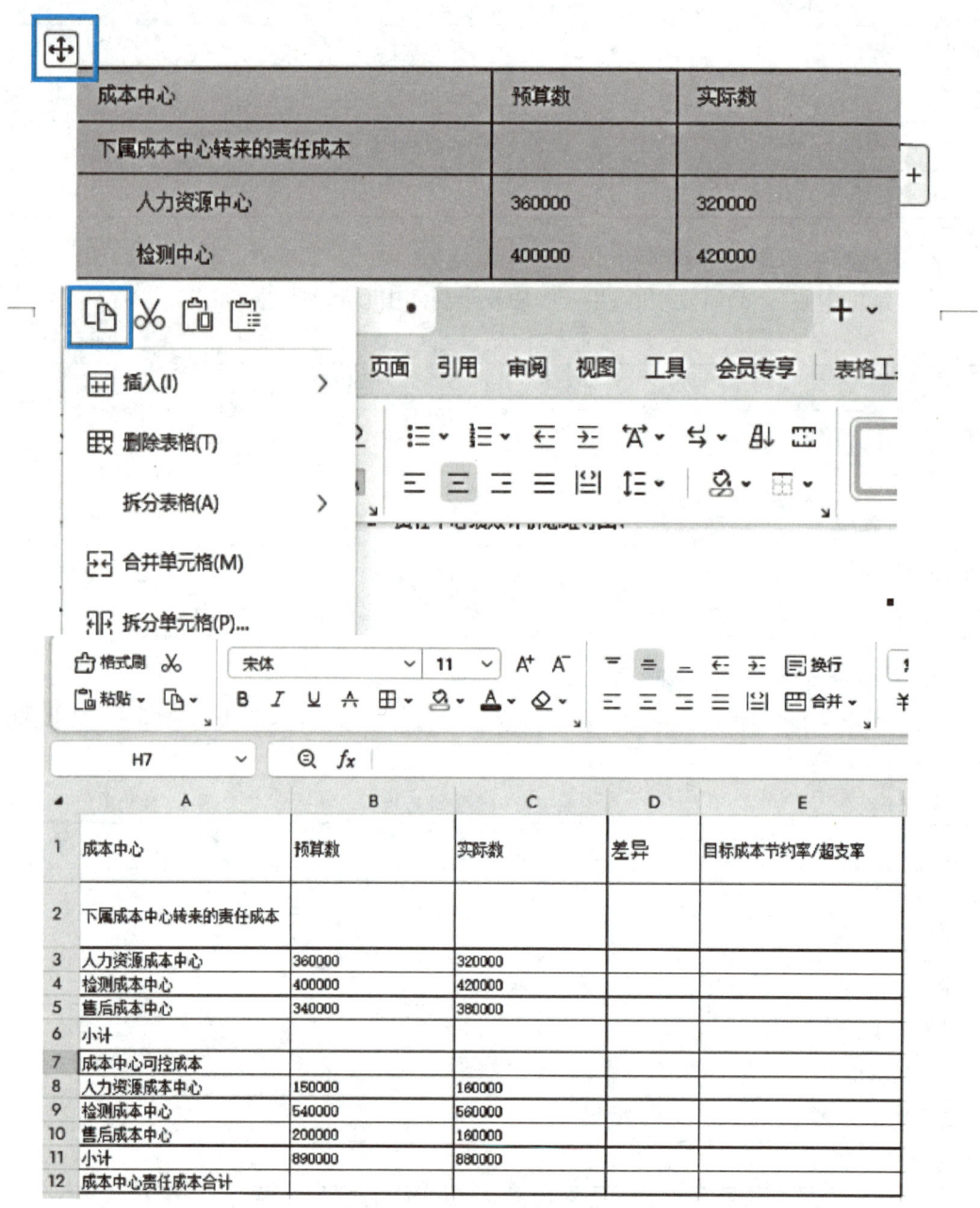

图 6-3　成本中心业绩考核表

2. 完善成本中心考核表

计算成本中心考核预算数与实际数之间的差异数以及目标成本节约率/超支率。点击菜单栏"插入"按钮,选择在右侧插入 2 列,如图 6-4 所示,列次名称分别为"差异"和"目标成本节约率/超支率"。根据公式"差异额＝实际数－预算数",在人力资源中心差异单元格中输入"＝C3－B3";根据公式"目标成本节约率(或超支率)＝差异额÷实际数",在人力资源中心目标成本节约率/超支率单元格中输入"＝D3/B3",如图 6-5 所示。依此方法,完善表格。

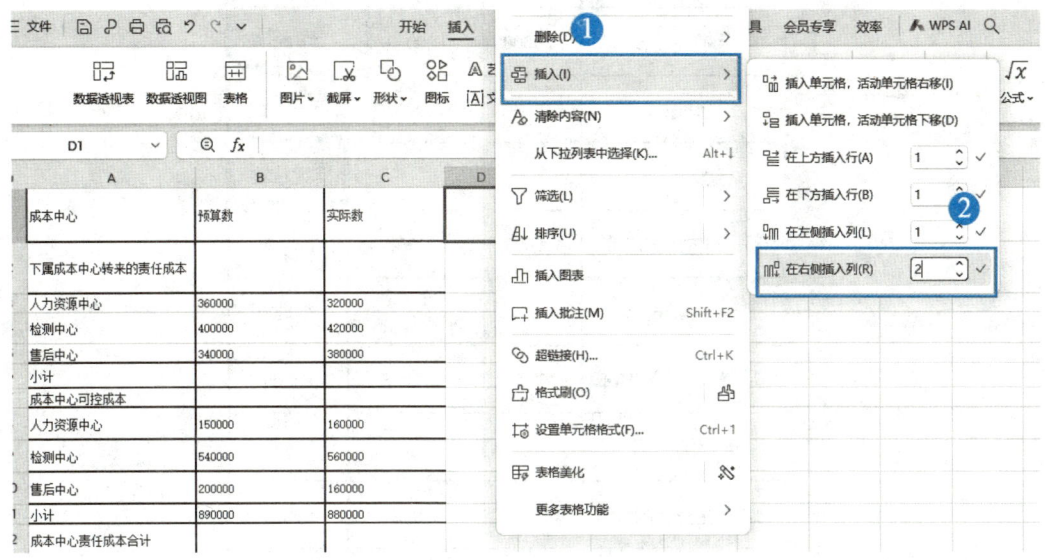

图 6-4　增加成本中心考核表格列次

图 6-5　计算成本中心考核指标

3. 完成利润中心的业绩评价

将企业利润中心有关数据表(表 6-3)复制到 Excel 工作簿中,并将 Sheet 2 工作表重命名为"利润中心业绩评价"。根据利润中心的考核指标,插入边际贡献、可控边际贡献、部门边际贡献、税前部门利润等关键指标。根据公式"边际贡献＝销售收入－变动成本""可控边际贡献＝边际贡献－部门可控固定成本""部门边际贡献＝可控边际贡献－部门不可控固定成本""税前部门利润＝部门边际贡献－分摊企业共同费用",完善表格,如图 6-6 所示。

	A	B	C	D
1	项目	销售中心	产品研发中心	生产中心
2	销售收入	920000	620000	1040000
3	变动成本	560000	500000	600000
4	边际贡献			=D2-D3
5	部门可控固定成本	180000	100000	140000
6	可控边际贡献			300000
7	部门不可控固定成本	40000	30000	60000
8	部门边际贡献			240000
9	分摊的企业共同费用	30000	20000	50000
10	税前部门利润			190000

图 6-6　利润中心业绩评价表

4. 完成投资中心的业绩评价

将企业投资中心业绩报告(表 6-4)复制到 Excel 工作簿中，并将 Sheet 3 工作表重命名为"投资中心业绩评价"。根据公式"资产周转率＝销售收入÷营业资产""销售利润率＝营业利润÷销售收入""投资利润率＝营业利润÷销售收入""剩余收益＝营业利润－(经营资产×规定的最低报酬率)"，填列表格，如图 6-7 所示。

思政驿站

知识拓展

知识拓展

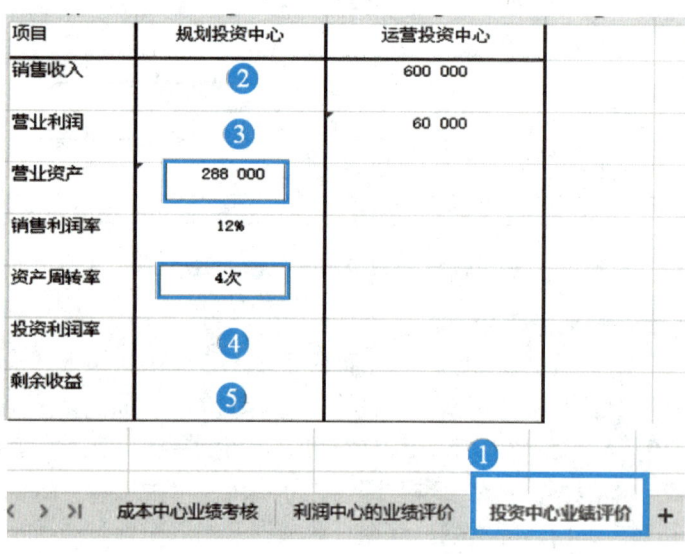

图 6-7　投资中心业绩评价表

任务二　战略实施绩效评价

任务目标

一、知识目标
1. 熟知战略绩效评价维度。
2. 熟知战略绩效评价维度指标。

二、技能目标
1. 能够掌握战略实施评价指标的计算。
2. 能够运用业绩评价方法评价各维度绩效总分。

三、思政目标
1. 坚持公平公正、透明公开的原则。
2. 具备战略意识、持续改进与学习的意识。

案例背景

企业采用平衡计分卡形成战略规划，同样，企业可以采用平衡计分卡进行战略绩效评价。企业为了让销售部门、财务部门、生产部门、采购部门、研发部门、人力资源部门等更好地执行企业战略目标，将战略目标和部门绩效挂钩，采用业绩评价分数对各个部门实施绩效考核，以此为优秀部门和人员给予奖励，更好地达到绩效评价的目的。

战略规划中财务维度、客户维度、内部流程维度以及学习与成长维度的绩效考核办法如表 6-5 至表 6-8 所示。

表 6-5　　　　　　　　　　财务维度绩效考核说明

指标	维度	权重	目标值	实际值	计分方法
销售收入增长率	财务	40%	5	7	1. 完成率计算 完成率＝实际值÷目标值×100% 2. 正向指标完成率对应分数 完成率≥90%，100 分； 80%≤完成率＜90%，90 分； 70%≤完成率＜80%，80 分； 60%≤完成率＜70%，70 分； 完成率＜60%，0 分 3. 反向指标完成率对应分数 完成率＜60%，100 分； 60%≤完成率＜70%，90 分； 70%≤完成率＜80%，80 分； 80%≤完成率＜90%，70 分； 完成率≥90%，60 分
净利润增长率	财务	40%	3	4	
成本费用降低率	财务	20%	2	1.5	

表 6-6　　　　　　　　　　　　　　客户维度绩效考核说明

指标	维度	权重	目标值	实际值	计分方法
市场份额（市场占有率）	客户	30%	40	35	1. 完成率计算 完成率＝实际值÷目标值×100% 2. 正向指标完成率对应分数 完成率≥90%,100 分； 80%≤完成率＜90%,90 分； 70%≤完成率＜80%,80 分； 60%≤完成率＜70%,70 分； 完成率＜60%,0 分 3. 反向指标完成率对应分数 完成率＜60%,100 分； 60%≤完成率＜70%,90 分； 70%≤完成率＜80%,80 分； 80%≤完成率＜90%,70 分； 完成率≥90%,60 分
客户满意度	客户	40%	100	97	
客户人数增长率	客户	30%	7	5	

表 6-7　　　　　　　　　　　　　　内部流程维度绩效考核说明

指标	维度	权重	目标值	实际值	计分方法
产能利用率	内部流程	40%	80	70	1. 完成率计算 完成率＝实际值÷目标值×100% 2. 正向指标完成率对应分数 完成率≥90%,100 分； 80%≤完成率＜90%,90 分； 70%≤完成率＜80%,80 分； 60%≤完成率＜70%,70 分； 完成率＜60%,0 分 3. 反向指标对应分数 完成率＜60%,100 分； 60%≤完成率＜70%,90 分； 70%≤完成率＜80%,80 分； 80%≤完成率＜90%,70 分； 完成率≥90%,60 分
产品合格率	内部流程	40%	100	94	
生产及时率	内部流程	20%	100	87	

表 6-8　　　　　　　　　　　　　　学习与成长维度绩效考核说明

指标	维度	权重	目标值	实际值	计分方法
员工培训次数	学习与成长	20%	13	10	1. 完成率计算 完成率＝实际值÷目标值×100% 2. 正向指标完成率对应分数 完成率≥90%,100 分； 80%≤完成率＜90%,90 分； 70%≤完成率＜80%,80 分； 60%≤完成率＜70%,70 分； 完成率＜60%,0 分 3. 反向指标完成率对应分数
员工满意度	学习与成长	30%	100	90	

(续表)

指标	维度	权重	目标值	实际值	计分方法
员工流失率	学习与成长	30%	10	30	员工流失率≤10%,100 分; 10%＜员工流失率≤30%,90 分; 30%＜员工流失率≤40%,80 分; 40%＜员工流失率≤50%,70 分; 员工流失率大于 50%以上,0 分
招聘人数	学习与成长	20%	10	8	

任务要求

1. 完成财务维度绩效评价。
2. 完成客户维度绩效评价。
3. 完成内部流程维度绩效评价。
4. 完成学习与成长维度绩效评价。

任务解析

一、战略绩效评价维度

我们在模块一了解了战略地图,知道战略地图是一种帮助组织描述和沟通其战略的工具,它通过四个维度来展示组织的愿景、目标和战略之间的因果关系。战略绩效评价旨在更好地执行公司战略目标,将战略目标与企业绩效评价挂钩,及时进行评分并给予相应的奖励。战略绩效评价通常包括以下四个维度:

(1) 财务维度。财务维度涉及组织的财务目标,如收入增长、成本控制和投资回报等。

(2) 客户维度。客户维度关注组织如何满足客户需求,提升客户满意度和忠诚度,以及如何建立强大的客户关系。

(3) 内部流程维度。内部流程维度包括组织内部的关键业务流程,如运营管理、客户服务、创新流程等,这些流程对于实现组织的战略目标至关重要。

(4) 学习与成长维度。学习与成长维度涉及组织的无形资产,包括人力资本、信息资本和组织资本,这些是支持组织持续发展和创新的基础。

二、战略绩效评价指标

战略绩效评价指标基于战略地图四个维度形成对应评价,形成企业战略绩效的 KPI,分为财务维度评价指标、客户维度评价指标、内部流程维度评价指标和学习与成长维度评价指标。

1. 财务维度评价指标

(1) 销售收入增长率。该指标反映收入增长变化的情况,等于销售增长额除以基期数据。

(2)净利润增长率。该指标反映净利润增长变化的情况,等于净利润增长额除以基期净利润数据。

(3)成本费用降低率。该指标反映成本费用变化情况,等于成本费用降低额除以基期成本费用数据。

2. 客户维度评价指标

(1)市场份额。市场份额又称市场占有率,企业某一产品(或品类)的销售量(或销售额)在市场同类产品(或品类)中所占比重,反映企业在市场上的地位,市场份额越高,竞争力越强。

(2)客户满意度。该指标反映企业产品在市场上顾客的反馈程度。

(3)客户人数增长率。该指标反映企业产品受喜欢的增长速度,即消费者相比去年增长的人次。

3. 内部流程维度评价指标

(1)产能利用率。该指标反映企业生产能力利用程度,即企业实际生产能力发挥的作用。

(2)产品合格率。该指标反映企业年度生产产品数量中合格产品数量占比。

(3)生产及时率。该指标反映产品及时生产的数量相对于企业实际生产数量的占比。

4. 学习与成长维度评价指标

(1)员工培训次数。

(2)员工满意度。员工满意度是指员工接受企业的实际感受与其期望值比较的程度,是企业员工对企业的归属感。

(3)员工流失率。员工流失率是指在统计期内离职员工占单位员工总数的比例,其计算公式为:

$$员工流失率=流失的员工人数÷年度内的平均员工人数$$
$$年度内的平均员工人数=(年初员工人数+年末员工人数)÷2$$

(4)招聘人数。

三、指标计算

1. 计算完成率

完成率的计算公式如下:

$$完成率=绩效指标实际值÷目标值$$

其中,目标值是指企业设定的指标期望达到的数值;绩效指标实际值,是指企业年度指标实际产生的数量。正向指标,指标值越大意味企业发展越好;反向指标,指标值越小意味企业发展越好。

2. 计算指标得分

指标得分可以先计算单项指标得分,单项指标得分根据各维度绩效考核办法与指标完成率得出各个指标对应的分数。

3. 计算绩效总分

根据指标权重乘以各维度绩效指标得分计算最终的绩效考核分数。

现将战略实施绩效评价相关知识点总结归纳,如图6-8所示。

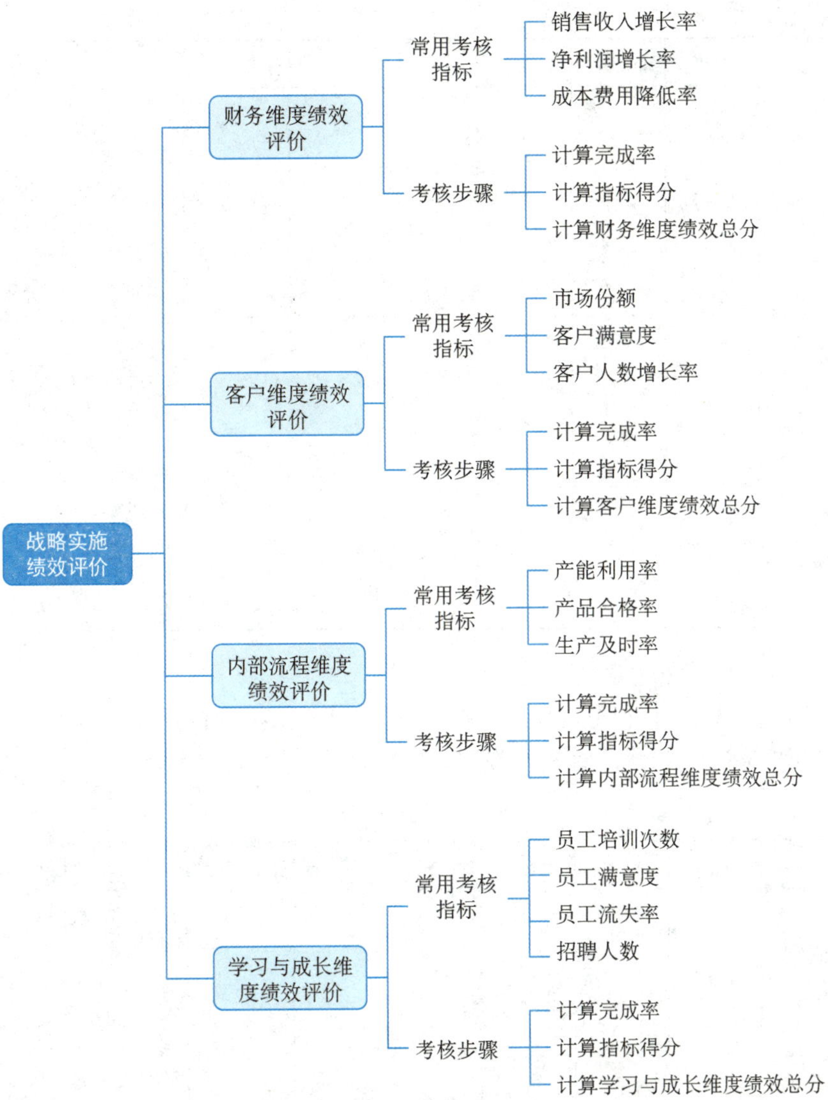

模块六 绩效评价

```
                                            ┌─ 常用考核指标 ─┬─ 销售收入增长率
                                            │              ├─ 净利润增长率
                          ┌─ 财务维度绩效评价 ─┤              └─ 成本费用降低率
                          │                  │
                          │                  └─ 考核步骤 ─┬─ 计算完成率
                          │                             ├─ 计算指标得分
                          │                             └─ 计算财务维度绩效总分
                          │
                          │                  ┌─ 常用考核指标 ─┬─ 市场份额
                          │                  │              ├─ 客户满意度
                          ├─ 客户维度绩效评价 ─┤              └─ 客户人数增长率
                          │                  │
                          │                  └─ 考核步骤 ─┬─ 计算完成率
                          │                             ├─ 计算指标得分
   战略实施绩效评价 ──────┤                             └─ 计算客户维度绩效总分
                          │
                          │                    ┌─ 常用考核指标 ─┬─ 产能利用率
                          │                    │              ├─ 产品合格率
                          ├─ 内部流程维度绩效评价 ┤              └─ 生产及时率
                          │                    │
                          │                    └─ 考核步骤 ─┬─ 计算完成率
                          │                               ├─ 计算指标得分
                          │                               └─ 计算内部流程维度绩效总分
                          │
                          │                        ┌─ 常用考核指标 ─┬─ 员工培训次数
                          │                        │              ├─ 员工满意度
                          └─ 学习与成长维度绩效评价 ─┤              ├─ 员工流失率
                                                   │              └─ 招聘人数
                                                   │
                                                   └─ 考核步骤 ─┬─ 计算完成率
                                                              ├─ 计算指标得分
                                                              └─ 计算学习与成长维度绩效总分
```

图 6-8　战略实施绩效评价思维导图

工作流程

1. 完成财务维度绩效评价

计算填写完成率、指标得分和绩效总分(通过各绩效指标的权重计算所得),完成财务维度绩效评价,如表 6-9 所示。计算结果用百分数表示,保留两位小数。

表 6-9　　　　　　　　　财务维度绩效评价

指标	维度	权重	目标值	实际值	完成率	指标得分	计分方法
销售收入增长率	财务	40%	5	7			1. 完成率计算 完成率=实际值÷目标值×100%

(续表)

指标	维度	权重	目标值	实际值	完成率	指标得分	计分方法
净利润增长率	财务	40%	3	4			2. 正向指标完成率对应分数完成率≥90%，100分；80%≤完成<90%，90分；70%≤完成<80%，80分；60%≤完成<70%，70分；完成率<60%，0分
成本费用降低率	财务	20%	2	1.5			3. 反向指标完成率对应分数完成率<60%，100分；60%≤完成率<70%，90分；70%≤完成率<80%，80分；80%≤完成率<90%，70分；完成率≥90%，60分
财务维度绩效总分							

2. 完成客户维度绩效评价

计算填写完成率、指标得分和绩效总分（通过各绩效指标的权重计算所得），完成客户维度绩效评价，如表 6-10 所示。计算结果用百分数表示，保留两位小数。

表 6-10　　　　　　　　　　客户维度绩效评价

指标	维度	权重	目标值	实际值	完成率	指标得分	计分方法
市场份额（市场占有率）	客户	30%	40	35			1. 完成率计算 完成率＝实际值÷目标值×100% 2. 正向指标完成率对应分数 完成率≥90%，100分；80%≤完成率<90%，90分；70%≤完成率<80%，80分；60%≤完成率<70%，70分；完成率<60%，0分 3. 反向指标完成率对应分数 完成率<60%，100分；60%≤完成率<70%，90分；70%≤完成率<80%，80分；80%≤完成率<90%，70分；完成率≥90%，60分
客户满意度	客户	40%	100	97			
客户人数增长率	客户	30%	7	5			
客户维度绩效总分							

3. 完成内部流程维度绩效评价

计算填写完成率、指标得分和绩效总分（通过各绩效指标的权重计算所得），完成内部流程维度绩效评价，如表 6-11 所示。计算结果用百分数表示，保留两位小数。

表 6-11　内部流程维度绩效评价

指标	维度	权重	目标值	实际值	完成率	指标得分	计分方法
产能利用率	内部流程	40%	80	70			1. 完成率计算 完成率＝实际值÷目标值×100% 2. 正向指标完成率对应分数 完成率≥90%，100分； 80%≤完成率＜90%，90分； 70%≤完成率＜80%，80分； 60%≤完成率＜70%，70分； 完成率＜60%，0分 3. 反向指标完成率对应分数 完成率＜60%，100分； 60%≤完成率＜70%，90分； 70%≤完成率＜80%，80分； 80%≤完成率＜90%，70分； 完成率≥90%，60分
产品合格率	内部流程	40%	100	94			
生产及时率	内部流程	20%	100	87			
内部流程维度绩效总分							

4. 完成学习与成长维度绩效评价

计算填写完成率、指标得分和绩效总分（通过各绩效指标的权重计算所得），完成学习与成长维度绩效评价，如表 6-12 所示。计算结果用百分数表示，保留两位小数。

表 6-12　学习与成长维度绩效评价

指标	维度	权重	目标值	实际值	完成率	指标得分	计分方法
员工培训次数	学习成长	20%	13	10			1. 完成率计算 完成率＝实际值÷目标值×100% 2. 正向指标完成率对应分数 完成率≥90%，100分； 80%≤完成率＜90%，90分； 70%≤完成率＜80%，80分； 60%≤完成率＜70%，70分； 完成率＜60%，0分 3. 反向指标完成率对应分数 员工流失率≤10%，100分； 10%＜员工流失率≤30%，90分； 30%＜员工流失率≤40%，80分； 40%＜员工流失率≤50%，70分； 员工流失率大于50%以上，0分
员工满意度	学习成长	30%	100	90			
员工流失率	学习成长	30%	10	30			
招聘人数	学习成长	20%	10	8			
学习与成长维度绩效总分							

实践操作

1. 新建 Excel 表格

新建 Excel 表格，命名为"战略绩效评价"，同时在表格内增加四张工作表，分别命名为"财务维度绩效评价""客户维度绩效评价""内部流程维度绩效评价""学习与成长维度绩效评价"，并根据名称将表 6-9、表 6-10、表 6-11、表 6-12 复制到新建的工作表中，如图 6-9 所示。

图 6-9　新建战略绩效评价表格

2. 计算完成率指标

根据计分方法，在销售收入增长率对应的"完成率"单元格中输入公式"＝E2/D2"，计算销售收入增长率的完成率，如图 6-10 所示。选中销售收入增长率对应的"完成率"单元格，当出现"＋"符号时，向下拖曳计算净利润增长率和成本费用降低率的完成情况。

图 6-10　计算完成率指标

3. 计算指标得分

根据正向指标和反向指标的赋分方法进行指标赋分。如果销售收入增长率指标完成率达到140%,超额完成战略目标,则给予100分。同理,完成净利润增长率和成本费用降低率得分的计算。注意:成本费用降低率是反向指标,这类指标通常用于衡量那些较低数值表示更好表现或更少损耗的情况,如能耗、出生率、次品率等,如图6-11所示。

指标	维度	权重	目标值	实际值	完成率	指标得分	计分方法
销售收入增长率	财务	40%	5	7	140%		1. 完成率计算 完成率=实际值÷目标值×100% 2. 正向指标完成率对应分数完成率≥90%,100分; 80%≤完成<90%,90分; 70%≤完成<80%,80分; 60%≤完成<70%,70分; 完成率<60%,0分 3. 反向指标完成率对应分数 完成率<60%,100分; 60%≤完成率<70%,90分; 70%≤完成率<80%,80分; 80%≤完成率<90%,70分; 完成率≥90%,60分
净利润增长率	财务	40%	3	4			
成本费用降低率	财务	20%	2	1.5			
财务维度绩效总分							

图 6-11　计算指标得分

4. 计算维度绩效总分

根据加权平均法,计算绩效总分。在财务维度绩效总分单元格中输入公式"=G2*C2+G14*C14+G15*C15",即"财务维度绩效总分=销售收入增长率×所属权重+净利润增长率×所属权重+成本费用降低率×所属权重",计算过程中可以选择引用单元格完成,如图6-12所示。

图 6-12　计算维度绩效总分

5. 完成其他维度绩效评价

根据上述实践操作,完成客户维度绩效评价、内部流程维度绩效评价、学习与成长维度绩效评价。

思政驿站

知识拓展

知识拓展